大夏书系·教师专业发展

问题学生诊疗手册

（第二版）

WENTI XUESHENG
ZHENLIAO SHOUCE

王晓春 著

华东师范大学出版社
全国百佳图书出版单位

先睹为快：本书精彩片段

具体到一个问题生，真想解决他的问题，或者起码把他稳住，最重要的事情是诊断、分析，看他到底问题在哪里，这是个什么类型的问题生，属于什么程度，要教育他应该从哪儿切入，总之应该多研究多思考，少说少做。

一位真正优秀的教师，直接用在问题生教育上的时间反而应该更少，而每天和问题生对着干的老师，几乎可以肯定是专业水平比较低的、精力倒挂的。……问题生只是教师工作对象的一小部分，对问题生教育绝不是越重视越好，教师也不该被问题生牵着鼻子走，花费过多的精力。

在思维方式方面，我愿提醒各位教育者，我们是在一个网里面做事，而不是在一条线上做事。人有线性思维的天生弱点，因为这样省脑筋。我发现几乎所有的教育失败的案例，都包含了家长和教师的线性思维。比如，你犯错了——我给你讲道理了——你认错了——于是你就应该改了。这是最常见的一种线性思维。一旦孩子不改，或者重犯，家长和教师就大呼"不可思议"。其实，世界上根本就没有这么简单的事情。一个人犯错也好，改错也好，都是网上的一个点，这个网上有很多变量，互相影响，非常复杂。明白了这一点，家长和教师在教育问题生的时候，就会考虑更多的变量，慎重行事，而且他的期望值就会比较实事求是了。

我研究问题生教育几十年了。时至今日，环顾校园，问题生后浪推前浪，层出不穷，新新人类，愈出愈奇。学校和教师在教育问题生方面耗费了大量时间、精力和感情，工作的科技含量却始终没有多大提高，教师应付问题生，大多采用陈陈相因的、一般化的、习惯性的对策，在低水平上做简单的重复劳动。所以，当务之急依旧和过去一样，与其说是解决问题学生的问题，不如说是解决教育者的理念问题和思路问题。问题生是病人，要给病人看病，前提是医生要合格，要有专业技术，否则大家会越来越被动，穷于应付，精疲力竭，常有江郎才尽的感觉（老师们自嘲为"黔驴技穷"），有些老师甚至会沦为心理病人（真的给气疯了）。

总起来说，行为习惯型问题生的特点是"赖"，厌学型问题生的特点是"怠"，心理型问题生的特点是"怪"，品德型问题生的特点是"坏"，"好学生"型问题生的特点是"骇"。

教育行为习惯型问题生时，教师应该像个耐心的长辈；教育厌学型问题生时，教师应该像个科研人员、学习问题专家；教育心理型问题生时，教师应该像个心理医生；教育品德型问题生时，教师应该像个足智多谋的战士；教育"好学生"型问题生时，教师应该像个高明的侦探。

帮轻度问题生和中度问题生变成一般学生，即把问题生变成非问题生，使他们能随上大溜，以后出现问题用常规教育手段基本能解决，这就是了不起的成功了。把他们变成优秀生？当然应该朝这个方向努力，但是不能要求教师做到这一点，因为太难了。至于重度问题生，只要经过教师的努力，把他基本稳住了，该学生对集体没有产生多大破坏作用，就是了不起的成功了。要把重度问题生变成非问题生，专家也未必有把握，不能这样要求教师。教育问题生能做到上述程度，有关教师和班主任的专业水平就算不错了。

各位家长和老师，在这个"注意力匮乏症"迅速流行的时代，让孩子出类拔萃反倒更容易了。您只要注意从小培养孩子持续关注的品质，长大他就能超过别人，这比考试成绩更重要，而培养起来比提高考试成绩更容易。在一个盲人国家，一只眼的人就能当国王。众人皆醉，只要你不喝酒，就超凡脱俗了。

校园专家是经过专门培训的人，每所学校至少应该有一个这样的专家。当班主任无能为力的时候，他们就要出马。他们不但具有一定的心理学、教育学知识，而且有较丰富的社会经验和教育经验。一旦出现问题，他们会研究，能诊断，有办法，是班主任的好指导员、好参谋、好帮手。

……

《问题学生诊疗手册》所赢得的赞誉

教育问题学生之所以不够奏效，主要是因为我们并没有耐心把真正的问题搞清楚，所以，也就谈不上对症下药。如果我们能认真读一下这本书，也许会帮助我们在找准问题学生病因的同时，也找到治病的药方。

——李希贵（《为了自由呼吸的教育》作者）

没有爱就没有教育，这是真理；有了爱，也不等于有了教育，这也是真理。前者告诉我们，教育的前提条件之一是对孩子的爱；后者提醒我们，教育仅仅靠爱是远远不够的，教育还需要智慧。在任何时代，人们强调的，总是当时所缺乏或者被忽略的。当教育之爱失落时，我们强调爱心；当绝大多数教师并不缺爱心而缺智慧时，我们渴望智慧。王晓春老师的《问题学生诊疗手册》正是一本为教师提供教育智慧的书。本书有分析，但不是抽象谈理论；有案例，但不是单纯讲故事。他用教育科学之利刃，冷静而理智地解剖着我们几乎每天都会遇到的一个个教育难题——其实，作者的教育之爱正倾注于对一个个教育难题的剖析之中。面对作者在书中所展示的一个个具体的"问题学生"，读者会不知不觉进入一种教育的情景，并忍不住和作者一起思考和探讨，进而情不自禁地想到自己的学生和自己的教育，在享受阅读快感的同时受到思想的启迪。打开这本书，我们便打开了教育智慧的"百宝箱"。

——李镇西（《爱心与教育》作者）

中国基础教育特别需要智慧型班主任。要成为智慧型班主任，《问题学生诊疗手册》是必读书之一。

——万玮（《班主任兵法》作者）

听过许多人说的，读过许多人写的，看过许多人贴的，受益许多；我不能说谁的理论和办法更好，但我可以说王老师的理论和办法对我最好用，最合适。让我自信而自知，懂得勇往直前和适可而止。

——zhangxiaoz（教育在线网友）

在王老师这里总是能看到一些让人耳目一新的话语，从不同的角度去分析，探讨同一现象下的不同原因，这是王老师的绝活啊！学习了~

——淡紫朝颜（教育在线网友）

追求教育的高度是一种美的享受。我想就像王老师这样的教育专家也只是个相对高度。每每看王老师的案例分析，不仅仅是为了积累经验，更激发一种探求欲。

——小青菜（教育在线网友）

Contents 目录

修订版前言 *1*

第一章 总 论

○ 什么是问题生? *3*
○ 问题生有哪些类型? *4*
○ 行为习惯型问题生有哪些症状?治疗时要注意什么? *6*
○ 厌学型问题生有哪些症状?治疗时要注意什么? *8*
○ 心理型问题生有哪些症状?治疗时要注意什么? *11*
○ 品德型问题生有哪些症状?治疗时要注意什么? *13*

○ "好学生"型问题生有哪些症状？怎样
　预防和治疗？　15
○ 从问题严重性的角度，可以把问题生分
　成几类？　17
○ 如何"认定"自己班里的问题生？　19
○ 问题生教育在教师工作中处于什么位置？　21
○ 教育问题生，上策是什么？中策是什么？
　下策是什么？　23
○ 问题生教育的上策如何实施？　25
○ 问题生教育的中策如何实施？　27
○ 问题生教育的下策如何实施？　35
○ 学校如何统筹问题生教育？　38
○ 教师教育问题生，学校如何做后盾？　41
○ 如何与问题生家长打交道？　43
○ 问题生教育，怎么叫成功？　46

第二章 专题研究

- 顶撞老师 51
- 严重小说小动 60
- 经常性迟到 70
- 同学冲突 75
- 不注意听讲 83
- 不完成作业 89
- 马虎 96
- 偏科 101
- 注意力匮乏症 104
- 追求奇装异服、怪发型 107
- "拼爹" 112
- 说谎 114
- 早恋 117
- 偷拿钱物 135
- 迷恋网络 145

○ 暴力倾向 *156*

○ 离家出走 *164*

○ 自杀倾向 *171*

第三章　案　例

○ 他上课时在教室任意走动 *182*

○ 在家"小霸王",在学校"小绵羊",怎么办? *185*

○ 这个孩子太捣蛋了! *187*

○ 他把老师气走了 *191*

○ 科任老师遭遇学生挑衅,怎么办? *196*

○ 一个女生打算"偷尝禁果" *203*

○ 这两个学生,管还是不管? *210*

○ 丢手机事件 *214*

○ 我说不过学生,怎么办? *216*

○ 真相大白 *219*

○ "我就不喜欢你!" *223*

修订版前言

《问题学生诊疗手册》是 2006 年 6 月出版的，迄今加印了 12 次，说明问题生教育确实是"园丁们最持久的热门话题"（这话是我 1990 年在我的第一部著作《育病树为良材——差生教育研究》中说的）。加印也说明《问题学生诊疗手册》这本书比较受欢迎。近日出版社表示希望出个修订本，我同意了，因为我对这个专题有了一些新的认识和经验，也发现了书中的一些不足之处。修订本不采用原书的结构了，分成三个部分：总论、专题研究、案例。总论部分是用问答的形式重写的，专题部分除了一点文字改动之外，增加了 4 个专题（注意力匮乏症，追求奇装异服、怪发型，"拼爹"，说谎），案例部分则是新增的。总的想法是希望修订本更加贴近实际，更实用，在理论上更严密、更系统。

我愿提醒各位教育者注意问题生教育在整个学校工作中的位置，这可能是大家比较容易忽略的一个问题。问题生教育只是教师工作的一部分，而且应该是一小部分，不应该是一大部分。我不得不遗憾地说，据我多年的观察，在学校的实际工作中，普遍存在着教师精力分配不合理的现象，倒挂现象，这既是教育低效率的表现，也是教育低效率的一个原因。具体说，有四个倒挂：

学校有教育工作（包括教育与教学）和管理工作，按道理，教师的主要精力应该用在教育方面，然而事实上教师用在管理方面（比如应付各种评比）的精力反而多于用在教育教学方面的精力。这是第一个倒挂。广义的教育包括教育与教学两个方面，教师作为专业人员，本应把主要精力放在教学方面，主要通过教书来育人。然而现在教师的主要精力却很难真正用在教学方面，他们的精力相当一部分用在了脱离教学的教育方面了（如进行一般的说教、搞主题班会和脱离教学的活动等）。

即使在教学方面，教师的主要精力也常常并非用在真正提高备课水平和讲课艺术上，而是用在了"教学管理"方面，比如催逼作业、制造应试气氛、分数排队等。这是第二个倒挂。教师面对一个班的学生，本该把注意力的重点放到多数人的身上，然而许多教师实际上是把重点放到问题生身上了，因为害怕"一粒老鼠屎坏了一锅汤"，结果满脑子都是"老鼠屎"，忽视了那锅汤。这是第三个倒挂。具体到一个问题生，真想解决他的问题，或者起码把他稳住，最重要的事情是诊断、分析，看他到底问题在哪里，这是个什么类型的问题生，属于什么程度，要教育他应该从哪儿切入，总之应该多研究多思考，少说少做。然而实际情况往往正相反，老师们面对问题生，常常想都不想，上手就管，碰了钉子也不琢磨是怎么回事，只会继续和学生较劲，给家长打电话。这就正好把主要精力放到次要方面了，这是第四个倒挂。

通观这四个倒挂，你会发现我们的教育工作科技含量很低，效率很低，是粗放型的，正如经济中的低水平重复建设一样。在问题生教育上，这种倾向尤其明显，而且多年来没有很大变化。我想，一位真正优秀的教师，直接用在问题生教育上的时间反而应该更少，而每天和问题生对着干的老师，几乎可以肯定是专业水平比较低的、精力倒挂的。本书是关于问题生教育的专著，作者最大的希望是您读了这本书之后，直接用在教育问题生上的时间减少了许多，效果却提高了不少，那才够专业。问题生只是教师工作对象的一小部分，对问题生教育绝不是越重视越好，教师也不该被问题生牵着鼻子走，花费过多的精力。

但这不等于说我们对问题生的教育可以简单化处理，正相反，教育问题生怕就怕简单化，越是简单化，教师越吃力不讨好。在思维方式方面，我愿提醒各位教育者，我们是在一个网里面做事，而不是在一条线上做事。人有线性思维的天生弱点，因为这样省脑筋。我发现几乎所有的教育失败的案例，都包含了家长和教师的线性思维。比如，你犯错了——我给你讲道理了——你认错了——于是你就应该改了。这是最常见的一种线性思维。一旦孩子不改，或者重犯，家长和教师就大呼"不可思议"。其实，世界上根本就没有这么简单的事情。一个人犯错也好，改错也好，都是网上的一个点，这个网上有很多变量，互相影响，非常复杂。明白了这一点，家长和教师在教育问题生的时候，就会考虑更多的变量，慎重行事，而且他的期望值就会比较实事求是了。也就是说，他不再那么天真了。目前我们很多家长和教师的想法相当地天真幼稚，就是直通通一条线，以为输入某个原因，就应该出某个结果。他不知道这条直线是会拐弯的，因为那本不是一条直线，而是一张网上的一个小线段。读者在本书中会发现，任何一个问题（例如不注意听讲），只要一展开，就是一张网，所谓一沙一世界。我们进行问题生教育，一定要使自己的头脑复杂一点，这样才可以少犯错误，少做傻事。

  我研究问题生教育几十年了。时至今日，环顾校园，问题生后浪推前浪，层出不穷，新新人类，愈出愈奇。学校和教师在教育问题生方面耗费了大量时间、精力和感情，工作的科技含量却始终没有多大提高，教师应付问题生，大多采用陈陈相因的、一般化的、习惯性的对策，在低水平上做简单的重复劳动。所以，当务之急依旧和过去一样，与其说是解决问题学生的问题，不如说是解决教育者的理念问题和思路问题。问题生是病人，要给病人看病，前提是医生要合格，要有专业技术，否则大家会越来越被动，穷于应付，精疲力竭，常有江郎才尽的感觉（老师们自嘲为"黔驴技穷"），有些老师甚至会沦为心理病人（真的给气疯了）。我修订本书，就是想在问题生教育方面，对教师专业技术的提高给一点帮助。

  因为我水平有限，也因为问题太复杂，本书一定会有不少缺点，望老师们不吝赐教。

王晓春
2013 年 2 月 18 日

第一章 总 论

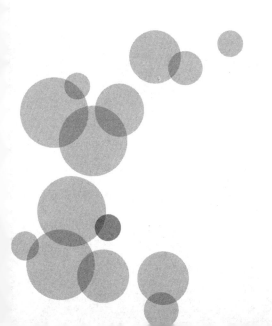

什么是问题生？

问题生，曾经有过差生、落后生、后进生、个别生、特殊生、学困生等称谓，含义差不多。对于一线教师来说，他们就是特别令人头痛的人，麻烦制造者。能不能给问题生一个严谨的定义呢？很困难。这不光是因为研究者（比如我本人）水平不够，还因为教育学本质上就不属于自然科学那样的"硬科学"（有人甚至连教育算不算科学都怀疑，也不是没有一点道理），教育真正重要的方面恰恰是无法量化的，无法做到非常严谨。问题生可能就是一个没有办法说得特别清楚的概念。目前我倾向于这样的说法：问题生，指的是品德、学习态度、行为习惯、心理等方面，存在较为严重的问题，而且用常规教育手段不能解决其问题，需要进行个案诊疗的学生。注意，这里没有提学习成绩，虽然不少问题生成绩都很差，但判定问题生时，不能以此为标准。因为有些成绩差的学生并非问题生，低分生不等于问题生，而有些学生虽然成绩很好，却是问题生。

问题生也不等于"有问题的学生"。学生差不多都有问题，如果把问题生定义成"有问题的学生"，问题生就太多了。有问题的学生和问题生的差别是：前者问题较轻，后者问题较为严重，前者的问题通过一般的管理手段可以解决，后者则需要个案诊疗。就好像人们头疼脑热，自己上药店买点非处方药吃了就好了，虽然也是得了病，但不算病人，只有那些需要上医院看医生开处方药的人，才算是正宗的病人。我写作《问题学生诊疗手册（第二版）》的时候，在网上征求老师们的意见和建议，就有老师问我："初中生带手机进校园怎么办？学生考前心浮气躁怎么办？学生大错不犯，小错不断，怎么办？学生拒绝同老师谈心，不接受批评，怎么办？学生缺乏上进心，怎么办？遇到教育观念偏激的家长，怎么办？学生情感比较冷漠，怎么办？班级整体学习成绩上不去，怎么办？"这些都属于"学生的问题"，比"问题生的问题"范围要大得多。这种提问说明，一些教师对"问题生"的概念是比较模糊的，将它严重扩大化了。

那么，"问题"和"严重问题"的差别又在何处？我们怎么判断一个学生问题的严重程度呢？我想这也很难设定量化标准，一般靠估计。就是说，如果某个学生的行为落到水平线之下，令多数教师和同学无法容忍或无法理解，就可以说是"严重"了。此事不可由某个班主任或教师主观、单独认定。我就见过不少这样的例子，某班主任说某学生上他的课从来不听讲，认定该生为问题生，可是其他科目的老师说没有这么严重，该生大致上会听讲，这就不能轻易说人家的问题严重了。

确定问题生有很强的经验性、情境性。比如有些学生，其表现在偏远山区学校就可以算问题生，但放到大城市学校，可能就不算问题生了。所以，我不主张一线教师在定义上过分较真，应该把主要精力放在如何诊疗上面。

问题生有哪些类型？

一、行为习惯型问题生

这种问题生的毛病突出表现在行为习惯方面，很刺眼，对班级纪律有破坏性。他们品德不差，也不算厌学，心理也健康，但就是不停地出状况，而且屡教不改。这种问题生给教师最直观的感受是一个字：赖。无论在小学还是中学，这种问题生都是问题生大军中的主力，在小学尤其如此。

二、厌学型问题生

这种学生的问题突出表现为厌倦学习。他们品德不坏，心理也基本健康，除了学习习惯之外，其他方面的行为习惯也还可以，只是死活不学习。他们给教师最直观的感受是一个字——怠，懈怠。这种学生，年级越高，比例越大，中学就比小学多。

三、心理型问题生

这种学生的问题突出表现在个性方面，其言行大大偏离正轨，常常让人不可思议。有些心理型问题生很像品德不良，其实细分析不是。他们也会有行为习惯问题，但那习惯与其说让人讨厌，不如说让人吃惊。他们给教师最直观的感受是一个字：怪。这种问题生比例不大，但近年有增加的趋势。

四、品德型问题生

这种学生的问题突出表现在品德方面，总是冒坏水，让人感觉其价值观和人生观明显偏离正轨。他们的行为习惯多数不好，但也有的表面上问题不大。这种学生多数厌学，但也有学习不错的。他们给教师最直观的感受是一个字：坏。这种问题生在小学可以说没有或者很少，初中会增加，高中比例会更大一些。

五、"好学生"型问题生

这种学生的问题，教师没有相当的水平和经验是看不出来的，他们各方面表现都很好，可是会突然出状况，而且一出事就是大事。这种问题生给教师最直接的观感是：骇。惊骇，吓你一跳，甚至让你不敢相信。他们的问题多数其实是心理问题，可以说这种问题生是心理型问题生的一个特殊变种。这种问题生很少，但是现在也有增加的趋势，值得注意。

问题生不只这五类，这只是举其大者。这样分类只是为了研究的方便，事实上真正典型的单纯的问题生是比较少的，多数问题生都是"复合型"的。比如，他既是厌学型的，也是行为习惯型的；既是心理型的，也是厌学型的，等等。还有，问题生类别也是可以转化的。厌学型问题生容易转化成行为习惯型问题生、心理障碍型问题生，甚至品德型问题生；行为习惯型问题生如果总是不能进步，也有可能因为长期受挫而转化成心理型问题生，或者因为接近不良少年而变成品德型问题生。各类问题生在总体问题生中所占的比例，一般情况下是按上述顺序递减的，行为习惯型问题生最多，"好学生"型问题生最少。另外，问题生中男生占的比例要比女生大得多。女问题生，多是心理型的和"好学生"型的。

下面分别描述一下各类问题生的特点，并概括谈一谈教育中的注意事项。

行为习惯型问题生有哪些症状？治疗时要注意什么？

他们有的严重小说小动，有的爱接老师下茬，马马虎虎，磨磨蹭蹭，站没站样，坐没坐样，没有礼貌，不懂规矩，迟到早退，招三惹四，五分钟热气，不积极参加集体活动。他们一般对老师并没有敌意，只是管不住自己。学习成绩问题不大，品德方面也没有大问题。但是这种学生会给教师带来无穷的麻烦，很让人头痛。这种学生往往知错认错，但是屡教不改。他们有的显得很幼稚，"纯天然"。所以说，这种学生的特点是"赖"。他们常常让老师疲惫不堪，头痛不已，但是不会很厌恶，有些老师还常常感觉他们有可爱之处。

凡属习惯，都有稳定性，因为习惯是无数次重复同样的行为造成的。冰冻三尺非一日之寒，三尺之冰消融也不是片刻之功。这种事不可能立竿见影，只能慢慢来。教育行为习惯型问题生，教师特别需要耐心，学校也需要给教师一段时间。可是如今的学校评价体系往往违反教育规律，追求立竿见影的"业绩"，逼得教师急于求成，和学生较劲。学生力不从心，结果信心丧失，破罐破摔，或者恼羞成怒，与教师对立，酿成很多事端。我希望学校各位领导都有这么一种意识：学生的教育，要大尺度衡量，不要小尺度评估。也就是说，不要轻易把学生今天的表现和昨天相比，而要把他本周的整体表现和上一周相比，来看他是否有进步。对于问题生，最好把学生这个月的表现和上个月相比，有进步就应该算成功，不要怕反复。反复可能是常态，不反复倒是个别的。有些教师对问题生说："我昨天刚跟你谈完，你怎么还不改？"这就未免太急躁了。校长也最好不要这样给班主任施加压力。各类问题生的教育都很难立竿见影，行为习惯型问题生尤其是这样。有些班主任说，那不行，我是个急脾气。对不起，这不是你的脾气问题，是客观规律问题，你急也没用，急只能把事情弄得更糟，你最好控制一下自己的情绪。

  这类问题生往往有一大堆坏习惯，简直让人看了处处不顺眼，几乎一言一行都需要纠正。教育他们千万不可眉毛胡子一把抓，那样不但累死老师，而且会激起对方的激烈反抗，他们会认为老师这是成心找碴。最好把他们的毛病列出清单，然后选择一两个重点问题首先纠正。所谓重点问题，一个是对集体破坏性最大的，一个是他们改起来容易见效的。一般说来，不要把重点放在学习习惯（如完成作业）的纠正上，因为这最难，容易失败，使学生失去信心。

  因为行为习惯型问题生的毛病往往"屡教不改"，教师容易误以为他们是"成心捣乱"。请注意，一般不是这样的。比如某人戒烟，不久就复吸了。这是成心捣乱吗？不是。他控制不住自己了，他心里想戒，但他失败了。这时他需要的是帮助和鼓励，如果有人跳出来指责他"成心骗人"，只能使他减弱戒烟的信心。学生行为习惯的纠正也是这个道理，任何习惯都相当于一种"瘾"，改变起来是不容易的，若没成功，我们不要站在对立面指责他。

  还有，教育问题生，如果打算采取谈话或惩罚措施，一定要事先打听一下他的家长和以前的教师都给他讲过哪些道理，采取过什么措施。

如果发现你没什么新办法，那最好先别动，否则难免失败。教育各类问题生都是如此，教育行为习惯型问题生尤其要注意这一点。比如有的老师问我："这样的话我已经跟他说一百遍了，嘴皮子都快磨破了，他怎么就是不听呢？"我笑着告诉他："您不过才说了一百遍而已，可是同样的话，他可能已经听了上千遍了，您前边可能有若干位老师把嘴皮子磨破了。凭什么到您这儿就得管事呢？"

凡属习惯问题，根子几乎都在家庭，他们的问题主要是家庭教育失误造成的，他们的毛病主要是家长惯出来的。解决这类问题，除了一般性的班级管理和教育之外，还必须进行个案诊疗。最好能找到其家庭教育具体的"失误点"，让家长自觉调整，帮助孩子进步。这在小学比较有效，在中学因为孩子已经长大，毛病积习已深，家长失去权威，效果较差，但有家长配合总比没有家长配合强。为此，教师必须掌握指导家庭教育的专业技术。只会给家长打电话告状是不行的，要学会诊断其家庭教育的问题，而且能给家长"出招"。当然，也要给学生"出招"，因为这种学生都并非愿意如此，他们只是太习惯做错事了，意志薄弱。他们往往一副很无助、很无奈的样子。关于与家长配合的问题，我们后面还会讲。

厌学型问题生有哪些症状？
治疗时要注意什么？

厌学型问题生的主要问题是不学习。不听讲，不写作业，一上课就蔫，一下课就来精神，对有关学习的话题过敏，老师、同学提学习他就烦，家长提学习他就急；其精力都用在非学习方面，有的搞体育活动，有的追星，有的追时髦，有的拼命消费，有的早恋，有的迷恋青春文学，有的迷恋网络，有的混日子，有的干脆辍学。他们的成绩自然是很差的，但也有的个别学科成绩不错，不过总分很低，属于严重偏科。这种学生除了讨厌学习之外，其他方面问题不大，品德亦无大问题，在同学中人缘不错，对老师也有礼貌，有的还挺关心集体，爱劳动，孝顺家长，其中不少人甚至可以说"只要不谈学习，就是好孩子"。用一个"怠"字形容他们对学习的态度，比较贴切。

教育厌学型问题生，特别不适合用惩罚的办法，尤其不可以用学习来惩罚，比如罚抄作业、罚背书，等等。这是最坏的做法，因为这只能使他们更加厌恶学习。其实，在五种问题生里面，比较适合采用惩罚的办法的只有行为习惯型问题生和品德型问题生。其他三种，厌学型问题生、心理型问题生和"好学生"型问题生，用惩罚的办法都没多大用处，甚至可能适得其反。一般教师对厌学型问题生的看法只是一个字——"懒"，把全部问题归结为学习态度，这太简单化了。不错，厌学型问题生几乎都有学习态度问题，但不只如此，其中很多人还有知识背景问题和智力问题。所以，对于厌学生，如果打算让他们在学习上有些起色，就需要进行个案诊疗，对症下药。

比如有的是过去知识漏洞太多了，基础太差了，如果给他们进行有针对性的补课（不要全面重讲一遍），可能会有效果。一旦他们的成绩有所上升，积极性就上来了。

有的是智力类型比较特殊，不适应一般的教学方法。别要求这种学生完全跟着老师走，要争取帮他们找到适合他们自己的学习方式，这样也许能缓解他们对学习的厌恶。学生中有听讲型学习者、阅读型学习者、朗读型学习者、表达型学习者、动手型学习者和交流型学习者。其中，听讲型学习者是最适应学校教学的，而厌学型问题生几乎都不是这类学习者，因此，他们学习上就会遇到障碍，久而久之，竟会认定自己"不是学习的料"。其实，换一种学习方式，他们可能会进步。

有些厌学型问题生智商不高，对这种学生，教师就不要死心眼，非要把他们的成绩提高到多少分，只要他们尽力就行了。也不要随便说什么"其实你挺聪明的，就是不努力"，因为生活中的小机灵与书本学习中的智力不是一回事。对这种问题生，最重要的并不是提高其成绩，而是帮他们找到一条未来适合走的路（非应试的人生之路）。

有的厌学型问题生，经过研究证明确实不是智力问题。比如各科老师都认为他的理解力不差，有时还能考个较好的成绩（有波动）。他是早期学习受过严重挫折，灰心了。这种厌学生，如果加以适当鼓励，减轻难度让他得点好分数，逐渐增加其信心，也有希望进步。当然，这限于小学和初一、初二年级，年级再高一点，就来不及了。

也有的厌学型问题生是从小家长催逼太紧，孩子以不学习来对抗家长。如果你发现一个厌学生遇到了他比较喜欢的老师，或者遇到讲课生动有趣的老师，其学习成绩明显上升，那他可能就是这种情况。这就需要做点家长的工作了。当然，这只在小学比较有效，到了初中以上，即使明知属于此种情况，要挽回也很困难，因为他已经烦透学习了。

以上诊疗和对症下药，对教师的分析能力和创造性有一定要求，有些教师可能做不到。做不到也没关系，你别跟这种学生较劲就行了，只要他不扰乱别人学习，就要尽可能地宽容。班里有学习之外的活动，要鼓励他们积极参与，以增长其才干，发泄其精力。要特别注意，绝不可以说下面这种话："你学习成绩不好，可就没前途了。"正相反，对厌学型问题生，你应该说："你学习尽力就可以了，成绩好坏，学历高低，并不能决定一切。只要你有志气，你将来必定能找到一条属于自己的人生之路，照样可以活得快乐幸福。"你千万不要以为这么说他会更加厌学，我的经验是，往往相反，你会发现，学生听了这些话，学习反而会踏实一些，而且与老师的关系会更好。我曾经认识一个女孩，高中生，小美女，唱歌跳舞俱佳，能弹八级钢琴曲，各方面表现都不错，是班级的文娱委员，可是学习成绩一直很不好，厌学。班主任对她说："你会唱歌跳舞管什么用呀！"家长也给她施加了很大压力，结果她自杀了。我至今想起此事还很心痛。千万别让这种悲剧重演呀！

心理型问题生有哪些症状？
治疗时要注意什么？

　　心理型问题生给人的感觉是"怪"。他们的行为违反常规，思维方式与众不同，不符合一般学生的逻辑，令人费解。他们又可以分成两类：一类是外向型的，一类是内向型的。外向型的心理问题生的主要表现是注意力完全无法集中、狂躁、多动和攻击性；内向型的心理问题生的主要表现是自闭、自恋、多疑、忧郁、退缩、自我攻击。这些问题往往与遗传、家庭教育、童年经历有关。

　　心理型问题生容易与行为习惯型问题生相混淆。比如教师常常说一些学生有"多动症"，那就是心理问题了。其实多数不是心理问题，而是行为习惯不好，或者是个性如此，不是大问题。那么二者如何区分呢？第一，行为习惯型问题生虽然有许多毛病，但他们的人际交往障碍并不大，而心理问题生则不然，他们的某些行为习惯怪异刻板、难以纠正，而且难与他人相处，甚至旁若无人。第二，行为习惯型问题生的毛病（例如多动）会随着年龄增长而改变或收敛（懂事了），而心理型问题生则不会，有的还会日益严重。

　　心理型问题生也容易与品德型问题生相混淆，比如破坏纪律、打架、偷拿东西，这些表现很容易被教师认定为品德问题。那么二者如何区分呢？有一个办法。你仔细分析他们的同类表现，会发现品德型问题生做坏事都有个自私的动机，而且教师批评他的时候，从他的表情看得出来，他知道自己干的是缺德事。心理型问题生则不然，他办的事情对自己常常并没有什么好处，而且当教师批评他的时候，他会一脸茫然，或者很坦然，把教师气得要发疯。这就证明他的行为是"心理驱动"，而不是"利益驱动"的。这种区分虽然有时候比较困难，但是很有必要，也很重要。因为如果弄错了,把心理型问题生的行为当做品德问题来处理,跟他们大谈道德和是非,往往白费力气,而且会遭到对方的激烈抵抗,结果教师就更认为他是成心捣乱了,于是再加压,这就容易出状况。

教育心理型问题生,首要问题是减少周围同学对他们的歧视。因为心理型问题生是比较奇怪的学生,所以周围同学容易歧视他们,说他们"神经病"、"傻子"、"怪物",等等。这类歧视,会促使心理型问题生与他人对立,甚至和集体对立。因此教师要耐心劝导学生,不要把他们看成怪物,他们只是有些特别而已,你可以少和他们打交道,但不要做出刻意回避的样子,更不允许欺辱他们(尤其是对内向型的心理问题生)。如有学生不听劝告冒犯他们,要加以惩罚,并且要道歉。教育心理型问题生,没有这种起码的人文生态环境是不行的。

其次是少干涉他们,别要求他们和别人一样,可以让步,可以妥协,可以给他们开辟"特区"。暗中向学生解释一下,学生就不会认为老师偏向他们了。如果要这样做,也要提前与学校领导沟通,否则学校发现了,会误以为教师纵容学生,对工作不负责任。

再次是变换方式与他们沟通。心理型问题生共同的特点是生活在自己的内心世界中,他们几乎都不善于与人沟通,有的甚至完全没有与人沟通的愿望,对教师往往更加封闭。如果教师想对他们施加一些影响,那就得变通方式与之沟通,比如可以写信、网聊,和他们一起干点事情,不说话也可以沟通(通过表情、动作)。也可以向他的好朋友打听,这是间接沟通。了解一些他们的真实心理,才有可能把工作做到点子上。

不过总起来说,教师面对心理型问题生,工作最好不要太积极,还是消极防守为好。因为教育这种学生对教师的专业水平、心理学知识和社会经验要求比较高,难度很大,弄不好会出事。所以,我主张,明知某学生是个心理型问题生,就最好少惹他,遇到事情,可以请学校的心理教师帮忙,或者劝他们去看心理医生。不过据我的经验,一般心理医生也未必能解决问题。有不少家长都对我说过,孩子看了心理医生,不但没解决问题,还严重了。这可能与我国心理医疗界水平不高有关,也可能是心理治疗方法产自西方,到我国来水土不服。这个问题,需要我们继续探索。

品德型问题生有哪些症状?治疗时要注意什么?

品德型问题生给教师的直观感受是"坏"。他们的行为与淘气、恶作剧不一样,透出一股邪气,比如打架骂人、欺负同学、劫钱、偷摸、抽烟喝酒、赌博、与异性有不正当交往、离家出走、不孝顺父母。这种学生多数学习成绩不好,纪律不好,其中有不少人属于"边缘生",一只脚在学校,另一只脚在社会。他们往往有小群体,而且和社会上的不良分子有联系。他们对教师或有敌意,或者虚与委蛇,学生则害怕他们。这种学生对社会和人生的看法往往与社会不良分子等相通,他们已经有了反社会的价值观,或者有了这种倾向,只是因为羽毛未丰,尚在学校里闹,一旦时机成熟,就会辍学走上社会,进入不良分子甚至犯罪分子的行列。他们一般来源于破碎家庭、道德不良家庭、有严重教育失误的家庭。他们破坏性大,教育起来很困难,必要时需要给予纪律处分。

不要轻易认定一个学生是品德型问题生。这类学生在小学可以说没有或者很少,不到一定年龄,说不上"坏"字。教师有一种职业病,喜欢道德评价,喜欢上纲上线,动不动就说学生是品德问题。我见过不少被认定为品德不良的学生,其实是行为习惯问题或者心理问题,有的甚至没多大问题,只是淘气而已。比如抽烟或者偶尔喝酒,未必一定是品德问题;还有早恋,多数不属于品德问题;打架骂人的孩子,长大了也未必品德不好。所以,关于品德型问题生,一定不要扩大化。品德型问题生最主要的标志是他们有相对稳定的不良价值观,另外一个标志是他们与社会上的不良分子有来往。

教育品德型问题生，首先要搞清他"坏"到了什么程度，这非常重要。有些品德型问题生虽然比较坏，但是还有善良的一面和通情达理的一面。对这种学生，教师可以"动之以情，晓之以理"，力劝他们改变自己的价值观，争取对人生有一个比较正确的看法。他们是可以教育的，是教师力所能及的。还有一部分，"坏"得比较厉害了，他们有一大套歪道理，教师给他们讲正确的道理，他们很蔑视，觉得教师是"傻帽"、"书呆子"。这种品德型问题生路子很野，社会经验有时比教师还丰富。对待这种学生，除非教师能力特别强，否则我就主张和他们"和平共处"，不要再企图教育他们，因为你力不能及。如果他们惹出大事端，按学校的规定处理就是了，公事公办。一般这后一种品德型问题生对在学校小打小闹已经没什么兴趣了，教师不和他们较劲，他们也不会特意在校园里兴风作浪，他们的心已经不在学校了。但是，也有的品德型问题生企图在班里拉帮结派，称王称霸，甚至企图控制班主任。这就没有办法了，只好和他们较量一番。请注意，遇到这种情况，教师与品德型问题生的关系就有点像社会上成年人之间的关系了，你就不能再书生气十足了，你得讲点心计和兵法，否则你会非常被动。你首先要把他们打败，然后才谈得上"和平共处"。换句话说，教育品德型问题生，对教师的社会经验和战斗能力要求比较高，幼稚单纯的教师、能力较弱的教师、刚毕业的新教师会特别不适应，这时候应该向老教师和学校领导求援。

要注意的是，品德型问题生不适合"招安"，不能轻易安排他们做小干部，否则他们可能利用手中的权力干坏事，毁坏班风，甚至"架空"班主任。

总之，教育品德型问题生，期望值一定不要太高。要转变一个人的价值观是非常困难的，能稳住他们，使他们在集体中没有多大破坏作用，就不错了。

"好学生"型问题生有哪些症状？怎样预防和治疗？

这类问题生是"隐性"的，班主任如果没有相当的专业能力，没有足够的教育经验和社会经验，没有一定的洞察力，看不出他们是问题生，相反，会认为他们是令人满意、令人放心的好学生。他们各方面都不错，问题处于隐蔽状态，常见问题有：双重人格，自我"消失"，自我中心，虚荣心过强，抗挫折能力极差。这种学生并非成心伪装，并非有意作假，他们往往是为了让家长高兴、让老师满意，不得不违心地做事，戴着面具生活，久而久之，就成了习惯性的虚伪，两面派。他们活得像演戏一样，但承受力到了极限，戏演不下去了，就会爆发。在周围人看来，他们就像中了邪一样，判若两人了，出现的问题一般都比较大，如成绩直线下降、突然萎靡、神经衰弱、失眠、学校恐惧症（害怕上学）、迷恋网络、不顾一切的早恋、打架、离家出走，甚至自杀。"好学生"型问题生的行为会让人惊骇不已，百思不得其解，所以我们说他们的特点是一个"骇"字。

并不是所有的好学生都是问题生或候补问题生，但是应该承认，好学生普遍都存在隐患。双重人格，自我"消失"，自我中心，虚荣心过强，抗挫折能力差，这些问题多数好学生都有，只不过有些人没有发展到严重的程度，算不上问题生而已。据我观察，变成问题生的好学生往往是这样一些好学生：他们的能力与他们的位置不相称，就是说他们本没有那么大的本事，是靠使出吃奶的劲拼上去的，从小周围不断的赞扬又把他们抬到了高得下不来的位置，结果害了他们。所以，作为一名有责任感的教师，如果发现某些尖子生有勉为其难的情况，就不要再捧他们了，要逐渐给他们降温，让他们丢掉虚假的自我，接受真实的自我。

这非常重要，但也很困难，因为他们太习惯鲜花和掌声了。总之，教育"好学生"型问题生的关键是发现苗头，预防其崩溃。如果未能发现苗头或者发现以后治疗不起作用（他明知道戏演不下去了，还要硬挺），学生终于崩溃了，那么教师首先要做的就不是给他讲什么道理，而是让他休息。最好休学，既能缓解压力，又可以保住面子。对于"好学生"型问题生来说，面子是极其重要的。这时候千万不要给他鼓劲，让他坚持下去，更不要责备他是逃兵什么的，那是非常危险的。如果有必要，休学之后，这种学生可以考虑转学。换到另一个学校，他们就可以不演戏了，以真实的自我示人，心情会放松一些。

我的经验是，"好学生"型问题生出事之后，教育起来并不算太困难，他们很少有从此堕落的。只要休息一段时间，他们就会逐渐好转。一定要做好家长的工作，因为这类学生的家长往往是极要脸面的，让他们接受孩子受挫折的事实很困难，但再困难也要做。你只要告诉家长，如果再往前逼有可能把孩子毁掉，一般他们就醒悟了。

我还有一个经验是，通过心理测验（比如词语联想、回忆早期记忆、释梦）有可能及时发现他们的问题。有些孩子表面上看没有任何问题，然而心理测验中可以发现一些不寻常的现象（比如词语联想中灰暗的语词甚多，还出现自杀之类的语词），那肯定有问题。有经验的老师跟他们一谈话，他们就会流泪，问题就暴露出来了，就有可能提前预防。

总起来说，行为习惯型问题生的特点是"赖"，厌学型问题生的特点是"怠"，心理型问题生的特点是"怪"，品德型问题生的特点是"坏"，"好学生"型问题生的特点是"骇"。

教育这几种不同类型的问题生时，教师扮演的角色有所不同。教育行为习惯型问题生时，教师应该像个耐心的长辈；教育厌学型问题生时，教师应该像个科研人员、学习问题专家；教育心理型问题生时，教师应该像个心理医生；教育品德型问题生时，教师应该像个足智多谋的战士；教育"好学生"型问题生时，教师应该像个高明的侦探。

从问题严重性的角度，可以把问题生分成几类？

上面是从问题特点和性质的角度给问题生分类，也就是横向分类，下面我们从问题严重性的角度给问题生分类，这是纵向的分类。横向分类是为了识别属于什么问题，以便朝这个方向治疗；纵向分类则是为了搞清问题严重到什么程度，以便调整治疗的力度。这和医院治病的道理差不多，有的病情较轻，开了药回家去吃就行了，有的病情较重，需要住院，有的病情更重，需要进重症监护室。问题生也可以分成轻度问题生、中度问题生、重度问题生三类。

一、轻度问题生

对这类问题生，常规教育似乎不解决问题，但他们的生活、学习还能凑合随上大溜，对集体没有很大破坏作用，老师的教育有时也管点事，而家长对他们也没有完全失控。特别值得注意的是，他们对自己的学生身份仍然认同，也就是说，他们的心尚在学校。轻度行为习惯型问题生的问题，班主任有可能用个案诊疗与常规教育手段结合的方式解决。轻度厌学型问题生，经过诊疗，有可能减轻厌学程度，提高学习成绩。轻度心理型问题生，经过诊疗，有可能减少怪异行为，大致上融入集体。轻度品德型问题生，虽然未必能转变其价值观，但是让他们有所醒悟，少做坏事是可能的。轻度"好学生"型问题生，如果能及时发现苗头，其问题解决起来一般比较容易，完全可能做到不爆发。

二、中度问题生

中度问题生对学校生活已经很不适应，跟不上多数同学，心情焦虑痛苦，对集体破坏作用较大，抵触教育，常规教育几乎完全不起作用，家长对他们也基本失控。对待这种学生，给家长打电话是没有用的，甚至还有反作用。他们对自己的学生身份已经不怎么认同，也就是说，他们的心已经有一半不在学校了。中度问题生的问题，光靠班主任，即使进行个案诊疗也难以解决，需要学校介入、专家指导。中度行为习惯型问题生，经过个案诊疗，或可减少他们对集体的破坏作用，个别问题或许可以解决，整体上解决问题已经不大可能。中度厌学型问题生，提高学习成绩希望不大。对中度心理型问题生，教师最好做些让步，不要去招惹他们，学校的心理老师可以试一试，据我的经验，成功的希望也渺茫。中度品德型问题生，转变其价值观难矣，教师教诲的话语几乎没有用，就不要浪费感情和精力了，应把重点放在防范和稳住他们上。中度"好学生"型问题生，如果能及时发现其苗头，还是可以解决问题的，但是要先让他休息一段时间。对中度行为习惯型问题生和中度品德型问题生，我主张尽量不给处分，把处分这种手段留给重度问题生比较好。至于中度厌学型问题生就更不必和他们较劲了。

三、重度问题生

他们一般是边缘生，徘徊在学校与社会、学校与家庭之间，或三天打鱼两天晒网，或已经辍学，心已经不在学校。家长完全失控，根本管不了孩子，有的甚至被孩子控制。实际上他们心中已经不觉得自己是学生了（但有些重度心理型问题生觉得自己是学生，重度"好学生"型问题生也这样认为）。这种问题生的问题，不但班主任，就算学校也很难单独解决，需要社会工作者、医院、公安机关介入，专家诊疗。没有这种条件的，应该把主要精力放在稳住大局上面，不要指望一定能转变他们，否则白费精力，徒然造成教师的挫折感。对重度行为习惯型问题生和重度品德型问题生，不得已的情况下应该给予纪律处分，或者适当停课，以免他们扰乱正常教学秩序。重度心理型问题生，最好休学或去医院治疗，如果家长拒绝（家长常常不承认自己的孩子有心理问题），那只好维持，但班主任一定要安排可靠的学生密切注意其动向，以免发生意外。对重度品德型问题生和重度行为习惯型问题生，也要有人加以注意，看情况不对就赶快报告老师，防止出大事。对重度厌学生，千万不要逼他们学习，若上课不听讲，不要管，睡觉也可，看小说也可，只要不影响他人就行。要给他们点事干，以免他们无事生非。"好学生"型问题生如果到了重度，那就是已经崩溃了，遇到这种情况赶快让他回家休息。一开始家里要有人陪护，以免发生意外。

现在学校里都有班级评比，某个学生犯了某个错误，会给班级扣分。这种不分青红皂白的评分办法我觉得不妥。因为重度问题生很特殊，我主张不要把他们放在评比中，应该特殊对待。但这需要学校有一个专家组来统一评估，不能单凭班主任一说。

如何"认定"自己班里的问题生？

说到这里，班主任可能要问，具体到我的班，怎样"认定"哪些同学是问题生，哪些不是问题生？确认过程中，有什么注意事项吗？问题生有一定的比例吗？

这首先得看您接的是不是新生班。如果是新生班，您在日常管理中依据"赖、急、怪、坏"这些特点，很快就能发现一些学生有可能属于问题生，然后您就可以用日常的方法教育一下试试，比如表扬啊，批评啊，谈话啊，惩罚呀，给家长打个电话呀，等等。注意，一定要采取试探的姿态，情况不对就换个办法。若对方有所进步，一般就不算问题生；若您把自己的日常招数用光了还不能解决问题，那就可以初步判定，这是个问题生。然后您再进一步估计一下他是哪一类问题生，属于什么程度，其后再决定用什么对策来应对。这个过程，一般需要半个学期到一个学期。

如果您接的不是新生班,原班主任就可能会向您"隆重"推出这些学生,甚至您还没和学生见面,就已经听说了他们的大名,有的在整个学校都会有一定的知名度。这种情况下认定问题生的过程会缩短一些,但是也有个弊端,就是原班主任的看法若不准确,可能会误导您。当年我教过一个高中班,原来的教师就告诉我某某学生是"反动势力的大本营",我接班以后仔细观察,发现并非如此。这是一个很好的学生,不过是淘气而已,他对那位教师不满,弄得教师反感他。这个学生在我班表现很好,毕业以后的发展也相当出色。这个经验告诉我们,学生是否属于问题生,与教师的个性和能力也有关系。某个学生不适应或不佩服某个班主任,他在那个班主任那里,就可能成为问题生,换个老师,可能就不是问题生了。所以,到底什么是问题生,要定一个绝对客观的标准,是比较困难的。当然,对于多数问题生,老师们还是可以取得共识的。我想提醒各位老师的是,认定问题生,要尽量排除个人感情的因素。我见到有的班主任一口咬定某学生是问题生,但打听该班其他学科老师,却说这个学生的问题没那么严重,这就需要大家讨论一下了。是否属于问题生,不能班主任一个人说了算,最好学校有一个机构来协调这件事。

至于问题生的比例,我的经验是,初中(普通中学)班级的问题生一般占班级人数的十分之一左右,小学的比例更少,有的职高或许比例稍大一些,但也不能认定太多。有的老师告诉我,他们班有一半问题生,这样打击面太宽了,快成"四面楚歌"了,还怎么工作?

需要特别说明的是,这里所谓"认定"也好,"确认"也好,都只是教师"心中有数"而已,所有这些关于问题生的术语,都是教师的"专业语言"或者说"内部语言"。不能告诉本人,"你是问题生",更不能在班里宣布谁是问题生,对家长也不能这么说。和问题生的家长联系时,只需谈具体问题,千万不要贴标签。教师的专业术语,是研究问题时不得不用的语言,不是用来宣传的。另外,所谓"认定",也并非板上钉钉,而只是一种初步的看法,教师要根据了解到的新情况调整自己的看法。孩子是很难彻底看明白的，孩子一天天成长，变化很大，谁也无法准确预知他们的未来。我们认定某个学生是问题生，只是说，在这个阶段，在某个特定的环境中，他属于问题比较大的学生，需要我们多做一点工作，如此而已。这么看待，不光是为人谨慎，也是一种科学态度。

问题生教育在教师工作中处于什么位置？

我愿提醒各位教育者注意问题生教育在整个学校工作中的位置，这可能是大家比较容易忽略的一个问题。问题生教育只是教师工作的一部分，而且应该是一小部分。我不得不遗憾地说，据我多年的观察，在学校的实际工作中，普遍存在着教师精力分配不合理的现象，倒挂现象，这既是教育低效率的表现，也是教育低效率的一个原因。具体说，有四个倒挂：

学校有教育工作（包括教育与教学）和管理工作，按道理，教师的主要精力应该用在教育方面，然而事实上教师用在管理方面（比如应付各种评比）的精力反而多于用在教育教学方面的精力。这是第一个倒挂。

广义的教育包括教育与教学两个方面。教师作为专业人员，本应把主要精力放在教学方面，主要通过教书来育人，然而现在教师的主要精力却很难真正用在教学方面，他们的精力相当一部分用在了脱离教学的教育方面（如进行一般的说教、搞主题班会和脱离教学的活动等）。即使在教学方面，教师的主要精力也常常并非用在真正提高备课水平和讲课艺术上，而是用在了"教学管理"方面，比如催逼作业、制造应试气氛、分数排队，等等。这是第二个倒挂。

教师面对一个班的学生，本该把注意力的重点放到多数人身上，然而许多教师实际上是把重点放到问题生身上了，因为他们害怕"一粒老鼠屎坏了一锅汤"，结果满脑子都是"老鼠屎"，忽视了"那锅汤"。这是第三个倒挂。

具体到一个问题生，真想解决他的问题，或者起码把他稳住，最重要的事情是诊断、分析，看他到底问题在哪里，这是个什么类型的问题生，属于什么程度，教育他应该从哪儿切入。总之，应该多研究多思考，少说少做。然而实际情况往往正相反，老师们面对问题生，常常想都不想，上手就管，碰了钉子也不琢磨是怎么回事，只会继续和学生较劲，给家长打电话。这就正好把主要精力放到次要方面了。这是第四个倒挂。

通观这四个倒挂，你会发现我们的教育工作科技含量很低，效率很低，是粗放型的，正如经济中的低水平重复建设一样，在问题生教育上，这种倾向尤其明显，而且多年来没有很大变化。我想，一名真正优秀的教师，直接用在问题生教育上的时间应该反而更少。而每天和问题生对着干的老师，几乎可以肯定他是专业水平比较低的，精力倒挂的。本书是关于问题生教育的专著，作者最大的愿望是您读了这本书之后，直接用在教育问题生上的时间减少了许多，效果却提高了不少，那才够专业。问题生只是教师工作对象的一小部分，对问题生教育绝不是越重视越好，教师也不该被问题生牵着鼻子走，花费过多的精力。

我在谈问题生教育的时候，没有把班主任和科任教师分开。有人问过我，对于问题生教育，班主任和科任教师的任务和做法有何区别？我的想法是，本质上没有差别，只不过科任教师更侧重维持，因为你没有精力做细致的诊疗工作。当然，愿意选择个别问题生进行研究以提高自己的专业技术水平，或者为当班主任做准备，那是很好的。优秀的科任教师，因为课讲得好，吸引学生，许多问题就会消解。科任教师若稳不住问题生，往往会求助于班主任，这是可以的。不过我主张最好自己课上的问题自己解决，不得已再请班主任，否则可能会降低你的威信，眼前虽然可能解决问题，长远来看麻烦更大，学生口口相传，往后的学生就会欺负你。

教育问题生，上策是什么？
中策是什么？下策是什么？

现在我们该谈教育问题生的方法了。我们先说大的思路。教育问题生有三条主要思路，这可以说是问题生教育的战略问题。

第一条思路是，把问题生晾在一边，全力以赴带领全班同学前进，不去刻意关注和教育问题生，这是上策。这种思路最能体现教师工作的专业色彩——我主要是个教育者，而不是管理者。这种办法对教师的教学水平要求很高，也最有利于提高教师的教学水平。有很多教师都对我说，他们平时要用一大半时间和精力来对付问题生，其实真正花在备课上的时间很少，这样，教师就越来越不像教师了，教学水平会停滞不前。采用上策遇到的最大难题是，你不管问题生，他却给你捣乱，怎么办？这也是我们常说的"一粒老鼠屎坏了一锅汤"的问题，后面我们再细说。

教育问题生的第二条思路是个案诊疗，这是中策。日常管理不起作用，相当于吃非处方药不管事，只好个案诊疗，也就是教师像医生一样，诊断一下这个学生到底有什么问题，然后对症下药。这是一套调查研究、分析推理，然后开药方的技术。每一种学生问题背后的原因都是很复杂的，比如上课不注意听讲，不完成作业，都有多种原因，一般教师对这些现象的归因都太简单化了，因此应对之策常常缺乏针对性。但我们不能要求多数教师遇到一个问题立刻假设出其背后的几种原因，像受过专门教育的医生一样，看到病人的症状就能猜出大概是哪几种病。我们的师范学校缺乏这种教育，老师们一般也没有这种知识储备，所以需要一种类似医学上的《诊断学》那样的教育"医书"，来告诉老师们，某一种问题有几种可能的原因和病灶，这样，教师遇到问题，就可以对照"医书"查找原因了，起码有思路了。本书的第二部分"专题研究"做的就是这件事。当然，这只供参考，教师遇到具体案例，还要具体分析、灵活运用，不过有这种参考资料总比没有强一些。个案诊疗后期的干预，其实也是用常规手段进行的，只是这种干预更有针对性。我多年来一直在宣传个案诊疗的办法，老师们是比较欢迎的，确实能解决一些问题。当然，它也不是万能的。比如对于重度问题生，用诊疗法往往仍然无法解决问题。

问题生教育的第三条思路是维持，教师当"维持会长"，这是下策。不要小看这一手，它可能很重要。为什么？因为实行上策（把问题生晾在一边）的前提是教师上的课极具吸引力，绝大部分学生跟着老师走，以上课为乐，被晾在一边的问题生不但没有市场，而且自己会有失落感。这是相当高的教学境界，对教师教学水平要求非同一般，事实上很少有教师能做到，所以这种思路基本上是作为理想来提倡的，对绝大部分教师来说，主要采用上策教育问题生是不现实的。中策呢？中策是诊疗，这种思路比较好学，可操作性也比较强，但是要求教师有一定的探究精神和逻辑推理能力。我提倡教育诊疗也多年了，到目前为止，我发现，真能掌握这种方法的教师并不多，有的人虽然熟读了我的书，到时候还是分析不出来，只能拿书上的条文往学生身上套。可见，上策也好，中策也好，都不是很多教师马上能实行的。教师专业能力的提高有一个过程，可是问题生不会停止制造麻烦，眼前你必须有对策，常规办法又不灵，怎么办呢？我想来想去，觉得对很多教师来说，眼前最现实的办法，或者说暂时不得不采用的办法就是维持。所谓维持，就是最大限度地降低问题生对集体、对教学的破坏作用，虽然不能改变他们，至少能稳住他们，寄希望于他们成长过程中的自我治疗，寄希望于未来生活对他们的教育。维持并不是一件简单的事，维持是一种艺术，也是需要动脑筋的，相对来说，这种不得已的下策总还算一种对策，不是无所作为，操作起来也比上策、中策稍微容易一些。

以上是关于教育问题生的三种思路的概括介绍，接下来我们还要一条条说得具体一些。应该指出的是，这"三策"，总起来看固然是上策比中策强，中策比下策高明，但具体到某一个问题生，具体到某一位班主任，情况就不一样了。可能中策对于某个学生、某位班主任反而是上策，在某种情况下，做"维持会长"反而可能是最聪明的抉择。另外，这三种对策也不一定孤立使用。一位班主任完全可以在基本采用下策的同时，在某个问题生身上试验中策，同时竭力提高自己的教学水平，往上策的方向努力。我的水平目前只适合用下策，我面对现实，能干什么干什么，但是我不满足于此，我"吃着碗里的，看着锅里的"，随时准备超越自我，达到更高的境界。这大概是提高教师专业素质的切实可靠的途径。

问题生教育的上策如何实施？

我上初中的时候，学校请孙敬修先生来讲故事，在大礼堂，上千人，鸦雀无声，没有纪律问题，没有问题生。其实那时我们上课问题也不少，怎么一到孙先生这儿就没问题了呢？问题生哪里去了？他们消失了吗？没有。他们被"晾在一边"了。孙老师这种办法，就是对待问题生的上策，他很从容、很潇洒地就把问题生弄没了。讲一次故事取得这样的效果不算难，可能不少演员也能做到，你每天给学生上课，还得完成既定的教学任务，要做到这样可就太难了。然而也有教师做到了这一点，比如美国的名师雷夫。我们总是怕"一粒老鼠屎坏了一锅汤"，雷夫老师不怕。他那里也不是没有问题生，甚至还有他自称"无能为力"的学生，但是那"老鼠屎"硬是坏不了他的"一锅汤"，玄机在于，雷夫老师没有把主要精力放在管理上，他每天殚精竭虑想的是教学问题，琢磨如何把课上得尽可能吸引每个学生，让学生感到不上课就吃亏了。于是他可以这样做：你不是捣乱吗？那就请你先靠边站，什么时候你能遵守基本的规则了，你再回来，我们欢迎。雷夫老师根本不把主要精力放在问题生身上，坚决不被他们牵着鼻子走。雷夫老师像一个领队，他带着一支队伍兴致勃勃地往前走，一路风景如画、妙趣横生，队员们完全被这些景象吸引了，甚至有人捣乱，都无法引起队员们的注意。这不是静止的"一锅汤"，而是一条奔腾向前的河流。大家都知道"流水不腐"的道理，这时即使有一粒两粒"老鼠屎"，也无关大局。这就是为什么雷夫老师不怕"老鼠屎"。他其实是通过高明的教学手段解决或者淡化了教育问题。"晾在一边"并非不管，而是通过优化班级教育生态系统间接治疗问题生。有人或许会以为这和下策"维持"差不多，其实不同，区别在于，上策是积极的进攻，而下策则有更多的消极防守色彩。

　　不过这个上策，对教师的教学能力要求非常高。你必须能设计出学生确实喜欢的课堂活动。比如雷夫老师只教五年级，包班，他不用现行教材，自己设计课程。他的学生上课排练莎士比亚的戏剧，打棒球，组织乐队，他还经常利用节假日带学生去各地参观（不遵守规则的学生不允许参加）。这样，学生很少有厌学的，大家都以上课为乐。我们的老师要做到这些非常困难。雷夫老师开始这么做的时候，也遭到上级的批评，只是因为后来他们班的考试成绩领先，上级才不再找他的麻烦。而我们目前的学校管理和评比制度，只会让人把课上得枯燥无味。你没有多少自主权和自由支配的时间，搞活动又怕一旦出事故家长没完没了，因此，雷夫老师的办法，在我们这里，非凡人所能为也，要做到真的要有点神通。所以我说，教育问题生的这个上策，对于我们，基本上是作为理想来提倡的。但是人不能没有理想，即使做不到雷夫老师这样主要靠上策，起码我们要"有点上策的成分"。尽量把课上得让学生喜欢一点总是可以的，这可以提高教师的人气，减少问题生捣乱的机会。面对这个上策，我们还是能够有所作为的。

　　我们这里有个很奇怪的现象，学校的评价体系实质上是"拿分说事"，然而教师真正用在提高自身教学水平上的时间越来越少，用在管学生上的精力则越来越多。也就是说，我们的分数越来越依靠"管理"而不是教师的"教学水平"取得，此之谓"向管理要效益"。这就会使教师与教育的本质渐行渐远，日益变成行政人员，教学水平难以提高（没有精力在这方面真下工夫），于是教育问题生的办法也就离上策越来越远了。

问题生教育的中策如何实施？

中策比上策容易实行一些，但其实也不好做到，这等于让教师在传统角色之外担任一个兼职——教育医生。多数老师对此是生疏的，所以要说得详细一些。诊疗的程序和注意事项是这样的：

一、遇到问题，先稳住事态

问题学生是善于制造事端的人，他们特别容易招老师反感，惹老师发火。他们一向不是省油的灯，老师本来就对他们没什么好印象。他们惹是生非，教师就特别容易急躁、失控。经验告诉我们，对待问题学生，只要教师一急躁，就容易把事情弄僵，陷入被动。人在激动的时候，很难理智地思考问题。问题生也多是不善于控制自己情感的，他们冲动起来，可以忘乎所以，老师若跟他们对着干，不但没有效果，而且有失身份。所以对问题学生进行诊疗，前提是教师要冷静。一般说来，问题生发生的问题，大都不适合热处理，要先放一放，等大家都冷静下来，再处理不迟。问题学生往往是咄咄逼人的，所以教师一定要学会一些体面地下台阶的招数，以便随时"撤出战斗"，让对方的怒气"再而衰，三而竭"，然后再教育他。只有应变能力很强、威信很高的教师，才可以考虑对问题学生采用"强攻"和"速战速决"的办法，其他老师最好暂时"撤退"（注意，是撤退，不是败退。不恰当的进攻，反倒可能导致败退，连撤退的机会都失去了），等待时机"反攻"。

二、不急于作是非判断和道德归因

很多老师遇到问题生出问题的时候，总是急于告诉他们："你这样做是错误的，是不应该的。"这叫做是非判断，道德归因。经验告诉我们，这类"教育"基本属于废话，做无用功。请问哪一个问题生不知道上课不听讲、回家不写作业、迟到旷课、打架骂人、偷东西、迷恋网吧这些行为是错误的？全都知道。他们基本上是明知故犯。为什么明知故犯呢？这才是我们要研究和解决的问题。如果教师以为问题生之所以犯错误是因为他们没有认识到这是错误的，一旦认识到了就会改正，那他的基本思路就错了。这种思路会阻碍他去研究和诊断，而把精力都用在无用的说教方面。解决问题生的问题，当然总要分个是非，但是不可以从分清是非入手。正确的方法应该是：他犯了错误，我先不说他对错，而研究他为什么会犯这个错误，是什么力量推动他非这样做不可。搞清他的思路，我才有可能下次在适当的地方切断他的错误思路，避免他重犯错误。这才是诊断和治疗。作是非判断是很容易的，一般不需要专业能力。教师要证明自己是一个真正的专业人员，就应该少在判断是非上唠唠叨叨，而应该在诊疗上下工夫。

三、不搞"态度挂帅"

问题生闯祸的时候，常常顶撞询问或干预的老师，很没礼貌，有时近于蛮横。老师出于自尊或者碍于面子，就可能怒火万丈，不顾一切地要压倒问题生的气焰，打掉他的恶劣态度。这种心情是完全可以理解的，但是弄不好会转移教师的注意力，从此教师就不可能冷静地调查问题和分析问题了，教师的身份就会蜕变成学生的吵架对手。不得已，只好由第三方（政教处或校长）出面解决。我把教师的这种思路叫做"态度挂帅"。

学生必须尊重老师，这是没有问题的，这是一种社会规范。学生如果对老师无理,必须道歉,但是此事不必着急。你不能要求学生在气头上立刻道歉,这违反人之常情,因为通常人们道歉都是冷静下来之后的事情。还有一个问题是,教师也是人,他在气头上也会说过头话,做过头事,比如骂了学生,甚至打了学生。这时候你强迫学生向教师道歉,学生会说:"那他还骂我了呢!他为什么不道歉?"这就不好办了。学校领导如果非要强迫学生当时低头,就有偏袒教师之嫌。

所以,问题学生出了问题,即使他态度不好,我主张也不要急于"打态度",要先调查事实。你会发现,当你平静地向他询问事实经过的时候,他的恶劣态度就会很快降温,当然,你不要用"审问"的口气,而要用"询问"的口气。事实澄清了,是非分清了,学生只好承认错误。经验告诉我们,他承认错误之后,顺水推舟再让他向老师道歉,就很容易了;学生正在气头上,你让他道歉,则如逆水行舟。学生道歉之后,如果老师确有不当言行,侮辱了学生人格,也要向学生道歉。在这一点上,大家是平等的。

四、先问"为什么",而不是"怎么办"

问题生出了问题,教师的第一反应太重要了,正是这第一反应决定了教师后来行动的方向。比如,教师的第一反应是:"又是他!"教师肯定就要冲学生发脾气。教师的第一反应是:"他昨天刚对我做了保证,今天就故技重演。这个骗子!"教师肯定劈头就要谴责学生不诚实。教师的第一反应是:"这可怎么好呀,我真的无能为力了!"他对学生的态度就一定显得很厌恶。上述几种态度,其共同特点是不会引导教师去研究问题,只会激化矛盾,这无助于问题的解决,无助于教师专业水平的提高,也无助于教师的心理健康。

我主张教师遇到问题生出问题,第一反应最好像科学家见到不明飞行物的照片一样,怀着好奇心问道:"这到底是什么现象?为什么会出现这种现象?"这种反应导向冷静,导向询问和研究,最有利于问题的解决,而且对教师的心理健康大有好处。我个人有这方面的体会,问题学生的言行，有时确实令人反感和厌恶，教师有这样的心态也属正常，但是这种心态不利于工作。我发现，当我冷静地把他当做一个研究对象的时候，我的反感和厌恶立刻就减轻了，因为你不大可能讨厌你希望了解的东西。好奇心能冲淡厌恶。认知欲望越强烈，态度就越冷静，科学家就是如此。

所以，教师要激发和强化自己的认知欲望，不要觉得自己了解学生，而要实事求是地承认，我们对学生的心灵世界知之甚少。如此，我们面对问题生的问题，第一反应就是充满探索精神的"为什么"，而不会是情绪主义的义愤填膺和管理主义的"怎么办"，这样，我们的思路就对头了。

光有第一个"为什么"是不够的，后面要紧跟着一连串的"为什么"，要不停地追问。比如一个学生早恋，我就好奇地问：他为什么会早恋？初步结论是，他想表现自己。为什么他用这种方式表现自己？结论是他其他方面缺乏优势。其他方面真的就没有优势吗？经研究并不是。于是我就全力找到他可以出风头的领域，给他机会，于是他的早恋就可能降温，因为他有了自我实现的新途径。没有"为什么"就没有研究，没有接连不断的"为什么"，就不会有真正的研究成果。

五、了解情况时，行动观察法与心理测验法双管齐下

了解学生情况，最常用的方法自然是观察法。但是请老师们注意，千万不要迷信自己的眼睛。教师和学生接触，一般都是在正式的场合，上课呀，学校组织活动呀，等等。其实学生性格的最真实的表现，往往在非正式场合看得更清楚，在同龄人中看得更清楚，在游戏中看得更清楚，而后一种观察视角一般是教师所缺乏的。这就是为什么有些学生出了事情，教师惊诧莫名，百思不得其解，而同学却不觉得奇怪，因为学生知道他的底细，而教师是被蒙在鼓里的。无论成人还是孩子，在正式场合的表现，在上司面前的表现，总难免有些表演的成分，有些人还演得很熟练、很投入，所以，从"官方"角度往往最不能得到真实情况。

可见，采用观察法，要特别注意学生在非正式场合的表现，还要注意通过学生了解学生。学生有学生的视角，他们的观察往往对教师帮助很大。

观察之外，也可以适当搞点心理测验。我常用的心理测试方法是：小学生用画图法，中学生用词语联想法，中小学生都可用早期记忆回忆法和释梦法。

我常用的画图法主要是让小学生画一棵果树，画他现在的自己和20年后的自己，画全家福，从中可以捕捉大量信息。比如画果树，有没有树根，树干是直的还是弯的，树冠的形状和大小，树上果子的位置、多少、排列顺序，整个画面的设色，背景处理，所有这些，都在向你泄露他心中的秘密，只要你会解读。

词语联想法是随便找一个词，让中学生把从这个词联想到的词按顺序写下去，写20个。做五次。然后把这100个词放到一起研究，你就会发现它们有一定的规律和倾向。任何人都绝不会对所有的词汇印象同样深刻，他的选择就暴露了他的智力取向、情绪状态甚至人格特征。

早期记忆回忆法中学和小学高年级都可以用，让学生追寻自己的记忆，一直追到最初记忆（年龄因人而异，最好是六岁以前的），让他把记忆的画面和自己当时的感觉叙述出来。这非常重要。早期记忆包含的信息极其丰富，甚至可以说，它是个人精神发展的胚胎，我们从人的早期记忆中往往能解读出他一生发展的大方向和基本特点。

释梦也是中小学生都可以用。人的梦，特别是重复出现的梦，对了解人当前或某一阶段的情绪很有用。但是注意，这里的释梦不是迷信的"圆梦"。梦是灵魂的窗口，不是上天的预兆。

画图，词语联想，早期记忆回忆，释梦，这些检测方法操作起来都很简单，难的是解读。解读这些材料，不但需要一定的心理学知识，而且需要丰富的生活经验和较强的逻辑推理能力，有时还需要询问学生本人。

关于通过心理测验诊断问题生，我有专门的著作《给教师一件

"新武器"》（2009 年），读者可以参考。

六、横向、纵向全面了解学生情况

比如有一个问题生经常不交作业，教师要解决这个问题，就要横向了解一下，他是否各科都不交作业。若各科都不交，那是一回事，若有的科目还能完成，那就是另一回事，性质不同。没有横向的了解，容易判断失误。同时，还应该纵向了解一下他是否从小就一直不爱交作业。如果一向如此，那是一回事，若只是最近一年才变成这样，那是另一回事，不但问题程度不同，性质可能都有差别。研究问题，切忌孤立地看到某个问题就做出一般性结论，那是不可靠、不科学的。有位老师跟我说，某个学生与教师势不两立，我一打听，原来这个学生只是对他如此，跟其他教师的关系还好，那么这个结论就太片面了，属于"误诊"。

我这里谈的是教师的基本功，遇到问题，学会展开来思考。我发现相当多的教师遇到事情没有把它展开来调查研究的习惯和方法，他们只有现成的几种应对方法，不管三七二十一用上去，不能解决问题，就瞪眼没有办法了。我们把这种情况叫做"没思路"。没思路比没办法更可怕，因为前者决定着后者。所以，要切实提高教师的专业水平，必须结合具体案例进行思维训练，重新培养教师的思考习惯和能力，帮他们找到思考的门径。

七、诊断前，要提出多种假设

问题生经常发生的问题有多种，每一种问题（例如上课不注意听讲）产生的原因也有多种。一位优秀教师必须做到：一发生问题，他脑子里就像打开一个电脑文件一样，会弹出有关这个问题的多种可能原因（假设），一条一条摆在那里。有了这样一个参照文件，教师就可以把眼前的学生表现和这个文件上的描述一一比对，如果发现有吻合之处，该生可能就属于这一类学生，那么自然也就可以初步确诊了。

举个例子。几个学生午饭后在讲台前玩耍，不小心打翻了一个同学忘在那里的一瓶矿泉水，毁了电脑键盘。教师询问是谁干的，没有人承认，又问过程，大家七嘴八舌说不清楚。于是教师就教育大家要诚实。最后还是没人承认，教师很失望。这位教师的毛病在于，他面对问题时没有进行多种假设，而是简单地做了一个单项归因。实际上，他脑子里早就有以下思维定式：凡事总有个是非，教师必须教育学生分清是非；学生有错不承认，必定是不诚实。然而，这两种思维定式都是经不起科学论证的。

事实上，学生中发生的事情，既有鲜明的是非问题，也有模糊的是非问题，还有不是不非的问题。有相当多的问题属于心理问题甚至正常现象，也都被教师一本正经地当做是非问题来兴师问罪，结果往往是学生一脸茫然，教师越说越气，猴吃麻花——满拧了。

上述"键盘事件"就可能不属于鲜明是非问题，而是一个模糊是非问题。教师非要找出"元凶"，没人承认就断定有学生不诚实，我以为这也太简单化了。完全可能是大家谁也没看清楚，肇事者自己也糊里糊涂。当然，也可能是有人看见了，不敢说；也可能是打翻水瓶的人怕要赔偿不愿说。教师应该估计多种可能，而不是只从道德角度，认定一种可能。看问题，光有道德视角是不够的，还要有科学视角。要做多种假设，才能少犯错误。

八、确诊时，一定要使自己的初步结论合乎逻辑，经得起推敲和质疑

有一个学生常常动手打同学，教师把它归因为父母关系不好。我就对他说："父母关系不好的学生很多，为什么别人没有攻击性，偏偏他有？这里面一定还有其他因素在起作用。"有的教师把学生偏科归因为学生对这个学科没有兴趣，我就对他说："学生很难对所有学科都有兴趣，既然如此，为什么有的学生门门都学得不错呢？可见偏科不完全是由缺乏兴趣造成的。"这类情况，当然属于思维不够严密，但不只如此，还应该承认教师缺乏最基本的科学思维方式——反驳。科学离不开反驳。所谓研讨，所谓论证，其实都是不同意见的互相反驳。一个真正严

肃对待学术问题的人，他在思考问题的时候，根本不用等别人来反驳，他自己就在反驳自己，从始至终地反驳自己。他会有意识地寻找反例来推翻自己的结论。当他发现一种新情况是自己的结论无法解释的时候，他就会提出新的假说来解释新现象，然后继续用事实验证和反驳这个新的假说。这就是科研的思路。轻率地得出一个结论，得出结论后自己不反驳自己，别人提出反例也不在意甚至不高兴，这种人，无法搞科研。

九、确诊时，要首先考虑问题在谁身上，以免某人得病，他人吃药

学生问题的根源当然都在家庭，但是具体到某一件事，家庭却可能没有什么责任，是教师把事情办坏了。我们在分析问题的时候，一定要搞清主要的毛病出在哪里，才能决定解决问题的突破口在哪里，主战场在哪里。现在比较普遍的问题是，学生出了问题，教师常常不分析、不反思，把一切责任都推到学生和家长身上，这就很难解决问题。也有很多时候，问题确实是出在学生和家长身上，但是导火索却是教师言行不当，如果教师小心一点，炸弹本可以不爆炸的。教师若不善于总结经验，就总会"主动"踩地雷，这显然是不明智的。

事实上，学生的问题有很多都与教师有关。比如本书第二部分诊断学生"顶撞老师"问题，总结了12种原因，其中就有6种问题在教师。在这6种情况下，如果教师一味指责学生或家长，问题就永远解决不了。

十、确诊后，一定要有具体的、因人而异的治疗措施

本书第二部分专题研究了十几个问题，每个问题都进行了细致的分类，每一类问题都提出了具体的治疗措施。当教师面对一个具体问题时，当然可以参考这些类别进行分析，但是一定要注意"这一个"的特点，即使他具备某一类学生的典型特点，符合一般规律，也要根据具体情况做一些微调，大同之外要有小异。总之，在确诊之后，开出的药方最好只适合他一个人。这一点，在本书第三部分——案例，可以得到

体现。

十一、根据治疗效果的反馈来评估自己的诊疗，并随时准备修正

任何医生都不敢保证自己开的药方绝对准确，他会根据医疗效果的反馈来调整自己的治疗方案，或者增减药量，或者改动药方，甚至推翻原有结论重新诊断。教师处理问题生的问题也是这样。采取措施之后，要密切注意学生的动态，观察治疗效果，以便随时调整自己的思路和措施。要特别注意的是，教育与医疗有一个很大的不同，教育一般收效要比医疗慢得多，而且影响教育的因素更复杂，所以，当教育没能很快取得成效的时候，教育者不要轻易断定自己失败了，要从多个角度仔细研究后再做结论。

问题生教育的下策如何实施？

有的老师说，问题生教育，采用上策（晾在一边），我没那个教学水平，达不到那个境界，采用中策（诊疗），我一时掌握不了这种专业技术。那怎么办？如果确实是这种情况，可以采用下策——维持，相当于医院的"保守治疗"。有人可能会说，解决不了问题，谁不希望至少维持现状？这难道也算一种对策？请注意，自觉地把维持看成一种策略和本能地希望事情不要越变越坏并不是一回事，就好像医院里的保守治疗，毕竟也是一种治疗，不是听其自然。虽然每位老师在问题生教育方面都希望至少事情不要越变越坏，但是你会发现，很多教师在需要维持的时候，做的并不是有效维持的事情，他们还在采取一些根本没有希望的行动，想让事情变得更好。也就是说，该防守的时候还在盲目进攻，结果越弄越乱，连本来可以维持的局面也保不住了。就好像医院对需要保守治疗的病人开积极治疗的药方，不但没有用处，反而加速了病情的

恶化。可见，经过冷静的评估，如果发现一个班级的问题生教育，教师确实无法向前推进，就不要硬推了，那就想清楚，用下策——维持。这么一来你心里反而踏实了，注意力也集中了。

为什么会出现只能用下策的局面？主要原因有三个：一是教师能力不够，二是问题生的问题太严重，三是学校领导的支持很不给力。有时只要有一个原因足够充分，你就不得不维持，更不用说两个或三个原因叠加了。所以，需要经常采用下策的教师，可能不少。

不要以为维持就是无为而治，不是的。维持也需要一套办法，要做很多工作。维持虽属下策，但并不是一件很容易的事情，只不过比起上策、中策来要好办一些。下面我们说说采用下策要做的几项基本工作。

一、稳住班级基本成员

比如一个班40多人，我先召集10个左右学生开会。这是一些什么学生呢？他们是最不起眼的、最老实听话的学生，一般是女生比男生多。我对他们说："我不要求你们管别人，我也不要求你们揭发别人，我更不要求你们和不良现象作斗争。我对你们唯一的要求就是：管住自己。上课时，不管班里怎么骚动，你们别动，不呼应那些破坏纪律的人就行了。我先谢谢你们！"这些学生稳住之后，下一次，我扩大一点规模，找15或者20个人开会，稳住他们。你就会发现，这个班的课堂一天天安静下来（不要太急）。因为问题生捣乱是需要市场的，没有市场他们就扫兴了，基本群众不跟他们走，大局就安定了。这里要特别注意的是，一定要稳住班里的几个美女和俊男，找他们个别谈话，请他们帮忙，上课做"木头人"。问题生在课堂上"耍猴"，如果有美女发出笑声，那是对他们最大的鼓舞，若美女们一个个面无表情，他们就大受挫折。青春期的孩子，有这种行为是可以理解的，我们恰好可以利用他们这种心态做工作。但是要注意，不要挑拨他们之间的关系，也不要阻止他们课下的交往，否则就麻烦了。

二、要做妥协和让步

既然维持，教师就不要打算事事顺自己的心。对有些问题生，必须给点"特权"，甚至开辟"特区"。比如有的不交作业，可以不予追究；有的上课可以睡觉，看课外书，不能较真。那么其他同学学他的样怎么办？同学提出"这不公平"，怎么办？这就要提前私下里加以解释，争取多数同学的理解。我的经验是，此事并不难，因为学生显然都知道，得到这种"优待"并非光彩的事情，也没有多少好处。这里还有一个争取领导支持的问题。教师要妥协，校长不让，这就麻烦了。所以做某种妥协之前，教师要向领导详细汇报问题生的具体情况和自己的想法，说明自己为什么要采取这种策略，其好处是什么，争取得到领导的支持或理解。

三、不要与问题生撕破脸

即使以维持为宗旨，教师也不可能完全不理会问题生的错误行为，在不得已的情况下还是要谈话、要批评、要惩罚，甚至要给处分。这时一定要掌握好火候，别撕破脸。我的经验是，问题出现了，能不交学校就不交，能不给处分就不给处分，既然你打算维持，就千万不要和他们叫阵，平平安安送他们毕业就行。

实行这种策略，目的是保证绝大多数学生能有一个相对稳定的学习环境。这不是不负责任，正相反，是对多数学生负责。如果教师与学生恶斗不断，又不能取胜，整个班级就始终会处于人心惶惶的状态，那损失就太大了，教师的失败感也会加重。

维持的策略针对的是整个班级，具体到某个问题生，在大局稳定的前提下，如果发现有希望，也可以做点诊疗试试。还有，教师有可能遇到这种情况，你不理问题生，他却不知什么时候悄悄进步了。为什么？因为人有一种自我治疗的能力。遇到这种情况，教师不要喜出望外，也不要大表扬，给他一个微笑，继续静静观察就是了。

学校如何统筹问题生教育？

问题生教育本是一个系统工程，班主任无力单独当此大任。我曾经（2006年）设想过把问题生教育分成三级。一级问题生的问题（轻度问题生）班主任就可以解决；二级问题生（中度问题生）需要由"校园专家"协助或指导班主任处理；三级问题生（重度问题生），学校通常解决不了其问题，那就要交给社会工作者、心理医生、公安机关，或者教育系统专办的特殊类型学校（不光是工读学校）去教育。学校确实教育不了的学生，应该离开学校。这不是开除，可以保留原校学籍，只是不能绝对自愿，否则很多家长是不会同意的。离开学校的学生要经过专家论证和有关单位批准，然而一旦决定，这个决定应该有法律效力，学生和家长必须执行。政府应该制定这样的法律条文。

有了这样一个系统，就可以大大减轻班主任的负担，使他们能把主要精力用来做多数学生的工作，避免被很多无用功搞得筋疲力尽，妨碍整体的教育效果。我们不能要求班主任都是专家，我们也不能指望单靠检查评比、奖优罚劣、"动之以情，晓之以理"这些最普通的管理方式能解决特殊学生的问题。班主任工作是有边际的，我们不能要求他们做力所不及的事情，不能要求他们去做不大内行的事情。教育界流行一个口号："没有教不好的学生，只有不会教的老师。"这等于宣布教师万能，教育万能。其实，即使是教育专家，也有对付不了的学生。所以它只是作为宣传鼓动口号有点价值。勉强这样要求教师，其结果是使他们耗费大量精力去办他们做不到的事情，而本来能够做的事情却没有精力去做，两头都没弄好，这不明智。再说，一味要求保护问题生的权利，实际上侵犯了大多数学生的学习权利，因为问题生往往捣乱，影响他人学习。

比较明智的办法是分层把关。大家各自做自己擅长的事情，把确实做不了的留给别人，就好像县医院治不了的病人送到省城的医院，省城医院治不了的病人送到北京的医院一样。

校园专家又是怎回事？这也是我的一种设想。校园专家是经过专门培训的人，每所学校至少应该有一个这样的专家。当班主任无能为力的时候，他们就要出马。他们不但具有一定的心理学、教育学知识，而且有较丰富的社会经验和教育经验。一旦出现问题，他们会研究，能诊断，有办法，是班主任的好指导员、好参谋、好帮手。学校主管德育的校长、主任、教务处老师、心理咨询老师、主持团队工作的老师，都可以培训成校园专家。年级组长和普通班主任也可以做，那就必须减轻他们的工作负担，否则会形同虚设。作为校园专家，还需具备一些性格特点。他们要有悟性，喜欢动脑筋研究问题，而不是热衷于"管理"。他们须能平等待人，能换位思考，能体谅他人，善于做"建议者"而不是"说教者"和"指挥者"。他们不能光有热情和爱心，还应该头脑冷静，遇事不慌，老有主意，总有办法。他们还应该是勤于学习、善于学习，愿意反思的人。

关于统筹问题生教育，我觉得学校还可以做以下工作：

一、对各班的问题生进行普查和认定

以校园专家为核心，组成校园专家组，根据各班主任提供的材料，加上自己适当的调查核实，整理出本校各班问题生名单，做到心中有数，以便有针对性地投入精力帮助相关班主任。另外，这个名单也可以作为班级各种评比的重要参考。比如某个班级的问题生一入学就特别多，在班级评比中领导就应该心里明白，这个班考评分数落后，不等于班主任做得不好，甚至可能相反。

二、开展"问题生会诊"

有些问题生的教育，可以由校园专家主持"会诊"，请有关老师参

加。这实际上是一种小型的课题研究。大家一起分析问题生的病灶在哪里，有何对策，然后由班主任和有关教师去落实。这种"会诊"，如能长期坚持，对提高教师的专业水平好处很大。

三、把问题生集中起来，办学生培训班

在生员基础较差，或者师资力量较弱的学校，每班都会有几个问题生。一个游鱼三个浪，他们会闹得整个学校不得安宁。必要的时候，可以把这些问题生按年级集中起来，由校园专家给他们办短期培训班。这样，一方面可以给班主任一个喘息之机，让他们从容巩固班集体的健康力量，培育正面的集体舆论；另一方面，也可以使这些学生受到特殊教育和特殊诊疗，如果弄得好，集体、个人都受益。培训时间，少则一周、两周，多则一月、一学期，最后还要把学生送回原班，不过这时他们已经有些进步，而他们所在班级也变了。培训班的活动和课程设置与正常班不同，侧重于教育而不是教学，但是也争取让他们学些学科知识，少落功课。

这种培训班，班主任求之不得，甚至希望问题生走了就再也别回来了。然而办这种培训班对校园专家的专业水平和个人素质要求相当高，一般人不敢接这个活。问题生家长则不一定喜欢，他们会觉得很没面子，而且担心孩子功课上吃亏。所以，要办这种班，还要做好家长的工作，或者给培训班一个比较体面的说辞。

以上设想，已经提出六七年了，据我所知，没什么动静。可见这些设想大概是脱离实际的，不过我仍然愿意再说一遍，希望能有校长试一试。既然这些想法对多数学校不现实，那我们还是应该脚踏实地，做一些眼前可以做的事情。那就是，教师在前台与问题生奋战，学校领导给他们做个后盾。这总可以吧？

教师教育问题生,学校如何做后盾?

老师们在前台教育问题生,学校如果想给他们一点切实的帮助,首先就是少念点评比的紧箍咒。想来各位领导一定知道,问题生教育一般不会立竿见影,他们不但进步慢,而且常有反复。这时候如果学校强化评比,各班肯定会因为他们而扣分,一扣分就影响教师的业绩,弄得教师很没面子,甚至减少教师的收入。老师并非圣贤,难免"吃不住劲",于是就可能对问题生加压,和问题生较劲。然而,问题生绝不是你一加压他就顺从的,否则他就不是问题生了。他以前的老师一定对他加压过不知多少次了,要是管事早就管事了,要是不管事,当然现在也不管事。对问题生加压,还可能导致教师与他们撕破脸。教育问题生最怕撕破脸,一撕破脸,学生就恼羞成怒或者破罐破摔,不但不能解决问题,反而会大大增加其破坏性。前面说过,教育问题生,很多教师适合采用下策——维持。维持其实就是和稀泥,撕破了脸,这个稀泥还怎么和?所以,学校的很多评比、精细化管理,客观上是在为班主任制造敌人,实在不明智。我相信,如果学校没有这类评比,问题生整体上至少能减少五分之一。当然,我知道,评比是教育行政人员钟爱的管理方式,而且也有一些正面意义,所以评比短期内是无法取消的(其实我上小学、中学时,都没有这类评比,学校办得也不错。不过这是另一个问题,此处不多说)。我只希望有关领导,尤其是学校第一把手,不要把评比搞得那么细致、严酷,不要把评比结果看得太重,不要鼓励各班级之间的恶性竞争,而要在学校里创造比较宽松、和谐的气氛。经验证明,这种氛围对教育问题生最为有利。如果把螺丝拧得过紧,一旦出了人命(如今的学生属于新新人类,出人命不稀奇),班主任脱不了干系,校长也得吃不了兜着走。再说,学生不出状况,教师也可能出状况，如今教师因为压力太大而崩溃的现象也是屡见不鲜。别把学校变成一个高压锅。

领导有时会到各班巡视，如果发现有的教师明明看到问题生犯错误而不管，千万不要拿起来就批评，最好先私下询问一下他这么做的理由。这很重要。因为教师有自己的想法和部署，外人莽撞加以否定，就可能误把妥协当成迁就，把撤退当成败退，把装没看见当成不负责任，而在教育问题生的过程中，妥协、撤退、装没看见，都是不可或缺的策略。

教师与问题生发生冲突，总是难免的。这时候做领导的一定要想办法先稳住事态，不让它扩大，然后秉公处理。当然不可以偏袒教师，但也不能偏袒学生。近些年有一种风气，有的领导宁可得罪教师也不得罪学生，尤其是学生背后的家长，我认为这不对。比如有的问题生蛮不讲理，对教师极不礼貌，教师把他送到教务处，他在那里却受到了类似来宾式的接待，有关领导说几句不疼不痒的话，就把学生送回来了。这只能助长歪风，让教师处于尴尬的位置。我主张，凡是问题生辱骂老师，无论如何也要让他赔礼道歉，这个原则应该坚持。有些学生的家长有权有势，或者是大款，或者是哪位学校领导的关系户，遇到这种情况，领导更要（有弹性地）坚持原则，不能失去教育者的身份。据我所知，有的问题生仰仗家长的势力，非常嚣张，根本不把教师放在眼里，几乎完全不承认自己的学生身份。这么搞下去，整个学校就会在当地失去威信，最后学校从上到下都会尝到苦果。学校自古就是清明斯文之地，不可以染上社会的势利之风。

问题生出了大事，确有必要，学校就要给予处分，该出手时就出手，不能姑息。如果学校领导犹犹豫豫，教师就没有后盾了。教师心里会想，领导都不着急，我急什么，睁一只眼闭一只眼就行了。结果是整个教师队伍泄气，学校没了正气。当然，处分是一件严肃的事，既要事实确凿，又要尽量取得有关家长的理解。该给处分给处分，又尽量不撕破脸皮，这样的领导才高明。

如何与问题生家长打交道？

与问题生家长打交道，是一个难题。很多老师都以为"请家长"是手里的一张王牌，束手无策的时候，就会想到家长，好像家长是救星。这种老师也没想想：家长就一定比您高明吗？想用家长管住问题生，这太天真了。教师心中可能有一句潜台词："我作为教师，只能说服，不能采用非常手段。你家长可以呀！杀手锏在家长手里。"然而事实是，问题生之所以成为问题生，十之八九是家庭教育严重失误造成的。问题学生的家长大多数对孩子已经失控，他们根本管不了孩子，他们还指望教师把他们的孩子教育好呢。所以，如果教师明知道给家长打电话没有用，就不要打；明知道请家长来没有用，就不要请。请来无非是告状，告状之后家长可能回家把孩子打一顿，这只能增加学生对教师的仇恨，增加以后工作的困难。到了中学，有些家长已经打不动孩子了，弄不好孩子还会打家长。不要指望问题生家长能给教师多大帮助，更不要幻想教师解决不了的问题可以由家长解决，家长有那个水平，孩子是不会成为问题生的。对问题生的家长，一定要降低期望值。有些问题生的家长把孩子扔到学校就不管了，甚至认为教育只是学校的事情，这当然是很错误的想法，但是如果这种家长确实对孩子起不了什么教育作用了，那就只好靠学校自己，能教育到什么程度算什么程度。

与问题生家长打交道，除了降低期望值以外，还有一个态度问题。很多教师一提起问题生家长，就怨气连天，就轻视鄙夷。这种家长给学校送来不合格的孩子，教师埋怨他们，不是没有道理，正是他们低质量的家庭教育造成了孩子的诸多问题。有的问题生家长素质很差，老师们对他们有些看不起，也是事出有因。但是作为教育者，上述态度是不妥当的。问题生是病人，他们的家长也多是病人，对于病人，理应采取同情的态度，事实上，他们也是很值得同情的。教师面对问题生，无论如何狼狈，毕竟还有盼头，你总有不教他那一天，他总有毕业那一天。问题生家长的苦难可是无边的，看不到尽头。有些问题生长大后会变成"宅男"、"剩女"、"啃老族"，还经常惹是生非。我接待过不少这种家长，被他们的苦难深深震撼。即使他们本人事业有成，精神上也会非常痛苦；有些家长工作上没有什么成绩，孩子又没有盼头，他们会觉得自己的人生根本就是失败的。他们真的很值得同情。既然如此，我希望老师们和问题生家长打交道的时候，像医生面对病人那样，宽厚一些。他们有的人会对老师极为无理，你别生气，你应该明白，他们很可怜，他们是对自己不满，他们恨自己，于是迁怒于教师。还有的人把教师当成救星，每天一个电话缠着你，希望你能点石成金，一旦你做不到，就怨气连天。这都是病态。教师是专业人员，对他们应该尽量宽容和谅解。

　　但我的意思并不是说对问题生家长要一味退让。如果他们不讲道理，也要适当进行抗争，不过最好不要硬顶。本来这种人就没好气，满脑门子官司，你一顶，他就会把全部怒火喷在你身上，你成出气筒了，岂不是犯傻？要来软的。有一次我到一所学校去给家长讲课，课后，一位问题生的家长（孩子的奶奶）找到我，向我控诉孩子的班主任。她跟我说话时，校长就站在身边。这位老太太情绪激动，罗列了一大堆班主任的"罪状"，连教学上的问题也不放过。要照她的意思，似乎这位老师根本不够格。我洗耳恭听，偶尔还点点头，老太太见我这种态度，精神百倍，越说越起劲。我知道一定要让她发泄完。等她气出得差不多了，我才开口："照您反映的情况，这位老师在业务方面确实需要提高，她恐怕难以胜任教育您孩子的重任。"这位奶奶听我这么说，很满意，因为我站在她那边。她没想到我后面这么说："既然如此，我就建议您赶快给孩子换班，最好转学。"校长在旁边一听就笑了，然后说："这个学生已经转过好几次学了，我们学校本来也不愿接收，家长求情，我们才要的。"（其实我早就猜到是这样了，因为这类家长我见过很多）这位奶奶立刻不说话了，也没脾气了，等着听我下面说什么。我诚恳地对她说:"如果是这样,看来您的孙子可能也有些缺点吧?"老太太说:"他也不是好东西!"周围人都笑了。我就说:"您看是不是这样,教师的问题呢,校长都听到了,让校长去做教师的工作,提高她的专业能力,您的孙子呢,您回去也做做工作,相信您一定能配合学校,把孩子教育好。"这场对话就这样结束了。我用的是以退为进的战术,不硬顶。

许多校长和老师特别害怕家长告状,他们抓住一件事就告到教育局去了,有的干脆捅到媒体去了。我个人在这方面有点经验。我曾经连续多年给一所小学的一年级新生家长讲课,后来该校校长告诉我:"您给一年级新生家长讲课后,这个年级6年几乎没有家长告状。"我是怎么做到这一点的呢?关键是我抓住了家长的"命门"——爱自己的孩子。我站在家长的立场,替他们着想。我说:"教师有缺点,家长当然可以提意见。如果教师有违法行为,您有权利告状、媒体曝光。我要提醒您的是,如果只是教师教育观念或工作方法的问题,您关注的重点一定要找准,那就是您自己的孩子。您别忘了,教师是铁路警察,只管这一段,您可永远是孩子的父母,孩子的成长是最重要的。比如您的孩子有缺点,教师批评过火了,言语过激了,您可以给教师提意见,但别忘了研究一下自己的孩子是否真的有那个缺点,这才是重点。否则,即使您把这位教师赶走了,您孩子的缺点没有改正,他未来还可能出问题。换一位老师,也还是要管他的。对不对?"家长护孩子心切,确实有时候会把矛头指向教师,这里最大的危险是掩盖了孩子自身的问题,最后受害的是孩子和家长。把这个道理讲清楚,绝大多数家长就不和学校较劲了。当然,与此同时,我们也要做教师的工作,尽量提高工作的艺术性,尽量不给家长告状留下把柄。问题生的家长更是如此。我常常对问题生家长说:"恕我直言。您孩子这样的毛病,任何一个教师都是无法接受的。教师在教育您孩子过程中的失误,对您来说是小事,孩子的问题才是大事。希望您能想清楚。几年以后,您可能会发现,您反对的那位教师还在教书,您的孩子却已经完全失控,真正痛苦的还是您自己。人家教师是烦恼一阵子,您是烦恼一辈子。"这样说,一般都有效果。

我的意思并不是说可以不理他们。有些必须通知家长的事情，是要告诉他们的；需要他们配合的事情，是可以和他们商量的；指导他们少犯一些错误，对学校教育是很有利的。我的意思只是说，教育问题生，教师必须把基点放在自己身上，自力更生，对学生家长既不要埋怨，也不要抱不切实际的希望。

问题生教育，怎么叫成功？

有很多优秀教师、模范班主任在介绍经验的时候都会举一个或几个问题生的例子，以展示自己的工作业绩。那个问题生开始一定是劣迹斑斑的，这位老师的工作一定是很耐心、很动情的，最后这个学生一定成了好学生，有的成绩变得优异，有的比赛获奖，等等，总之几乎彻底改变了这个学生的面貌。我来实事求是地告诉大家，这种事即使确实有，也是很个别的，并非问题生教育的主流，而且那个学生是否真的属于问题生，他的进步究竟与教师的工作有多大的相关性，都值得研究。

如果以这样的标准来评定，那就很少有问题生教育是成功的了。那么，问题生教育岂不没有成功可言了？非也。问题生教育，当然有成功一说，只不过其成功的标准，应该另有规定。

我以为，帮轻度问题生和中度问题生变成一般学生，即把问题生变成非问题生，使他们能随上大溜，以后出现问题用常规教育手段基本能解决，这就是了不起的成功了。把他们变成优秀生？当然应该朝这个方向努力，但是不能要求教师做到这一点，因为太难了。至于重度问题生，只要经过教师的努力，把他基本稳住了，该学生对集体没有产生多大破坏作用，就是了不起的成功了。要把重度问题生变成非问题生，专家也未必有把握，不能这样要求教师。教育问题生能做到上述程度，有关教师和班主任的专业水平就算不错了。

但是请注意，一个学生在校期间是问题生，不等于他将来没出息。所谓问题生，指的是在校期间、在校园这个环境中有比较严重问题的学生。至于走上社会以后如何，那是另一回事，二者可能是一致的，也可能不一致，学校教育毕竟只是孩子受到教育的一个侧面而已。经验告诉我们，对于大多数学生，家庭和社会的影响要大于学校的影响，问题生也是如此。

这里有个例子。《问题学生诊疗手册》修订之前，我在网上发帖征求意见，有一位网名为"感受美好"的家长给我发来了邮件。

王老师：

喜闻您要出修订版，深深敬佩。我是一位家长，请问您可否增加一点老师和问题生家长沟通和交流的内容？在我儿子厌学的时候（初一），我请教过您，我得到了很好的指导。尽管我儿子后来连大学也没上，但是生活得比较开心，我也接受了这个事实。因为他的很多同学大学毕业后很迷茫，而我儿子在社会上打拼，几年下来，不断开拓商路，立足社会，创造价值。

我也是您的粉丝哦。只要我有时间，就会去看您的文章，看您的文章如同沐浴阳光，享受精神大餐。谢谢您，衷心祝福您。

您看，这位厌学型问题生，最后还是没有上大学，但是我们从家长提供的情况来看，应该说他还是成功的。所以，对问题生教育的成果，不要以眼前考试成绩作为评价的唯一标准，要综合评价，而且要长线评价。

第二章 专题研究

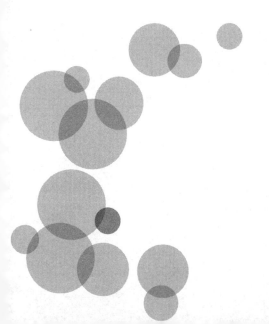

前面说过，要对问题生进行诊疗，教师必须做到这样：一发生问题，他脑子里就像打开一个电脑文件一样，弹出有关某个症状的多种可能病因（假设），一条一条摆在那里。有了这样一个参照文件，教师就可以把眼前的学生表现和这个文件上的描述一一比对，如果发现有吻合之处，该生可能就属于这一类学生，这可以看做初步的诊断。本书第二部分，就是我根据自己的研究写出的这样一个诊断文件系列。教师遇到问题，如果自己脑子里缺乏系统的诊断知识储备，弹不出这样一个文件，您可以参考下面的内容，查到有关症状，看看我的分析和对策，即使不能完全用得上，起码也有思路了。注意，这里的分析不完全是针对问题生的，普通学生的问题也可以参照这里的分析。特别要注意的是，这里的分析绝不是标准答案，只是一个大的框架。教师最好每个人脑子里都有一套具有个人特色的"问题诊断学"，这种教师，就可以称为"研究型教师"了。

顶撞老师

学生顶撞老师，这是老师最恼火的。校园里有很多事情，本来并不严重，但只要学生顶嘴，或者出言不逊，问题就会闹大，有时甚至会弄得不可收拾。

老师们面对这个问题，常见的办法有两种。第一种办法是把学生压下去，让学生服软，让学生道歉。老师气消了，问题就算解决了。这种思路的主要特点是"态度挂帅"，也就是说，不论是非曲直，不讲孰因孰果，一把抓住学生的态度不放。这等于说，只要你一和老师顶嘴，你就什么理也没有了，或者即使你还有点道理，也得等到你承认错误后再说。"态度第一，事实第二"。我以为这不符合科学精神。比如一个学生被老师冤枉了，学生情急之下说了几句不礼貌的话，应该怎样处理？应该先把师生二人分开，然后核对事实。若老师确实冤枉了学生，那应该先给学生洗清"罪名"，然后再告诉学生，你这样对待老师是不礼貌的，你应该道歉。而学生向老师道歉的时候，老师也应该向学生道歉，因为你冤枉了孩子，这个错误比起孩子不礼貌来，要更严重。总之，应秉承"事实第一，态度第二"的原则。压服学生的办法，最大隐患是学生很可能口服心不服，甚至可能恨老师，于是就为下一次冲突埋下了伏笔。学生也是人，片面地要求学生让步是不对的，这不平等，也不公正。

第二种办法是要求教师提高修养，打不还手，骂不还口。学生是孩子，教师是大人，要求教师比学生更有修养，更善于制怒，这自然有道理，但是得有个限度。别忘了教师也是人，他不是圣人。如果受到人身攻击，他难道就没有权利捍卫自己的尊严吗？这说不过去。作为学校领导，一味迁就学生，片面要求教师忍辱负重，这同样是不平等、不公正的。这样能感动学生吗？经验告诉我们，往往不能。很多问题生看到教师如此好欺负，会更加嚣张，这等于助长歪风邪气。而且长此以往，势必损害教师的心理健康。忍耐呀，忍耐呀，一旦忍耐不住，就会突然爆发。我们见到有些脾气特别好的教师某日突然一反常态，对学生施暴，常常就是这样造成的。也有的教师心里的委屈和怒火长期得不到释放，最后走向崩溃。

可见，上述两种办法都有问题。你会发现这两种办法虽然各走一个极端，但是在一点上是相同的，它们都不问青红皂白，拒绝分析具体情况，而死板地按照一个固定的路子工作。正确的做法应该是具体分析，是谁的问题就解决谁的问题，这样双方才能都服气。

学生为什么会顶撞老师呢？常见原因如下：

一、老师冤枉了学生

很多教师都有一种很不好的习惯，自以为看见了学生的缺点，不问青红皂白，不调查研究，上来就批评制止。有时无中生有，有时张冠李戴，有时主次颠倒（"主犯"逃脱，"从犯"挨批），有时甚至是非颠倒（做了好事反挨训）。

这是学生顶撞老师的最常见原因。这种例子不胜枚举。

解决这个问题的办法很简单，教师开口之前，先询问一下，调查一下，就可以避免很多师生冲突。可惜很多老师就是做不到，他们的借口是时间来不及，我看这个理由站不住。比如一位老师因为缺乏调查研究冤枉了学生，学生不承认，师生就吵起来了，一吵就是半堂课，你能说他没有时间吗？这半堂课的时间若用来查清事实，完全够用。可见，教师不去调查研究，主要原因并不是时间不够，而是主观上缺乏科学态度。他的意思是：只要是我说的话，不管对错，你给我好好听着就是了，怎么敢顶嘴！这不是民主作风。有这种作风的老师今后会越来越多地碰钉子。

二、老师不公平

教师处理事情不能一碗水端平，胆大的当时就要反抗，胆小的不说话，但是心中有数，聚集起来，总有一天要爆发。注意，有些不公平是非常明显的，有些不公平则是教师自己都很难意识到的。比如，好学生答错一道题，教师表示遗憾，而差生答错同样一道题，教师就会生气，这叫做习惯性不公平。教师应该经常反思各种不公平，尽量减少它。

三、老师提出了学生做不到的任务

比如，教师留的作业把多数学生搞得夜里11点才能睡觉，这会使学生非常焦虑。当然，多数人敢怒不敢言，然而也可能有敢怒敢言者，他们就会顶撞老师。教师以为这个学生捣乱，其实他的态度代表了很多学生的态度。不信你观察学生的表情，会很明显地看出，顶嘴者替他们说出了心里话，使他们有些快意。这种事情如果教师不加觉察，一意孤行，那是很危险的。某校一位初三的老师就发现学生毕业的时候都拒绝与她合影，集体抗议。后来一打听原因才知道，她平时留作业、罚作业太狠，学生早就恨透她了。这位老师可能会很委屈、很寒心，自己辛辛苦苦怎么如此下场。我则认为，留作业考虑学生的承受能力，这是起码的科学态度。连起码的科学态度都没有，一味以"恨铁不成钢"自居，如此说来，任何官僚主义者都可以免受指责了，他们都可以拿"我是好心"来当挡箭牌呀！

四、老师讽刺、挖苦学生，伤了学生自尊

这也是学生顶撞老师的常见原因之一。有些老师自己非常爱面子，却不给学生留一点面子，说话非常尖刻，几乎让学生无地自容。他们还自以为得计，因为这样确实可以使很多学生害怕老师。其实，这是一种语言暴力，很不文明。教师当然有权批评学生，但是不能侮辱学生的人格，正像学生不可以侮辱教师的人格一样。教师应该注意，用损人（讽刺、挖苦人）的办法控制学生不是正路，也不是真本领，而且早晚有一天，碰到个性强、胆子大的学生，会以其人之道还治其人之身，那时候教师会大丢面子的。有些学生背后骂老师骂得很难听，当面却装得老实，可能就是遇到了这类老师。

不尊重学生人格，是教师素质不高的表现，也是教师思想懒惰的表现。他们遇事懒得调查研究，以为用语言暴力一压，就可以使学生就范，殊不知这只是掩盖了问题，甚至加剧了问题，并没有解决问题。

五、老师要请家长

经验告诉我们，有些学生你怎么批评他都能忍受，但只要一谈到请

他的家长，他就好像失去了理智，跟老师大吵大闹。为什么？可能孩子的家长是暴力型的，学校只要一请家长，家长就会不由分说痛打孩子。对孩子来说，这是很可怕的事情，他一定要拼力改变老师的决定。而且他心里很明白，老师再厉害也不敢轻易打我，闹一闹或许能免掉回家这顿打。还有一种可能是，这是一个孝顺孩子，非常心疼家长，在他看来，学校请家长，等于往家长心上捅刀子，他当然也要拼命抵抗。还有一种可能是，家长刚刚承诺要给他买一件他向往已久的东西（例如名牌自行车、优质手机，答应带他出国旅游等），一旦教师向家长告了状，家长会以收回成命作为惩罚，他的希望必然落空。在这种情况下，让孩子保持理智是很困难的，他会急疯的。

所以，我对教师的忠告是，尽量少请家长，少告状。非请不可的时候，也要跟学生商量。再说，很多家长对孩子已经失控（特别是中学），请来家长也没有什么用处，徒然增加学生对教师的怨恨，绝非明智之举。恕我直言，频繁请家长，是教师无能的表现。

六、学生提出不同意见，老师误以为是顶撞

这种情况不少：老师讲课文，提到某种看法，学生却拿出反对的意见；对考试卷子的判分学生有异议；老师要组织某个活动，有学生不赞成，等等。学生并没有对老师无礼，只是提出了不同的看法，这属于学术问题或者技术问题，只能用研讨的办法解决，而研讨时师生是平等的。有些老师心胸狭窄，或者满脑子师道尊严，以为学生只要敢说半个"不"字，就是不尊重老师，于是抛开学术问题不谈，全力攻击学生的态度，说学生骄傲自满，个人第一，没有集体观念等。这叫做运用行政手段扣道德帽子解决学术问题，是很错误、很落后的办法。

以上是从教师责任的角度对学生顶撞老师原因进行的分析，下面我们进一步从学生责任的角度做分析。有许多时候，教师的言行并没有什么失误，可是学生仍然顶撞老师，那就需要重点从学生身上找原因了。然而，找到原因之后，也还是需要教师做工作，才能解决问题。

七、学生心情不好，迁怒于老师

现在的孩子往往任性（这与独生子女被娇惯有关），有了不愉快的事情就要发脾气，胆子小的向妈妈发，胆子大一点的就可能在失控的时候对老师出言不逊。古人把这叫做迁怒。如果师生之间关系一直不错，没有什么过节，老师又没说错什么话，学生还顶撞老师，那可能就是这种情况。处理的方法是：你发火我不发火。可以对他说："我知道你不是冲我来的。你先平静一下，好不好？"他平静下来后就会向老师道歉的。然后，教师可以教给他一些制怒的办法，以避免他下次发火。遇到这种事，教师千万不要以为学生是跟自己过不去，冲上去迎战，那就正好撞在学生枪口上了，成了自觉自愿的出气筒。孩子毕竟是孩子，他可以乱来，到时候只要一认错，你就只能原谅他，但是教师被他气个半死，就太不值了。

八、学生想表现自我

这种学生顶撞老师，主要是为了自己出风头，引起他人注意。你观察他的表情，如果他顶撞老师之后，脸上透出一丝得意，或者眼睛不时察看周围的反应，那可能就是这种情况。他们出风头给谁看呢？有的是给哥们看的，意思是说："怎么样？我敢顶老师！"也有的是给异性看的，"早恋"状态下的学生有可能用这种方式向对方显示自己的"实力"。

这种学生，你若戳穿他的目的，一般他就会有所收敛。当然，只要他不过于猖狂，就不要当众戳穿，个别谈一谈为好，给他留点面子。这种事当众说破，小心他恼羞成怒。

九、和老师套近乎

说来有趣，有些同学气老师正是因为他喜欢这个老师。你老不注意他，他心中恼火，于是成心和你对着干，来引起你的注意。鉴别这种孩子的办法是，如果你发现一个学生总是注视你的一举一动，可是你看他的时候他却躲开你的目光，那可能就是这种情况。这有点类似撒娇。这种情况小学稍多。对这种孩子，要适当亲近，同时又保持一定距离。

十、学生对老师的业务水平有看法

如果学生总是挑老师的错，那很可能他对老师的教育教学水平看不上。这种孩子多数都自视甚高，或者对前任老师十分崇拜，或者有一位目空一切的家长。这种现象多出现在中学，尤其是高中。这种学生多是有点本事、自以为了不起的。

这种学生也不可压服，可以诚恳地向他征求意见，说得对的要采纳，说得不对的也不要迁就。平等对话是解决这种问题的最佳方案。如果教师在某些方面确实不如他，而他又不依不饶，可以"避实击虚"，就是躲开他的强项，在他的弱项做文章。

十一、学生缺乏教养

这种学生说话好像很少有陈述句，不是反问句，就是感叹句，口气都是戗茬的，似乎跟谁都逆反，见谁都满脑门子官司。你接触他的家长就会发现，家长说话也是这样的口气。家长缺乏教养，孩子自然很难有教养。在一般人看来很失礼的语言，在他们家里属于日常用语，他习惯了。

不要和这种孩子较劲，不要和他一般见识，也不要企图通过几次教育就改变他，多年形成的习惯比教育更有力。但是如果他过于放肆，要找机会给他点颜色，让他知道，此处不是你们家，此处是文明之地，此处不可撒野。

十二、学生想压住老师，好为所欲为

这就是所谓"给老师一个下马威"。做这种事的，往往是品德型问题生，或者品德型问题生的"马前卒"。一个乱班，换了一位新老师，新老师看起来比较和气，或者比较年轻，捣蛋鬼们就可能故意顶撞老

师，给老师好看，让老师不敢管他们，他们好为所欲为。遇到这种情况，教师首要注意自己的言行，不要被学生抓住任何把柄，然后软硬兼施，把捣乱分子的气焰打下去。至于具体怎样做，要根据具体情况，并没有公式可套。处理这种事情，最能看出班主任的应变能力。如果班主任经验较少，能力也不够强，最好不要让他接这样的班级。

以上我们谈了学生顶撞老师的12种原因，下面我们从另外的角度做点分析。

教师被学生顶撞的时候，要保持冷静的头脑，首先鉴别一下，这种顶撞是临时发作还是蓄谋已久的，是单纯个人行为还是有背景的，主要责任在教师自己还是在学生。

总的说来，学生顶撞老师临时发作的几率比较大，蓄谋已久的比较少，后者多是中学生。中学生毕竟年龄稍大一些，如果事先对老师没有成见，率性顶撞老师的可能性要小一些。

临时顶撞和蓄谋顶撞怎样区别呢？看学生的表情。临时的顶撞是突然的愤怒造成的，他可能涨红脸，一副不满、委屈的样子，还夹杂一些恐惧（小学生尤其如此，有的孩子竟然是越害怕你处理他，越跟你顶嘴，此之谓外强中干），说话甚至会结结巴巴，语无伦次，答非所问，这是一种类似失控的状态。蓄谋的顶撞则不然，因为他早有准备，可以看得出他的表情相对要镇定，而且回答教师的问题会比较从容，脸上有时还会写着挑衅和得意。

对待学生突然的顶撞，如果教师确实有理，教师辩驳能力又比较强，给他两句他就不言语了。比如学生说道："我干吗非得听你的？"这也是一种顶撞，教师可以回答说："因为国家委派我来教育你，你的父母授权学校教育你，所以我说的话，只要正确，你就要执行。对不起，此事没有商量。"如果教师反应没有这么快，嘴皮子跟不上，那比较稳妥的回答是："你的问题，课下再说。现在我要为大多数学生讲课，不能只跟你一个人理论。"这样教师就脱身了，等下课以后，想好了对策，请教了有经验的教师，再跟他理论不迟。不过等你过一段时间再找学生的时候，也许都用不着跟他理论了，他可能会很痛快地承认错误。因为他只是一时兴起，靠一股火气壮胆，静下心来就害怕了。孩子承认了错误，就不要揪住不放，但是要问问他："下次你要再这样放肆，怎么办？"让他自己说出个惩罚措施。

　　如果感觉某个学生对老师的顶撞像是蓄谋的，除非教师能力很强，威信很高，当时千万不要硬顶，因为这种学生是有准备的，而且多半是比较强悍、有一定辩论能力的。唇枪舌剑之间，如果说不过学生，或者被学生抓住漏洞驳得哑口无言，那是很失威信的。我建议教师遇到这种情况，平静地对学生说："看来你对我有些意见，我们课下再谈，好吗？我一定认真倾听你的意见。"课下一定要找他谈。这种学生是不会轻易改变态度的，他们确实对老师有意见。这时候，老师要很真诚地和学生对话。对学生的看法，该接受的接受，该解释的解释，该反驳的反驳，采取完全实事求是的态度。经验告诉我们，只要教师和学生平等对话，即使不能统一看法，学生也会钦佩教师的胸怀和态度。教师的威信不会降低，反而会提高。有的教师自恃能力强，当时三言两语就把学生压下去了，这当然也是个办法，但是教师头脑一定要清醒，这只是暂时掩盖了问题，并没有解决问题。课下还是要诚恳地找学生谈谈为好。当然，如果教师说话很尖刻，学生当时拿你没办法，心中会存有怨恨，你课下再找他谈，他就可能拒绝。这就使教师失去了一次了解下情的机会，埋伏了隐患。

　　个人行为的顶撞比较好办，有背景的顶撞要小心。这里的所谓背景，指的是他有群众基础。你注意观察学生的表情，当某个学生顶撞老师而有人呈兴奋状的时候，他们可能就是一伙的，至少顶撞者说出了他们想说而不敢说的话，代表了他们的利益。这时候千万不要一味硬顶，那样会伤众，以后工作就不好做了。我主张课下找这位发言人谈谈，倾听他的意见。

　　学生顶撞老师，有时主要责任在教师，有时主要责任在学生，教师一定要有反思精神，若主要责任在自己（比如冤枉了学生），一定要给学生个说法，不可以自己有错还硬挺，那是最容易丧失威信的，学生从此就不佩服你了。

当顶撞变成对老师的人格侮辱的时候，一定要严肃对待。不可以当时大发脾气，事后又不了了之。我主张当时冷静，事后坚决处理，至少要他在公开场合道歉，严重的要给纪律处分。此风不可长。

学生顶撞老师，老师一激动，说了错话，把自己弄得很被动，此时如何下台阶？

20多年前，我教中学的时候，曾经遇到这样一件事。一个男生上课不好好听讲，我叫他站起来，说了他几句，然后让他坐下。没想到他直挺挺地站着不动，拒绝坐下，给我一个下不来台。幸亏我当时头脑还算清醒，没有逼迫他坐下，也没把他赶出教室，我知道不可激化矛盾。我当时平静地对他说："看来你喜欢站着听，那就站着吧。"接着我就若无其事地继续讲课。这一下他被动了，只好一直站到下课。下了课他对我说："老师，我这人脾气不好。"我说："你慢慢改吧。"事情就这样顺利地解决了。现在回忆起来，我一定是批评他不好好听讲的时候，说了错话或者过火的话，他才这样跟我较劲的。问题主要还是出在我身上。

总而言之，发现情况不对，赶快找台阶下，越早越好，越晚越麻烦。千万不要死心眼，否则会闹一个自己没脸。

严重小说小动

上课小说小动是绝大部分学生都有的现象，即使成人开会，小说小动也很常见，没见有什么人一本正经地研究成人开会的纪律问题，只不过作报告的领导不高兴而已。同样是听讲，人们对成人的要求低，对孩子的要求反而高，好像会场是会场，教室是教室，待遇不一样似的。

这是怎么回事呢？可能是因为大家对成年人更信任，认为成年人知道分寸，自制能力强，总之会场也乱不到哪里去，而孩子不管，就可能闹翻天。也可能是给成人留面子，不好意思把会场管得那么严。我以为还有一种可能，就是成人比小孩更难管，吹胡子瞪眼可以把孩子吓唬住，大人就不行，无奈之下只好让步了。这种人其实也想把成人管得笔管条直的，只是心有余而力不足而已。

我说这些的意思是，教师其实不必把课堂纪律搞得过于严格，我看像成人开会的样子就差不多了。当然，班额太大，人数过多（如超过100人的班级），纪律是应该格外严一点，否则没有办法得到安静。纪律好和学习成绩好虽然整体上呈正相关，但是未必成正比例；至于创造性，它和纪律的关系就更复杂了，有时候严格的纪律反而压抑创造性。

据我观察，许多老师对于课堂上学生的小说小动是过于敏感了。动不动就指责学生乱动、乱说话，结果每堂课把大量的时间花费在维持纪律上。本来只要提醒一下就可以的事情，教师非要批评，结果顶撞起来了，一弄就是半节课。我想这与教师本人的心态有关。有些教师特别怕乱，只有学生个个像塑像一样瞪着眼睛听他讲，他才安心，否则就恼火，就生气；还有些教师把纪律问题过分道德化，认为谁不听讲谁就是不尊重老师，甚至是看不起老师，于是维持纪律就和维护个人的脸面混为一谈了，这就很容易情绪化。我觉得应该把学生课堂上小说小动总体上看成正常的、不可避免的现象。不要打算"根除"之，你也"根除"不了，因为那是违反少年儿童天性的。

上面说的是对一般小说小动的看法。下面我们进入正题——严重小说小动。什么叫严重小说小动呢？

严重小说小动是指个别学生无视提醒，屡教不改，妨碍他人、影响全局的小说小动。这是必须解决的，否则班级有可能成为乱班。好动是少年儿童的天性不假，但是教育并不是完全给天性当尾巴的，教育需要对这种天性进行引导和适当控制，使学生社会化，否则对他们未来有害。你可以想想，哪个老板愿意招聘一个屁股坐不住、像猴子一样抓耳挠腮的雇员？

面对严重小说小动问题，教师首先要注意自己的打击面不要过宽，一定要区别对待。一般说来，一个40人的班级，在一段时间里，教师锁定的严重小说小动者，不要超过5个，否则就可能是教师要求过火了，或者解决问题操之过急了。

锁定了具体人之后，下一步是分析情况。对于这些学生首先要看两个方面：一看破坏面，二看学习成绩。

有的学生的小说小动破坏面比较大，有的破坏面相对较小。注意，这里说的破坏面指的是对周围同学的影响，不是指教师的主观感觉。有这样的事情：某学生属于严重小说小动者，而且破坏面大，但是课堂上不和教师顶嘴，而且"认罪态度"较好，于是教师就不把他作为工作重点。另一个学生也小说小动，但是动作比较小，说话声音也较小，对课堂纪律的破坏相对小一点，但是每当教师批评他的时候，他都要顶嘴，于是在教师的主观印象里，后者就可能比前者更可恨，教师就可能集中火力猛攻后者。这样，一方面教师选错了主攻方向，另一方面后者会觉得教师办事不公，成心找他碴，于是对教师成见更深，顶嘴现象会更严重，教师就会加倍和他较劲，形成恶性循环。所以教师在选择工作重点的时候，必须有战略眼光，排除个人情绪，尽量冷静地分析形势，到同学中去调查研究，找到病灶的准确位置，再动手术，切不可乱开刀。

对严重小说小动的学生，还必须看他的学习成绩。成绩好的学生小说小动和成绩差的学生小说小动，性质往往是不同的，不可以用同一种办法回应。我的意思并不是说因为学生学习成绩好，小说小动就可以原谅，我是说，成绩好与不好，他们小说小动的原因和机制可能有很大差别，需用不同的方法治疗。这一点我们后面还要具体地说。

许多严重小说小动的学生都缺乏自知之明，也就是说，他并不知道或不清楚自己上课的动作和姿势是什么样子的。所以，有一种教育方法是对各种类型的严重小说小动者都可以试一试的：用录像机（或手机），在他不注意的时候拍下他小说小动的镜头，让他自己看（不必公开），然后告诉他："现在你是自己在看，可是当初你如此听讲的时候，老师和学生可都在看着你。"这种方法，或许可以使他觉醒。如果没有录像条件，可以找班里一位特别善于模仿他人动作的同学，模仿他上课听讲的样子，像演节目一样，在半开玩笑中教育他。

以上是统而言之。下面，我们一条一条地分析学生小说小动的原因，并介绍干预措施。

一、听不懂，学不会

这种学生上课小说小动的原因很简单：他没有别的事情可干。他为什么不把精力用在学习上呢？我想他一定也试过，发现自己确实听不懂，学不会，于是失去信心了。少年儿童精力充沛，不学习就省下了一大堆精力，要发泄出来，只好上课小说小动。这种学生特别盼下课，因为只有在课下他才能找到自我。这种学生其实完全知道自己的错误，往往老师一批评，立刻做悔悟状，可是过一会儿就故态复萌。这是可以理解的，这恐怕不是故意和老师作对。让上课听不懂的孩子老老实实坐在那里，岂不是太难了吗？

鉴别这种孩子还有一个办法。如果你发现他在某些能够听懂的课目上听讲状况好得多，小说小动少得多，那就说明他不是不知道小说小动的错误，也不是完全不能控制自己，而是出于无奈。

他们为什么听不懂呢？有的可能是基础问题（漏洞太多了，衔接不上了），有的可能是智力问题（智商较低），也有的可能是智力类型问题（他的智力类型使他不容易走进这门课）。

可以看出，上述几种情况，批评都不能解决问题。如果是知识基础问题，应该想办法帮他补一补；智商低的如果确实听不懂，应该允许他上课时做点自己喜欢的事情，只要求他不扰乱别人；至于智力类型的问题，我的经验是，应该给他多介绍几种学习方式，如果有一种学习方式适合他的智力类型，他还是可以学好的。比如有的孩子音乐智能好，就可以试试让他把某些知识编成歌来唱，如果有效果，他以后就比较爱听讲了。

总之，学生的精力是一股洪水，一般学生的精力主要流向学习渠道，这就分流了一大部分，问题学生因为种种原因自己堵住了学习渠道，精力肯定就会向纪律等方向奔流。这时候教师想生堵硬截，那是很不明智的，应该进行二次分流，而且只要一有机会和可能，就绕个弯子，把水引回到学习渠道来。注意，必须绕个弯子（给他介绍多种学习方法就是这种弯子，我也常常把这种办法称为"搭桥"），直接把水拉回来是行不通的。

二、早就会了

这类学生上课小说小动是因为老师讲的他早就会了，他听得不耐烦，干别的事情老师又不允许，只好用小说小动来消磨时间，干巴巴地坐着，他受不了。

鉴别这类孩子不难。第一，看得出他很聪明，学习成绩往往很好、较好，或者平时成绩不高，但到大考的时候，成绩总是不错。第二，当老师讲点书上没有的东西时，他会听得很专心、很投入，小说小动大幅度减少。

面对这种学生，有的老师说："你即使已经会了，再听一遍也没有坏处。"错。经常聆听已经会了的东西，不光浪费时光，对人的心灵还是一种磨损，不是没有害处，而是害处很大。还有的老师说："你要是门门都得 100 分，上课爱干什么干什么。"这属于无理要求。经验告诉我们，掌握了所学的东西不见得考 100 分，考 100 分也并不证明他一定掌握了知识，尤其不能证明他一定会灵活运用，因为我们的试题通常是比较死板的，常常考不出真本领。

所以，我建议教师适当给这类学生开辟"特区"（当然，要先确定他属于这类学生），允许他在课上不听教师讲课，去学习更深的东西，或者看课外书。这样他的小说小动就可以减少很多了。如果其他同学对此有意见，教师可以向全班同学说明情况。

可是给他开辟"特区"之后，他的学习成绩下降了，怎么办？教师可以对他说："你看，给你一些自由以后，你的成绩下降了。是不是你还不善于自主支配时间？现在请你自己选择，咱们是再让你试一个学期，还是取消你的'特区'。"一般说来，他们会愿意继续试下去，而且成绩会上升，因为他们不是没有学习能力，只是缺乏自我控制能力，而自我控制能力只有在自主条件下才能逐渐学会。应该给孩子一些时间。

三、没有规则意识

这种学生不光严重小说小动，他们根本就没有规矩。无论课内课外，无论学校家庭，到哪里都没有个孩子样，率性而行，旁若无人。过去如此，现在依然。

这种学生的学习成绩有好有坏，他们的共同特点是：没有规则意识，干什么都不懂得遵守规则。在和同学的交往中，他们也不懂基本的规矩，说话不分场合、不知轻重，因此往往遭到同学的反对。

这种学生，与其说他们不好，还不如说他们幼稚。

为什么会这样呢？这是从小家长给惯的，孩子没家教。这种学生很多都是由隔辈人带大的，百般溺爱，千般纵容，老人只知道讨孩子喜欢，完全不给他定什么规矩。结果孩子形成了这样的意识："我的愿望就是我们家的规矩。"他这套在家中畅通无阻，到学校就行不通了，处处碰壁。这叫做"社会化障碍"。

家庭没有完成应该完成的让孩子社会化的任务，把一个不合格的产品推给了学校。学校一方面要给家庭教育补课，另一方面又要完成学校教育的任务，不堪重负。这种孩子往往让教师头痛不已，哭笑不得。他们那一副"纯天然"的样子，足以把班主任气疯。行为习惯型问题生，很多都是这种孩子。

对这种孩子，批评不容易见效，批评多了，他会很烦躁，甚至很委屈。严格地说，这不能怪他（对于小学生尤其如此），他会想，我从来就是这样生活的，怎么到了你们学校就不行了呢？老师面对这种学生最容易犯的错误就是急躁，怀疑他们的屡教不改是成心捣乱，因而激化矛盾。

遇到这种学生时，教师的中心任务是帮助他们重新建立规则意识。

要指导家庭教育，要让家长认识到自己的失误很大，必须下决心改正。要告诉他们，孩子的这种毛病，光靠学校是无法矫正过来的，家长必须配合。如果隔辈人成了孩子的保护伞，为了孩子的前途，必要的时候可以劝孩子父母让孩子和隔辈人分开。但是指导家长有一个前提，就是父母还没有完全失掉权威。如果父母说话孩子完全不听，那就不好办了，那还得先帮助家长努力恢复权威。恢复权威是很复杂、很需要技巧和耐心的事情，这里无法细说。我们只说帮助那些还没有失去权威的家长的办法。那就是帮家长选一两件事，制定出规则，坚决要求孩子遵守，如果做不到，要适当惩罚。家长一定要坚定、坚持，而且要有耐心。只有这样，孩子才可能建立起规则意识。

与此同时，学校老师也做同样的工作，即选择学生破坏性最大的一件事作突破口，具体细致地告诉他应该怎样做，特别要告诉他做事的基本规则。家庭、学校双管齐下，他们才能有所进步。

不要幻想他们立刻改变，那是不可能的，小学生也许会稍快一点，中学生积重难返，会进步很慢，但是只能如此。特别严重的，只好等他将来到社会上通过碰钉子来自我教育了。

四、自控能力差

这种上课严重小说小动的学生表现和上一类很相似，都是管不住自己，区别在于：上一类学生的主要问题是几乎没有规则意识，而这一类孩子规则意识是有的，他们的问题是无法使自己在行动上服从规则，简单点说，就是明知故犯。

明知故犯有两种：一种是我既明白道理，又能做到，可是我偏不做；另一种是，我明白道理，可是我确实做不到，只好不做。后一种不是成心捣乱，属于能力问题。许多老师都不承认明知故犯有这两种情况，往往把后一种也看成前一种，在一定程度上冤枉了学生，自己也白白生了很多闲气，浪费感情，对心理健康很不利。

　　自控能力差的孩子绝大部分主观上并没有故意不改正错误、气老师的愿望，他们其实挺想改正错误、讨老师喜欢的，可惜没这个本事。老师看来很容易做到的事情，对他是极大的难题，他真的管不了自己。

　　显然，给这种孩子讲大道理是做无用功。他们有的比老师还会讲理呢！（其家长往往是那些很能讲道理但是不注意在情境中教育孩子的人，如知识分子、干部、军官、经理等）他们的问题是"知"与"行"相脱节。这种学生需要的是训练。少说话，多干实事。建议教师仔细观察一下，把他的小说和小动都加以细致的研究。比如说话，可以搞清都跟谁说，什么内容说得多什么内容说得少，什么时候说得多什么时候说得少，哪门课说得多哪门课说得少；再比如小动，身体的什么部位最爱动（手、脚、头还是躯干），动起来有什么规律，不动怎么难受，动起来为什么舒服。然后根据情况，选择某一种或几种小说和小动，告诉他如何改正。要出主意，而且这主意必须能够操作，比较容易核查。一旦有效果，就要鼓励学生坚持，并扩大战果。许多教师面对这种孩子总是进行空洞的批评和千篇一律的惩罚，那是很难有效果的，因为批评和惩罚常常无助于提高学生的能力，而这种学生之所以严重小说小动，基本上是能力问题而不是认识问题。

　　这种训练，在家里也可以进行。如果家长能配合老师，效果会更好。

　　教育这一类学生，也不要幻想立竿见影，只要逐渐进步就好，有反复也不奇怪。

五、动觉学习者

　　这种学生上课也总是小说小动，令人心烦，但是你把他叫起来回答问题，他却常常会答对。这就可见，你认为他没注意听讲，可能不符合实际，他也许就是这么个听法。如果你严加管理，把他管得暂时不敢乱说乱动了，你会发现他的精神就要萎靡，过一会儿则昏昏欲睡，听讲效果反而差了。他好像需要通过不停的肢体动作和不停的嘴里嘟嘟囔囔来维持大脑的兴奋状态。这种学生，有人称之为"动觉学习者"，他们喜欢在动作中学习。这种学生挨了批评，往往做迷惑状，因为他们一般觉察不到自己的语言和动作。有的老师上课发现一个学生说话，问他："你为什么说话？"学生回答："我没说呀！"老师气得差点晕过去，认为这样的学生简直太不像话了，居然瞪着眼睛不承认事实。我劝这种老师冷静地研究一下这个学生，如果他确实是一位"动觉学习者"，则他完全可能不知道自己在说话。若老师提高到道德层面来批评他，他未免冤枉。这种学生男生为多，可能有遗传。不信你打听一下，他的长辈中就可能会有人告诉你："和我小时候一样。"

教师如果不能认清"动觉学习者"的特点，想把他们如同其他学生一样管得规规矩矩，不但做不到，而且实际上破坏了他们的学习条件，会使他们越学越学不好。既然小说小动是他们学习的必要条件，那么很显然，我们对这种学生的教育目标就要调整，不要企图消灭他们的小说小动，而只要减少一些，尽量少影响别人就行了。对他们应该比对别人宽松一点。小说和小动两个方面，首先解决小说问题，因为说话对他人影响更大一些。

教育这种学生特别需要教师心胸宽阔，心理健康。教师若看见他们像虫子一样在那里蠕动就心里起急，就要发脾气，那只能事与愿违。

六、表现欲

这种学生的严重小说小动是做给别人看的。有的是做给教师看的，他希望通过小说小动吸引教师的注意；有的是做给同学看的，想吸引同学的注意（特别是吸引异性的注意）。他们很少沉浸在自己的小说小动里，他们很清醒。你会发现他们小说小动的同时，一直在留意他人的反应，如果有人注意到他们，他们就会透出得意的样子，没人注意，他们就很失望。他们与那种旁若无人的"纯天然"的小说小动者有很大区别。这种学生并不是没有自制力，当他们不想吸引别人注意的时候，他们可以做到不去小说小动，教师通过了解他们的成长史就可以验证这一点。

解决这类学生的问题有以下几种办法。第一，找到他们自我表现的目的，给予回应。比如他们特别希望得到教师的关爱（这种情况小学生为多，但是中学生也会有，而且更为强烈，青春期的孩子甚至会对教师产生"牛犊恋"），教师就要适当给予满足，多看他们几眼，多跟他们说几句话，但是注意千万不可过多，要保持距离。如果他们是想吸引同学的注意，那就要搞清他们想吸引的对象是谁，然后做那个人的工作，基本原则也是关注，但保持一定距离。第二，创造一些机会，满足他们的表现欲。比如上课多给他们一点发言机会，班里组织活动多让他们出面，等等。对那些没有特定吸引对象的自我表现者，这种办法比较有效。把他们的表现欲释放出来，他们就不必用小说小动这种低级的方式来表现自己了。第三，对有的学生，采用"不理睬"对策，效果更好。我见过这种学生，你越理他他越来劲，甚至会撒起娇来。对这种人，可以故意不理，同样犯错误，我宁可批评别人，就是不提他，让他干着急，等到同学都看出这阵势的时候，他自讨没趣，就可能收敛。如果再不收敛，那就平静地执行惩罚，还是不和他多说话。这种学生有时会成心激怒老师，老师注意不要上当。

七、"多动症"

如今有些老师动不动就说学生有"多动症"。比如有个学生上课总是小说小动，教师用他那千篇一律的管教方法几次不见效，就把家长找来，说："你们的孩子是不是多动症啊？上医院检查检查吧。"到了医院，医生往往也不做结论，只是说："先吃点药吧。"为什么会这样呢？因为到底什么是多动症，其实现在并没有一个公认的准确界定。我们的教师、家长经常挂在嘴边的"多动症",基本上都不属实。多动症是一种病态,没有确凿的证据,是不可以随便乱说的。真正患多动症的孩子,是几乎在任何情况下都难以平静下来的。有的家长跟我说他的孩子患了多动症。我问:"您的孩子白天有安静不动的时候吗?"家长说:"看动画片的时候老实着呢!"我说:"那恐怕您的孩子就不是多动症。"家长和教师一定要注意,"多动"不等于"多动症",就好像"胃疼"不等于"胃病"一样。动不动就说孩子患了"多动症",最大的害处是推卸了教师、家长的责任。既然孩子有病,那还有什么必要提高家长、教师的教育艺术呢?找医生就是了,吃药就成了。像我们前面谈到的6种严重小说小动的类型,都可以说成"多动症"而放弃,这不但耽误了孩子,而且会严重阻碍教师专业水平的提高。

我不是说没有多动症。我只是说,多动症,必须找正规的大医院确诊,用药必须谨慎。我见过没有经过认真确诊就随便吃药的孩子,有的甚至吃了一两年。据家长说,吃药之后,孩子确实老实了一些,特别爱睡觉,可是学习成绩更差了。这样吃药可能是错了。

所以,教师随便说学生是"多动症",我认为是不负责任的。

经常性迟到

学生经常迟到是教师很恼火的一件事情。在学校的纪律评比中,这常常是最刺眼的一个项目。有学生经常迟到,班主任压力很大,处理起来也就很难保持冷静的头脑:容易发脾气,容易搞体罚,容易请家长,容易激化矛盾。按说迟到不是什么太大的事情,可是由于上述原因,它可能在教师的心目中成为很大的问题。

教师对经常性迟到的认识,最容易出现的问题是孤立地看迟到现象。他们往往不善于把迟到放到学生整体精神状态的大背景中来观察,就事论事，头疼医头，脚疼医脚，又急于求成，这就容易失败。

学生为什么会经常迟到呢？据我初步分析，常见原因有以下几种：

一、恐惧教师，恐惧学校

这种学生的主要问题不是迟到，而是他们根本就不愿意到学校来，又不能不来，家长催逼，老大不情愿，能晚点就晚点。少在学校待一会儿，是他们最大的愿望。

有些学生虽然迟到，但是一旦来到学校，还是能高高兴兴学习，起码也能在下课的时候高高兴兴游戏。这种学生不同，他们整天没精打采，只是偶尔能高兴起来，而他们精神最好的时候是快放学的时候。

他们为什么会这样呢？

有的可能是教师恐惧症。这种学生见老师就躲，见老师就害怕，他可能是受过老师无数的批评，很少或从来没有被老师表扬过，也许有某个老师严重地伤害过他，使他从此望老师而生畏。如果我们发现某个经常迟到的学生看见老师就蔫，可是和同学在一起要相对好一点，那可能就是这种学生。解决这种孩子迟到问题的方法是，老师和他搞好关系。如果他发现有一个老师真正关心他、喜欢他，能看到他的优点，他就可能高高兴兴来上学，而很少迟到了。

有的可能是学校恐惧症。就是说，学校里有他特别害怕的人或事情。可能是因为在学校受欺负，可能是因为生理或性格原因被同学起外号、嘲笑、孤立等，还可能是早晨来校时有大个学生劫他的钱，他不敢告诉家长、教师，只好晚到一点，以避开麻烦。这种孩子，当你批评他迟到的时候，他很可能不加申辩，只是一声不响，因为他无话可说，或有话不敢说。遇到这种情况，教师一定不要轻易批评他，而要尽可能和蔼地向他询问情况。可以对他说："我相信你不愿意迟到，你迟到一定有自己的苦衷，告诉我，我会帮助你。你要是不说，老迟到，学校会给你处分的，那不是很冤吗？"

很多老师遇到学生迟到的问题，总是满腔义愤，告诉学生迟到如何如何错误，不迟到有多少多少好处，这常常是废话。其实，关键是向学生询问原因，具体的、真实的原因，把学生的具体问题解决了，迟到现象才能解决。

有些学生已经到了辍学的边缘（中学生为多），我们把这种学生叫做"边缘学生"。他们根本连学都不想上了，老师若还在那里为迟到和他没完没了，那实在是放开大题做小题，浪费感情了。关于这类学生的问题，本书后面有专门的论述。

二、家长纵容造成的习惯性迟到

有些学生是迟到的老手了。他们从幼儿园开始就常常不能按时到校。稍微有点不舒服，家长就说："得了，今天不去了，反正家里有姥姥看着。"旷课尚且不在乎，迟到更不当回事了。家长根本就没有把孩子每天按时上幼儿园看成是一种早期的纪律训练和规则意识训练，看成是未来孩子上学的重要准备。他们只有疼孩子的本能，没有教育观念，只图眼前讨好孩子，不为孩子计长远。幼儿园再好，也不如在家舒服自由，家长一放松，孩子自然顺坡下驴，能赖在家里就赖在家里，久而久之，就拿迟到不当回事了。我们常常看到有些小学生甚至中学生，迟到、旷课满不在乎，老师批评他，他还挺委屈，可能就是这种孩子。在他们的习惯中，迟到是正常的，因迟到而挨批倒是很奇怪的，因为他们的家长从来都没有因为他们迟到而着急、生气过，只有纵容。这种家长后来当然会变脸。上了小学，纪律严格了，迟到几次教师要打电话给家长，再迟到学校要给纪律处分。这下家长着急了，于是开始每天催逼、唠叨，甚至打骂孩子，态度来了个180度大转弯。要知道家长是成年人，你转弯容易，孩子跟得上吗？他已经习惯了懒散呀！于是孩子就要对家长不满、反抗，这就是亲子战争的萌芽。家长应该反思一下，早知今日，何必当初？当初要是始终让孩子按部就班上幼儿园，如今上学就不会有迟到现象。可见，有些中小学生因迟到弄得老师天天打电话给家长，正是家长自己种下的恶果。

也有的孩子开始还算比较规矩，按时上幼儿园，按时到校。忽然得了一场病，在家休息，家长百般照顾，孩子尝到了不上学的甜头。病好之后，家长老觉得孩子可怜，于是在上学问题上就难免放宽了要求，今天不去就不去了，迟到就迟到了，孩子也不容易。这样，孩子也就养成了懒散的习惯，甚至可能装病不上学。这叫做"倚病卖病"，也是家长"心软"造成的恶果。

所以，如果教师遇到有学生连续迟到，我主张先不要着急批评，而要了解一下他的"迟到史"，他是从什么时候开始爱迟到的，家长那时的态度是什么。如果确属家长纵容造成的习惯性迟到，那就一定要把家长请来，给他讲清前因后果，让他认识到自己的失误，以后再也不要袒护孩子的迟到现象了。注意，如果家里有隔辈人（爷爷、奶奶、姥爷、姥姥），光做父母的工作还不行，要争取所有家长统一认识。但在行动上，要告诉家长，需要坚定，不能急躁。孩子有个头疼脑热，不要大惊小怪，凡是能坚持上学的，家长们要一致主张孩子上学。为了帮助孩子养成好习惯，可以暂时请一位家长陪送孩子上学，但是，要准备逐渐撤出来。孩子因为迟到而受罚，只要教师的做法不过分，家长就不要替孩子说话。教师也不要急躁，因为养成一种新的习惯，至少需要一百天，而克服一种旧习惯，则往往需要更长的时间。教师如果因为学校评比造成焦虑而对家长、学生过分施压，恨不得立竿见影扭转学生的迟到现象，可能会适得其反，弄不好还会酿成事端。

三、家长包办过多造成的习惯性迟到

也有的学生经常迟到既不是因为学校恐惧症、教师恐惧症，也不属于家长纵容造成的习惯性迟到。家长不但不纵容，反而从孩子很小的时候起就因为上幼儿园、上小学的迟到、旷课问题与孩子进行过"持久战"。打也打了，骂也骂了，赏也赏了，罚也罚了，动之以情，晓之以理，大道理讲了无数，家长嘴皮子都快磨破了，最终孩子还是常迟到。这是怎么回事呢？

首先要考虑是否有人掣肘。父亲要求严格，母亲却给孩子说好话；父母要求严格，隔辈人却护着孩子，不能形成合力，如此，严格是没有效果的。孩子有保护伞，就会磨蹭。遇到这种情况，要先协调一致，再说其他。

其次可能是家长包办太多。有很多家长从叫孩子起床开始，什么都替孩子做。催逼孩子起床，一件一件给孩子穿衣服（孩子此时半睁着眼睛），拉孩子进卫生间，甚至帮孩子洗脸刷牙。如果家长这样伺候，则无论你嘴里说的话多么严厉，他都不会着急，因为他心里有底——反正你比我还着急，反正这都是你的事情，反正你得替我把一切做好。皇帝不急大臣急，急死你也没用。有的孩子甚至经验丰富到了这种程度，他能从母亲喊他起床的声调中准确判断出，什么时候我可以不理不睬，到了什么火候我可就必须起床了，我妈真急了。起床上学本来是孩子分内的事情，竟然变成了"给妈妈起床，给妈妈上学"，主动完全变成了被动。人之常情是，只有自己的事情才会抓紧，别人的事情总不那么急迫，如此，孩子迟到也就是很自然的了。这种孩子真的迟到了也狼狈，也害怕，也后悔，但是他们不会反思自己如何磨蹭，而会埋怨家长："就赖您！干吗不早点叫我？"而这种家长挨了孩子的数落，居然好像自己理亏了一样。孩子迟到，家长负责，迟到的问题就很难解决。

这种家长需要教师指导。教师要告诉他们，迟到不迟到是孩子自己的事情，家长不要替他承担责任，家长顶多做一些帮忙的工作，而且尽可能减少。比如早晨叫孩子起床，就不应该是家长的事情，闹钟可以叫，手机可以叫，凭什么还要劳动家长？等到孩子将来上了大学，家长难道也每天叫孩子起床吗？等到孩子就业了，到公司上班了，家长也要叫孩子起床吗？如果将来不能这样做，那现在就不要惯孩子的毛病，以免将来不习惯，带来更大的痛苦。有的家长可能会说："我现在每天叫他他还迟到呢，要是不叫，不是更要迟到吗？"不一定。家长要是跟孩子说清楚，让孩子自己负责自己的事情，很可能他反而会有进步。还有一个办法是家长故作懒惰或者疲倦状，和孩子"交换位置"，也就是说，我早晨起不来，我是弱者，我需要照顾，请你早晨叫我起床，好吗？对有的孩子，这招比较灵。注意，如果孩子不起床，家长千万不要唠叨，提醒不要超过三次，然后就径自洗漱上班，不要管他，你越管他毛病越多。另外，也不要总是说孩子"爱迟到"。这样说多了，孩子就可能认定自己是一个爱迟到的人，这种角色认定会更加强化孩子的迟到现象。

总的说来，学生经常迟到的问题，还要靠家长帮助解决，而要想借得家长的"东风"，教师就必须学会指导家长，给他出具体的主意。单纯责怪家长，是不能解决问题的，因为家长很少有愿意孩子迟到的，他只是教育观念有些毛病，又缺乏方法。

同学冲突

同学之间的矛盾冲突，也是令教师头痛的一件事。动不动就吵起来了，打起来了，不是这个告状就是那个报警，教师不得安宁，班主任尤其烦恼。当然，面对一群孩子，尤其是面对一群独生子女，教师必须做好思想准备，处理他们之间的矛盾应该是日常工作的必然组成部分，要想彻底省心，除非他们放假。但是我们这里说的不是轻微的矛盾和偶尔的冲突，我们指的是个别同学总是和别人发生冲突，情节比较严重。他们应该也算问题学生，一些"麻烦制造者"。这类冲突如果再发展得严重一些，也可能变成校园暴力。有暴力倾向的学生，我们后面还要做专题研究。这里我们研究的是还没有演变成校园暴力的学生冲突或者不会演变成校园暴力的学生冲突。我们要找到这些冲突发生的原因，进行预防和干预，减少冲突发生的频率和危害，保持班级教育教学秩序的稳定。

现在有许多教师大力鼓吹爱，以为只要学生从根本上懂得了爱他人，各种矛盾就都迎刃而解了。许多老师一遇到学生发生矛盾就给学生讲团结友爱的故事，甚至"爱敌人"的故事，给人的感觉是这种教师很像布道的牧师。我以为这是过于天真的想法。世界上并没有抽象的爱，也没有无缘无故的爱。人们不是先懂得了爱，然后才把这个原则落实到具体行动中去的，恰恰相反，人们是在各种各样的具体情境中体会到了爱的情感，才逐渐把它们升华成某种抽象的东西。对孩子们谈抽象的爱，效果差。

我主张少谈爱，多谈尊重。爱和尊重不是一回事。我们可以要求每个人都尊重他人，这也比较容易做到，但是我们不能，也没有权利要求每个人都爱他人。我们有生以来都接触过很多很多人，我们谁能做到爱他们每一个？圣人都做不到。孔子就不爱"小人"，也不爱少正卯，好像他对有些差生也不怎么爱，学生上课睡觉，孔子就斥之为"朽木不可雕也"。爱是一种感情，感情是没有办法强迫，也很难检测和衡量的。尊重就不然，尊重不尊重，有一些外部标准，比较容易判定。

实际生活中，学生的多数矛盾不是靠爱，而是靠游戏规则，靠公平，靠分清是非，靠互相尊重，互相让步（让步通常不属于爱），靠具体分析问题来摆平的。是什么问题解决什么问题，才是科学态度。恕我直言，遇到矛盾大谈"爱"，已经成了很多教师缺乏解决具体问题能力的遮羞布。

我忘了是哪一位哲学家说的了：如果某个办法能解决一切问题，那它肯定什么问题也解决不了。我想这话有道理：如果某种药包治百病，我差不多就可以认定，这东西实在不是药。虽然我承认爱的鼓吹可以解决一些问题，或者可以为解决问题创造一定的心理氛围，但是对爱的提倡不能代替对具体问题的具体分析，就好像牧师不会使法官失业一样。我们还是切切实实地研究问题吧。

为什么有些学生总是和别人发生冲突呢？教师应该怎样对症下药地教育他们呢？

一、语言表达能力差

有些学生总和别人发生冲突，是因为语言表达能力差。你会发现这种孩子整体表现并不差，没有严重的个性缺陷，平时能遵守纪律，学习也知道努力，可是往往在和别人打交道的时候，就闹起来了。仔细观察，你会发现他们不善言辞，不知道怎样表达自己的意思，以便让对方明白，心里又着急，憋得满脸通红，于是就借助肢体语言，直接诉诸行动，伸手就推，伸手就抢。在对方看来，自然就是侵犯了，于是酿成事端，来找老师告状。这种学生有时甚至会好心帮别人办事而得罪人，因为他没有能力把自己的意图向对方说清楚，造成了误解。老师如果缺乏经验，也会误解这种学生，因为他们不善于替自己申辩，一般是闷头不语，偶尔说一句，也是牛头不对马嘴。老师被激怒了，会严厉批评他，他会更加愤怒，甚至可能摔东西或甩袖就走。其实他是说不清道不明，急成了这个样子，老师却可能误以为他是在向老师示威，造成不必要的师生对立，给以后的工作带来更大的困难。

这种学生和他人发生冲突，教师要"冷处理"，千万不要试图当时就分出个是非曲直来。先把冲突双方分开，过一两天，等他平静下来，再找他谈。谈的时候先不要论是非，重点也不是讨论是非，而是无论如何要搞清他冲突前的想法，他到底打算干什么。然后教师再一句一句教给他，如何把自己的意思向对方表达清楚。以后教师有机会就一句一句教他说话（注意一定要具体，不要笼统地讲"你说话要有礼貌，要客气"等等，那是没有用的），如果他确实是这类学生，你会发现他与同学发生矛盾的事情越来越少。

为什么这种学生的语言表达能力如此差呢？可能有先天的原因。有些孩子就是天生的"口闷"，也可能是早期教育没有跟上。比如说孩子是老人带大的，老人耳聋，或者老人不爱说话，还有的孩子是小保姆带大的，小保姆只顾自己看电视，不和孩子说话，这都可能错过孩子语言的最佳发展期，造成孩子语言表达能力发育滞后于其他孩子。虽然往事不可追，但是我们发现了以往的家庭教育失误，却可以减少对孩子的许多误解，知道自己该朝哪个方向补救。所以，了解问题学生的成长史，是绝对必要的。

要提高这种学生的语言表达能力，还有一个办法是请家长协助，每天让他读十几分钟书。要出声朗读，声音大一点，读孩子自己喜欢的任何书都行。不管读成什么样，家长都绝对不要批评指责。这样长期坚持，一年以后，不但孩子的表达能力，而且整体精神状态都会有积极变化，因为人有话说不出来，长此以往是会造成心理问题的。

我原来以为这类学生只是小学有，后来发现，中学居然也有此种学生。

二、思维方式特殊

某学生上课说话，老师叫他站起来，批评他。他回答："我没说话。"老师当时没有发火，课下找他询问。他说："我跟同桌讨论您提的问题来着，这怎么能算上课说话？"可见，在他的词典里，对说话的解释是："上课说与教师讲课内容无关的话。"幸亏这位老师比较冷静，避免了一次无谓的师生冲突。

严格地说，每个学生脑子里都有一本独一无二的个人词典。当他对某个词的解释与他人相差甚远的时候，就可能发生冲突。一般学生不会这样，而有些学生思维方式比较特殊，他对事情的解释经常与他人不同，于是发生冲突的机会就比较多了。这种情况严重了，他就会成为心理型问题生。

这种学生表达能力并不一定差，也不是不讲道理，只是他有他自己的道理，教师必须说服他，而千万不要压服。这种孩子说服起来并不困难。比如在上面的例子中，教师就要告诉他："你上课和同桌讨论问题，是一种学习的积极性。不过要是都讨论起来，大家就没有办法听讲了。所以你记住：老师正在讲课，需要你听不需要讨论的时候，只要你说话，就是违反纪律的。"如果他是一个思维方式特殊的问题生，你这样讲了，他就会改正自己的想法和做法，至少会大幅度减少说话现象。如果依然如故，这就是借口，说明他不属于这一类学生，就要重新诊断了。

教师批评学生的时候，学生如果申辩，教师千万不要轻易断定是狡辩，是矫情，因为可能有的学生不是狡辩——他确实是这样想的，他的思维方式和常人不同。遇到这样的学生，教师一定要搞清在他的特殊词典里，某个词是怎样解释的，先理解，再引导，否则就可能弄成"关公战秦琼"。

三、缺乏人际交往技巧

有这么一种学生，突出特点是为人处世能力差，不会看他人脸色，不善于感知情境，不知道什么时候该说什么话，什么情况下该做什么事。他们甚至会专拣不该说的话去说，专拣不该做的事去做，属于人家办丧事他去道喜那种，没有恶意，却招人讨厌。一般同学会认为这种学生"缺心眼"，其实从智力角度说不一定，他们有的功课还不错。他们太缺乏人际交往技巧了。北京俗话称这种人是"不会来事儿"，"看不出眉眼高低"。他们这样，就容易遭到同学的反对，引起冲突。这属于能力问题，不是品德问题。

他们为什么如此缺乏人际交往技巧呢？至少有两种可能。一种是跟家长学的。他们的家长中有人就是这种风格，孩子经过熏陶，也这样了。还有一种可能是家长只顾自己工作，和孩子在一起的时间很少，没有把必要的人际交往技巧传授给孩子。也有的把孩子交给老人看管，孩子很少接触同龄人，结果也学不会人际交往的技巧。第二种比较好办，尤其是小学生，老师只要向家长指出这个问题，家长就会具体教给孩子"见什么人说什么话"、"到什么山上唱什么歌"，老师再教一部分，过一段时间情况就会好转。对中学生这么做也会有效果，不过做起来要更委婉一点，一定要个别谈。无论中、小学生，老师都要做他周围同学的工作，告诉他们，这个人只是比较直率，不大注意说话的时间、地点和方式，他并没有恶意，不是要和谁作对；他也不是傻，这只是一种个性，大家应该宽容，不要轻易和他翻脸。如果和他是好朋友，还可以给他出点主意，帮助他学会为人处世。为这种学生创造一个交流的环境是很重要的，在这一点上，教师比家长的责任要重，能起的作用也更大一些。如果属于第一种情况（他的家长就是这种说话顾前不顾后的人——通过和家长接触，看清这一点不算困难），那比较麻烦，不大容易解决。教师只好把工作重点放到他周围的同学身上，告诉他们，即使这种学生不知不觉冒犯了你们，也不要和他计较，他就是这个脾气。如此，也能减少一些问题。

教育这种学生的时候，切忌乱批评，尤其不要轻易说他"不团结同学"、"脑子有毛病"，那样有可能使他变本加厉，或者转向沉默自卑，而他周围有的同学则可能被训练成刻薄的人，后果都是很坏的。

四、自我中心

自我中心是独生子女的"常见病"、"多发病"。每个人都是皇帝，谁也不想当大臣，更不用说当老百姓了！一国哪能容得下那么多皇上？于是只好打架，所以独生子女之间的矛盾冲突特别多，而那些"皇帝病"最重的学生，就成了我们的问题生。比如某小学生乐乐（化名），没有一点集体观念，"能量"巨大，不但破坏学校的公共财物，破坏环境，还经常由于对同学过分亲热而招致反感，某一天竟惹来 28 名同学告状：抱着人家不撒手，掐了某某脖子，拽了女同学小辫儿，抢了人家一个大跟头，把同学压在身下了，等等。中学的这种问题生或许会收敛一点，脱去一些稚气，但是破坏性却增大了。

这种学生思维方式的基本特点是心中只有自己，目中并无他人，只要自己高兴，全然不顾他人感受。不能换位思考，没有同情心；不懂得礼让，连先来后到的观念都没有。我的当然是我的，你的也是我的，什么都是我的。只许别人服从我，我不能服从别人。我可以对不起别人，别人不能对不起我。他们的道德观念有两套，一套用来要求别人，一套用来放纵自己，双重标准。

不用说，这种孩子肯定是家长给惯的。他在家里为所欲为，所有人都迁就他，他习惯了这种生活方式和思维方式，就很自然地迁移到学校来了。换句话说，他在家里当皇帝上瘾了，跑到学校来，还想接着当。然而他在学校遇到的不是被他欺负惯了的家长，而是和他一样惯于欺负家长的"小皇帝"，可想而知这肯定会硝烟四起。

这种学生，主要问题可就不是能力问题或个性问题了，这是价值观问题，如果是中学生，就属于品德问题了。

解决这种学生的问题，一是要恰当地阻止他们的任性行为，二是要让他们逐渐学会换位思考，建立对内对外统一的道德标准。教师在学校这样做，也要指导家长在家里这样做。所谓"恰当地阻止"，是说不能硬来，不能"全面专政"，要有计划、有步骤地给他钉子碰。决不能再处处顺着他，否则他会向"混世魔王"的方向发展，但是也不能要求他立刻改掉所有的毛病，那是不可能的。凡属已成习惯的东西，都不可能立刻改变。家庭和学校都要准备用一些办法惩罚他们，学校必要的时候要给纪律处分（特别是中学生）。与此同时，家长和老师要十分耐心地、结合具体事情告诉他们别人的感觉。等他们也学会站在别人的角度看自己的时候，他们进步就会更快了。

五、个性缺点

这种学生经常和别人发生冲突主要不是因为处处自我中心，他们一般也不破坏纪律，可是总是有同学反对他们，有时还很激烈。有很多同学"不待见"他，仔细观察你就会发现，他身上确实有某种特点是周围人难以忍受的。比如有的人很小气，有的人特别爱说谎，有的人爱传话搬弄是非，有的男孩子身上有一股"女孩气"，有的人经常借人东西不还，有的人特别爱吹牛，有的人专门奉承老师，等等。这些个性缺点同学看不惯，就会有微词，三句两句就吵起来了。

要解决这种学生的问题，笼统的批评和一般的惩罚用处不大，关键是让他们认识自己究竟为什么招同学"不待见"，也就是要让他们准确地认识自己的个性缺点。他们能改正这个缺点吗？不一定。凡属个性缺点，都有比较深的根源：遗传、家长潜移默化的影响、童年经历都有关。所以，要他们完全改变自己的个性缺点是很难的。比较现实的要求恐怕是让他们学会减轻或者收敛自己的个性缺点，只要做到这一点，他们和同学的矛盾就可以减少。在同学方面，当然就要提倡宽容，要告诉班里同学，人的个性都是有缺点的，只要他没有严重侵害他人，就不必和他较劲。比如明知他小气，你就别轻易和他借东西就是了；爱搬弄是非的，你少给他提供信息不就行了吗？

还有一种情况，那就是个别学生（有的还是班干部或者学生会干部）利用自己和某位学校领导或班主任的特殊关系在班里搞特殊化，甚至以权谋私，欺负同学，结果激起众怒，酿成冲突。遇到这种情况，教师就不要笼统地教育学生"互爱"，而要首先主持正义，要批评这种学生的不正之风。否则双方的矛盾是永远无法解决的。当然，处理的时候要尽量温和，因为他们毕竟都是孩子。

六、利益冲突

还有些矛盾无所谓对错，属于利益冲突。比如调座位，一个学生希望坐某个座位，另一个学生也要坐那里；一张电影票，你要我也要，各不相让，冲突就起来了。面对这种事，只有鼓励其中一方让步，如果双方都不让，最好的办法就是用"石头剪子布"的游戏方式解决。不要小看这种方式，能解决很多问题，且可以少费很多口舌。有一位家长带着两个孩子，一个是自己的女儿，另一个是姐姐的儿子，男孩比女孩大。这位家长说："我有什么东西都先给她哥哥，女儿因此很不满，说我偏向。我该怎么办？"我就告诉她："建议您遇到这种情况都用扔钢镚决定，靠运气，谁都没的说。"她这样做了，果然减少了两个孩子的矛盾。

不注意听讲

几乎每个学生都有不注意听讲、走神的时候。我们这里不讨论一般的不注意听讲问题，我们讨论的是严重的不注意听讲，即经常的、持续的、弥漫性的、公然的、屡教不改的、令老师无法忍受的那一类不注意听讲。行为习惯型问题生、厌学型问题生，都有这个问题，其他类型的问题生，有的也有此种情况。

许多教师遇到严重不注意听讲的情况，都简单地认为是学生对学习不重视，或者不想学习。教师的对策，就是给孩子大讲学习的重要性，课上提醒、批评、罚站，赶出教室，再解决不了，就请家长，还解决不了，只好怀疑孩子有毛病。

这也太简单化了。

一个学生严重不注意听讲，首先应该看看他学习成绩如何。如果成绩还可以，甚至比较好，那可能有以下几种情况。

第一种，他不是不注意听讲，而是在用他自己的姿态和习惯注意听讲或者比较注意听讲，因为其姿态与其他同学差别较大，很不"标准"，被老师误解了。

他们有的人一边听一边动，有的人四处张望，有的人始终低着头，有的人眼睛很少看黑板，有的人手老不闲着。你认为他根本没听，其实他听见了。不信你叫他回答问题，他能答上来，考试成绩也不错。这种事情，小学生比中学生多。

这种学生，如果教师批评他不注意听讲，就冤枉他了。一般学生都缺乏明确的自我意识，他其实搞不清自己是否在注意听讲，小学生尤其如此。现在老师给他下了"不注意听讲"的定论，他会很迷惑，或者有点不服气，但是老师总是这样说，时间一长，他就真的相信老师的结论了,他开始认定自己是一个不注意听讲的人,于是就可能真的变成一个不注意听讲的人了。教师的主观判断可以把一个本来还算注意听讲的学生造就成一个不注意听讲者,这大概是教师万万没有想到的吧?不尊重科学,不研究实际情况,结果就会如此。

这种学生既然不可以批评,是不是就不必管他们了呢?不是。可以帮助他们分析一下自己的听讲姿态,在宽容和肯定的同时,劝他们做一些小的调整。比如他总是低着头,教师可以告诉他:"你若是经常抬头看看,成绩可能会更好的。"

这种学生常常被老师冤枉,除了教师主观之外,还有一个教师的修养问题。因为他们听讲姿态别扭、出格,会引起老师的不快乃至愤怒,有些小心眼的老师,甚至会误以为他们在藐视老师,这就容易引发师生冲突。所以,面对这样的学生,教师必须有很大的包容性,只要他对别人影响不大,就不要跟他没完没了。

第二种,他早就会了,听得不耐烦。

这种情况也是小学生比中学生多。有的孩子早期教育很好;有的孩子家长文化水平高,能辅导孩子功课;有的孩子参加了各种课外补习班,提前预习,早就掌握了有关知识;有的孩子非常聪慧,听几耳朵就成了……这样,他们上课就可能不注意听讲了。鉴别这种学生的办法是教师讲点新鲜的、学生没有听说过的知识试试,如果发现他这时候支起耳朵听了,那就可以判断:这不是个不注意听讲的学生,只不过教师的讲课他"吃不饱"而已。教师若批评这种孩子不爱学习,那是大错特错,正相反,他们反而是爱学习的人,他们喜欢学习新东西,不愿意重复自我。

教师往往片面强调,即使你已经会了,再听一遍也没有什么不好,还说一些要尊重教师劳动之类的话。其实,让学生乖乖地坐在那里听早已掌握了的知识,是残酷的事情。成人遇到这种情况也会反抗的,何况孩子?而且这明显缺乏效率观念,浪费孩子生命。学生固然要尊重老师,老师也要尊重学生,否则就谈不上因材施教了。我主张遇到这种学生，给他一些自由，让他课上可以做自己喜欢做的事情，看课外书，或者学习更深的东西，只要他不影响别人，只要他能保持优良的成绩就行。

有的老师会说：你给他自由，他成绩立刻就下来了，怎么办？这是完全可能的。遇到这种情况，绝不要轻率地认定"可见不能给你自由"！不能因噎废食。应对这种学生说："在学习上，独立支配时间和分配精力是一件很不容易的事情，可是一旦学会了这种本领，对你未来的发展会有很大很大的好处。现在你的成绩有所下降，我相信这是你在精力分配方面缺乏经验造成的，请你重新安排一下，看看效果如何。"他如果经过一段时间能处理好，则将有可能是一位尖子生。培养几个尖子生，教师何乐而不为！问题的关键是教师要从学生的实际出发，而不要单纯从自己管理的需要出发。俄国思想家、文学家托尔斯泰说过：迄今为止的教育措施都是为了教师管理的方便而设置的，并不是为了学生的发展设置的。我觉得这是打中了要害。

第三种，课外会有人给他再讲一遍，他课上不必听了。

这种学生也是小学生为多，尤其是小学低年级学生。我见过这种家长，学校老师讲的内容，家长回家必定给孩子再讲一遍，一对一讲解，更加掰开揉碎地讲。孩子感觉老师没有家长讲得清楚，于是上课就不注意听了，反正有家长做"助教"，"助教"比"教授"更敬业。教师遇到此种情况，查实之后，一定要把家长找来，告诉家长（这种家长母亲为多）："您在辛辛苦苦害孩子。"因为家长很难做到门门给孩子讲，更难以做到从小学到高中都能给孩子讲，家长为了提高孩子眼前的分数（孩子单独听家长讲，常常比在学校听讲效果好，这是完全可以理解的），培养了孩子上课不好好听讲的坏习惯，一旦家长无法再给孩子单独上课，孩子会非常失落，不知如何是好，成绩就可能一落千丈。

请教师和家长千万注意，对孩子的个性可以照顾，也应该照顾，但是必须认真评估，只照顾那些确实需要照顾的地方。凡是能和多数学生保持一致的地方，决不要过分照顾，否则就是溺爱，反社会化，助长孩子的无能。我们的教师和家长如果不能把孩子的情况摸清楚，凭主观愿望工作，拿感想当科学结论，就可能同时犯两个极端的错误——一方面，对该照顾的地方拒绝照顾，表现为冷漠；另一方面，对不该照顾的地方却又乱照顾，表现为溺爱。

第四种，有些不注意听讲然而学习成绩却不错的学生是自学者。

这种学生，中学生尤其是高中生较多。他们喜欢读书研究，而不喜欢听讲。他们可能是视觉学习者，耳朵不灵眼睛灵，同样的内容，听人讲一遍远不如自己看一遍。看书和听讲感觉是不同的，看书可以一遍又一遍地从容揣摩，听讲则往往只有一次机会，跟不上老师的语速，听讲效果就很差。有一些脑子转得不快但是理解能力很强的孩子，就适合自己看书自学，老师适当加以指导，这样效果反而更好。我若是遇到这类学生，查实之后，我绝不批评他，我还会悄悄告诉他，你上课可以不听讲，自己看书，但是不能扰乱别人，看不明白的地方一定要来问。

上面我们说的是那些不注意听讲但是学习成绩较好的学生，我们把他们又细分为四种，分析了他们不注意听讲的原因，提出了对策。下面，我们来关注那些不注意听讲成绩又很差的学生，看看他们是怎么一回事。

遇到这种情况，建议教师首先了解一下，他是新近才这样，还是从来如此。也就是一定要搞清楚，他不注意听讲是"新手"还是"老手"。

那些"新手"，问题比较容易解决，因为他们不是不会听讲，他们本来是有能力注意听讲的，他们原来成绩也还不错，只是近期（一个学期或一两年）被某种东西干扰了，一旦排除那些干扰，重新找到认真听讲的感觉，他们的学习成绩就会上升。

这些干扰来自何方？

有的孩子是不适应新环境，有的孩子是同学关系紧张，有的孩子是不喜欢任课老师，有的孩子是"早恋"，有的孩子是家庭关系紧张，有的孩子是身体不好、休息不好或精力不济。

遇到所有这些情况，我主张都不要进行空洞的说教和批评，而要切实帮助他们排除干扰。不适应环境的（例如小学升初中），要询问他们到底什么地方不适应，教他们学会改变自己以适应环境；同学关系紧张的，要帮助他们搞清原因，加以解决；不喜欢任课老师的，要做双方的工作，以缓和关系；"早恋"的孩子，要帮助和等待他们从感情漩涡中游出来；家庭关系紧张的，要搞清是亲子矛盾还是家长间的矛盾，给孩子和家长出点主意；对身体不好、休息不好或精力不济的孩子，要查查他的营养和睡眠，必要的时候建议家长带孩子上医院检查。

下面我们该谈不注意听讲的"老手"。这是一些"刀枪不入"的学生，久经考验的人。对他们来说，上课不注意听讲反而是常态，要是注意听了，那倒是例外。我们来看看他们是怎么回事，他们的问题还有没有办法解决。

我们可以把这些"老手"细分成两类。一类属于能力问题，就是说他们没有能力把注意力集中起来，这叫做注意力障碍；还有一类属于非能力问题，就是说，他们本来还是有能力注意听讲的，有其他因素严重压抑了此种能力，它发挥不出来了。怎样区别这两种人呢？我们可以去了解一下他所有学科的听讲情况，如果他几乎什么学科都不注意听讲，那可能就是注意力障碍；如果某些学科（例如副科）老师反映，这个孩子听讲挺认真的，那他就不是注意力障碍，而属于非能力问题。注意，有些家长往往对老师说："我们孩子看电视可专心了！"这不能成为孩子具备注意力集中能力的证据，因为看电视的被动集中注意力和学习的主动集中注意力是两码事。

为什么有些孩子连集中注意力的本领都没有呢？

有些是先天的，这是一种病态，最严重的甚至连看电视都不能集中注意力，这种孩子应该到医院去治疗，教师无法解决他们的问题。

但多数孩子不属于这种情况，他们的注意力集中能力多是由非智力因素的缺陷造成的。又可以分成以下几种情况。

第一种，对学习失去信心。

这种孩子从小学习就失败，几乎没有成功过，他们已经放弃了学习，他们根本就认定，认真听讲也没有用处，反正考不好。任何一个人做没有奔头的事情，注意力都是不会集中的，这种学生的漫不经心、玩世不恭（尤其是中学生）、满不在乎，正是他们心中没有希望的表现。对他们大讲学习的重要性，等于雪上加霜，因为他们正是由于既知道学习重要又知道自己反正学不好才如此沮丧的。对这种学生进行惩罚效果也很差。为了躲开惩罚，他们会敷衍老师一阵，但是不会有根本改观——他们的心是冷的。

所以，治疗这种孩子，最重要的是点燃他们心中的希望之火。不要批评他们——死猪不怕开水烫。要仔细寻找他们哪一科、哪一个地方学得稍好，加以鼓励和表扬。也就是说，对待这种学生，千万不可"哪壶不开提哪壶"，而要正相反，"哪壶开了提哪壶"。据我的经验，这样做即使学生成绩没有多大起色，起码他们的纪律情况会有所好转，这对班主任来说，就已经是烧高香了。

班主任不要试图一下子解决学生的所有问题，也不要以为这个问题没有解决就完全失败了。只要引导学生走向正确的方向，则此处不开花，彼处也会结果的。这种思路叫做"综合教育"，它着眼于提升学生的整体生存状态，而不是单打一地直奔某一个具体任务（提高某科成绩，或解决某个纪律问题）。

第二种，基础太差，听不懂。

任何人面对听不懂的话语都无法集中自己的注意力，学生自然也是如此。要锁定这种学生，可以询问本人和任课教师。还有一个办法是，如果你发现他新学一门与基础关系不大的科目成绩明显好一些，那就证明他是基础问题。基础太差，知识漏洞像筛子孔一样，要求他注意听讲，是没有道理的；惩罚也不会有作用，他顶多给你"做听讲状"，搞个形式主义。对这种学生，应该建议家长给他请家庭教师，从头补起。不要同时抓好几门，只拣最有希望进步的一科补习，而且急用先学。如果能见到一些效果，他就会增强信心，然后继续这样一科一科地努力，能到什么程度算什么程度。

第三种，注意力匮乏症。

这个问题另有专题论述，此处就不说了。

第四种，智力类型与众不同。

一个学生经常性地不注意听讲，而且成绩不好，还有一种可能是不能完全排除的，那就是他的智力类型与众不同，用我们通常的办法给他讲，他听不好，也学不好，但是如果换别的教学方式（比如在做中学、在玩中学、合作学习或结合他的特长来学），他却可能很专注、很投入，效果也很好。

怎样鉴别这种孩子呢？

他们整体精神状态不萎靡，也不懒惰，品德不差，智商也不低，偶尔还会在某些活动中有出人意料的表现，他们只是不能适应我们现在的教学方法。对这种孩子，教师千万不要轻易作负面结论，也不要强迫他必须像老师要求的那样学习，最好去请教专家，帮他找到适合他的学习方法。

不完成作业

学生不完成作业，教师很头痛。很多班主任在这件事上花费大量时间：嘱咐、督促、检查、评比、奖励、批评，忙得不亦乐乎，可总还是有那么几个或一些同学，经常不能按时把作业本交上来。不完成作业，并不是问题生特有的症状，一般学生也有很多不交作业的，但如果经常性地不交作业、拒绝写作业，可以说是问题生的一个标志。

学生为什么不完成作业呢？一般老师对这个问题都不去细致研究，他们只简单地断定，这是因为学生"不重视学习"、"厌学"、"贪玩"、"怕苦"，等等。归因简单，对策当然也就简单，无非是一方面大谈学习的重要性以期引起学生的"重视",另一方面采用各种管、卡、压的办法迫使学生不敢不完成作业。

事实上,学生经常不完成作业,情况相当复杂,有多种原因,因此也就应该有多种干预方法。

我们分析这个问题,与分析"不注意听讲"的思路差不多,首先看经常不交作业的学生学习成绩如何。

如果学生经常不交作业,但期中、期末考试成绩还可以,能跟得上,甚至考得还不错,那是怎么回事呢?

有这样几种可能:

第一种,书写障碍。

这种学生听讲比较专心,发言也积极,有表达能力,总体上学习状态还是不错的,但是只要一涉及笔头作业,他就一百个不乐意。数学作业需要写的东西稍少一点,他还能做,像语文这种需要大量书写的作业,他死活不想做。这种情况下千万不要贸然批评他"不想学习",因为他可能是书写障碍。

书写是比看和听复杂得多的学习活动,需要眼、手、脑的多方协调配合。单从手来说,要把一个字写规整,需要手部十几块小肌肉同时动作,而且互相协作。小学生把字写得七扭八歪,或者笔画跑到框外去了,这常常不是态度问题,而是能力问题,他的手部小肌肉群没有别人发育得快,控制不好那支笔,自然没法写好。这时候家长、老师若对他发脾气,说他不用心,那就可能冤枉孩子。他做不到的事情,他是没有过错的。中学生情况有所不同,但是若感觉统合失调,写字也会遇到困难,迫于家长、老师的压力,只好在那里勉为其难地写呀写呀,很痛苦,管理一放松,他就不写了。后来他发现,真的不写作业,家长、老师其实也没有多少办法,尝到甜头,以后索性就不写了。

如果经过诊断,发现某个学生不写作业确实主要是因为书写障碍,而不是学习态度问题,那我们就千万不要再乱批评他了,也不要让家长每天逼迫他写作业了。正确的办法是告诉他:写字其实是一件并不难受，而且很有意思的事情。家长可以和孩子一起做一些手指游戏，以促进孩子手部小肌肉群的发育；家长还可以故作热爱书法状，激发孩子写字的兴趣；可以把感觉统合失调的孩子送去训练班做一些训练；对握笔姿势不对（这会造成手部疲劳）的孩子，可以进行矫正；教师则要减少这种学生的作业，先不求多，不求美观，写了就好，逐渐增加，不急于让他和一般同学拉平。

第二种，懒惰，靠小聪明学习。

这种学生，看他们写的字形和书写速度你会发现，他们并没有书写障碍，他们能写得很好、很快，他们也曾经有过按时按量完成作业的历史，而且给他们一些压力，他们也能把作业写好。这种学生的主要问题是懒惰，而且他们胆子比较大。其实不愿意写作业的学生是很多的，但是不敢不写，这种学生就敢于不写，他们不太害怕惩罚。他们成绩并不差，靠的是小聪明。

这种懒惰任性的学生，几乎可以肯定是家庭教育失误造成的。有的家长从来不问孩子的作业写没写，孩子每天就知道疯玩，在家差不多处于无人管理的状态，小学低年级还写点作业，到高年级和中学，就放肆不写了。老师请家长，家长不去，或者去了，回家把孩子打一顿，继续放任不管。这种孩子完全没有良好的学习习惯，教育起来很困难。有的孩子长大一点就会好一些，所以对他们还要耐心等待。如果他家的经济情况还好，可以建议家长请一位家庭教师暂时陪伴他写作业，等他逐渐形成按时写作业的习惯后，家庭教师再撤出。如果学生家里经济困难，但孩子人品并不差，则可以考虑把他安排到一个同学家去每天一同写作业，以期逐渐使他形成写作业的习惯。学校若有放学后的辅导班，可以建议他们参加。总之，这是一类脑子聪明、思想懒惰、习惯不好的学生，转变这种学生不要有太高的期望值，能使他们有进步就好。

第三种，嫌作业太"小儿科"。

这种学生经常不交作业，但成绩不差，或者忽高忽低，有时还能考出令人吃惊的好成绩，别人都不会的题，他反而能做出来。平日成绩不见佳，也不见他用功，到了期末考试的时候，却能闹个上游。这种学生也给老师一种懒惰、靠小聪明学习的印象，但是你会发现，他们其实可能很爱学习。每当老师讲到他确实不会的地方，他都听得津津有味，有时还会问老师一些怪问题。如果某天作业难度很大，具有挑战性，他就爱做。这种学生的家长往往文化水平高，家庭有读书氛围，孩子受到过良好的早期教育。他们明显识字多，爱看课外书，知识面宽，平日说话词汇丰富。

这就是那种"吃不饱"的学生，老师留的作业对他们来说太"小儿科"了，做起来索然无味，提不起兴致，于是他们就"罢工"了。不是这种学生不爱学习，而是我们的教学不能适应他们的知识结构。当老师的，不能片面要求学生适应自己的教学，在保证教学适应大多数学生的前提下，对于这种尖子生，要适当照顾。

尖子生有两种，一种是"显性尖子生"，主要特点是成绩拔尖，另一种是"隐性尖子生"，特点是目前成绩并不拔尖，或者很不稳定，但是具有很好的可持续发展条件。一名真正优秀的教师，应该能看出"显性尖子生"的真正实力和隐患，帮助他们扩大知识背景，避免平均用力，以进攻的姿态而不是单纯防守的姿态争取保持自己的优势。一名真正优秀的教师，也应该能识别"隐性尖子生"，给他吃点"偏饭"，给他留点难题，减去一些他做了也没用的容易题，甚至可以让他跳班。这样，他学习就起劲了，就有希望成为后起的尖子生。

千万不要讽刺这种学生。"你有什么了不起的？""你怎么那么特殊？""你门门都考100分，我上课也让你看课外书！"这些都是完全错误的说法，会把一个未来的尖子生变成教师的敌人。

前面说的经常不交作业的学生，学习成绩还好，下面我们要说的不交作业的学生，是属于成绩不好，排在班级末尾的。在经常不交作业的学生中，这种学生占的比例比较大。这合乎一般规律：不写作业，成绩就上不去；成绩上不去，就更不爱写作业了。

这一类学生不交作业，也应该细致分析，情况并不一样，对策也不尽相同。

第一种，没奔头，灰心了。

人做任何事情，没有奔头，他是绝对不会起劲的，大人孩子都一样。每天忙忙碌碌却挣不着钱的买卖，谁会努力去做？很多学生根本不爱写作业，原因就在于此。写作业对于他们来说，是一项没有奔头、没有希望的事情。他们心如死灰，不写作业不过是他们消极心态的一种表现而已。

灰心者又可以细分成两种，一种是整体灰心者，另一种是局部灰心者。

整体灰心者是完全厌学的人，甚至是厌世的人，对这种人谈完成作业，属于浪费时间、浪费感情。你想，一个人连学都不想上了，甚至连活都不想活了，你还跟他谈什么"明天一定要完成作业"，牛头岂对马嘴？所以，一位班主任如果发现某学生整体上处于心理崩溃的边缘（这需要班主任有一定的心理学知识和敏锐的观察力），那就不要和学生纠缠什么写作业问题，而要用主要的精力了解他的心理问题在哪里，加以干预。事实上这时候教师已经在一定程度上变成了心理医生，催学生写作业则成了次要工作。如果班主任不能胜任此项工作，可以让学生去找学校的心理老师或者医院的心理医生，班主任这时要做的是，先放学生一马，不要每天催逼他的作业，否则会干扰心理治疗，弄不好还会造成学生迅速辍学，或走向崩溃。

对局部灰心者比较好办，因为这种学生不是门门作业不交，而只是某一两门作业不交——他对这门课灰心了。面对这种学生，教师最容易犯的错误是"哪壶不开提哪壶"，学生按时完成作业的那几门老师提也不提，每天揪住不完成作业的科目批评了又批评，把学生弄得很绝望，索性门门都不做了，反正也是一个"不完成作业"的罪名。这不是促进，而是促退。正确的做法是先稳住阵脚，告诉学生："你不是不完成作业的学生，你只是某一两门作业有困难。我们慢慢解决。"然后帮学生切实找到他这一门课写作业困难在哪里，为什么灰心了，逐步加以解决。

第二种，作业不会做，或者障碍太多。

有很多不交作业的学生都属于这一类。他们写作业时写写停停，磕磕绊绊，困难重重，有的甚至大部分题都不会。老师又催得紧，怎么办呢？小学生或者家长文化程度比较高的中学生，就向家长求援，其他的人就打电话、发短信问同学，或者干脆就头天不做，第二天早晨交作业本之前拼命抄别人的。在不少学校，抄作业的现象很普遍。有的人抄作业是因为懒惰，其实他自己是可以做出来的，这是态度问题；可是也有不少人抄作业是因为他确实不会或者他的速度太慢，完不成。后一种情况就不是态度问题了，是能力问题。可是一般老师遇到学生抄作业的情况，往往不分青红皂白一律进行道德谴责。这是很不妥当的，不但冤枉了一些学生，而且绝对不能解决问题，因为道德谴责是不能提高学生能力的，道德压力只对那些有能力独立完成作业的学生起作用，确实不会做题的学生挨一百顿骂也还是不会，甚至可能更不会——你把他骂傻了。

他为什么不会呢？有可能是智力问题，有可能是基础问题（知识有很多漏洞，连不上串了），还有可能是暂时没有入门（几何、物理、化学常常会有这种现象）。

所以，教师面对一个经常不交作业的学生，千万不要急于批评、谴责、惩罚，一定要认真观察和询问他到底会不会。如果发现他确实是不会，那就什么批评的话也不要说，该补课就补课，该请家教的建议家长请家教，该等待的等待（暂时没有入门的），而且应该允许他在一段时间里不做或少做作业。

第三种，挫折感。

这种学生的主要问题不是学不会，能力还是可以的，他们也没有完全灰心（整体精神状态尚可），也不是懒惰（在其他事情上可以看出他们的勤劳），只是写作业提不起精神来，经常不能按时完成。出现这种情况，有可能是他们受的挫折太多了。也就是说，教师和家长对他们的期望值超标了，而且太急躁了。无论他们怎么努力，总是得不到肯定，甚至作业按时完成了也会受到批评（还有错题、字写得不漂亮等），成绩提高了也要受批评（没有达到教师、家长主观确定的"大跃进"标准）。教师、家长总是拿别人的优点比他的缺点，总是用自己理想中的他来贬低现实生活中的他。久而久之，他就会经常处于沮丧状态，对完成作业也就没有兴趣了。

这种学生不难鉴别，也比较容易帮助。只要老师和家长实事求是地肯定他的进步，他很快就会转变精神状态，作业完成状况也会好转。如果实事求是的表扬仍然不能使他改变，那他可能就是另外类型的人，要另换办法了。当表扬不管事的时候，家长、教师千万不要责备孩子不识抬举，应该首先想到的是，我们自己诊断错误，开错药方了。

第四种，不喜欢这个老师。

学生不交作业竟然是因为不喜欢教这门课的老师，这可能吗？可能。如果某个学生其他各科作业完成得还可以，本来这门课的作业也能顺利完成，自从换了某位老师之后就不交作业本了，或者自从跟某位老师发生了冲突之后就不好好写作业了，那可能就是这种情况。孩子毕竟是孩子，他们常常情绪化地处理问题。他们如果从心底里讨厌甚至仇恨某位教师，就会想："我干吗要给他完成作业？就不写！""我偏不交作业，我一定要考个坏成绩，拉下他的平均分，让他得不着奖金！"这不是我编的故事，是真实发生过的事情。

这其实是人际关系问题，不是作业问题。遇到这种情况，教师就先不要提什么作业不作业，而应该主动征求一下孩子的意见，接受孩子的正确意见。该倾听的倾听，该解释的解释，该道歉的道歉。关系缓和了，作业问题就解决了。有的班主任碍于面子，明知自己有错，也不愿向学生承认，这种情况下学校领导就要出面，或者劝说班主任，或者和稀泥，总之要把关系弄好。万不得已，学生只好换班或转学。如果班主任和学生关系普遍紧张，必要时也需要撤换班主任，这是没有办法的事情。

马　虎

　　这里说的马虎指的是学习方面的马虎，因为教师、家长最关心的是学习这件事，至于孩子平时生活中的马大哈现象，虽然也会惹教师、家长生气，但是过一阵他们也就忘了。只有孩子因为马虎而丢的分数，教师和家长才念念不忘，耿耿于怀，经常唠叨，唯恐孩子不改。

　　教师和家长面对孩子的马虎现象，一般对策是什么呢？一是反复提醒。写作业和考试的时候，千叮咛万嘱咐："你可千万别马虎。"二是吓唬："你要是马虎，成绩非下来一大块不可，那就考不上大学了！"三是斥责："你就是马虎！跟你说多少遍了，怎么还错？"四是惩罚：写错一个字，罚你抄100遍，看你还错不错。五是强调检查，要求学生答题之后必须检查或验算。有时家长帮助孩子检查。

　　这些办法虽然都有一些道理，但是常常不能解决问题，许多孩子该马虎还是马虎，该出错还是出错，急死了老师、家长。最糟糕的是，你经常批评孩子马虎，反而给了他一件自我辩护的武器。有一些学生考试成绩不好，是因为他知识没有掌握，他却对人说："其实我都会，只不过马虎了！"马虎的说辞竟成了他逃避责任、欺骗自我的工具。我们告诉孩子"你马虎"，本来是希望他正确看待自己，结果适得其反，把他蒙蔽了。

　　所以教师和家长一定要注意，不管孩子事实上多么马虎，都不要给他贴"马虎"的标签，不说他马虎；但是在行动上，要切实具体地找到他马虎的原因，采取具体措施，帮他改正。多做实事，少来指责，这才是真正的教育。

　　马虎看起来简单，不过粗心大意而已，其实是一种很复杂的心理现象。造成马虎有多种原因，解决的办法也就有多种。

一、心急

有些学生写作业或考试的时候,总是急急忙忙、慌慌张张的,好像身边有什么人在催他们,于是做题就很容易出错。他们并不是害怕,他们的实力没有问题;也不是有什么不好情绪,他们的精神状态很正常。这是怎么回事呢?可能与他们的个性有关,这多半是一些急脾气的学生。

这种马虎解决起来比较容易。让他们在做题之前和中间做几次深呼吸,数若干个数,或者心里默念若干遍"静下心来,静下心来",一般就会有效果,坚持下去,可以逐渐改掉心急的毛病。

二、情绪不稳

这种学生整体精神状态不好,他们在家里或者学校遇到了什么事情,心绪不宁,注意力不能集中,因而马虎。亲子关系紧张,父母闹离婚,同学闹矛盾,丢失了心爱的东西,早恋,迷恋网吧,追星,都可能出现此种情况。一般说来,这类马虎是阶段性的,影响他情绪的问题一旦解决,他的马虎现象就会大幅度减少。遇到这种情况,教师如果能帮他解决遇到的问题,当然更好,如果一时无法解决(这是多数),那只好力劝学生尽可能稳住自己的情绪,控制自己的注意力。剩下的就是等待,没有其他更好的办法,不要企图药到病除。此时理解和疏导远比批评重要,如果批评,可能适得其反,马虎就有可能走向厌学。

三、害怕

有的学生平时成绩还不错,一到考试就失常,越是重要的考试越发挥不出水平来,教师和家长就认定这是紧张造成的。其实没有这么简单。有一种可能是,这个学生只善于领会局部的知识,而不善于理解综合的知识,平时学的都是局部的知识,他掌握得不错,考试有些题目考的是综合的、灵活的东西,他的劣势就暴露出来了。这主要不是由于紧张。还有一种可能是,这个学生短期记忆能力强而长期记忆能力弱,平时学习多靠短期记忆，所以他成绩不错，期中、期末考试要靠长期记忆，而长期记忆不是他的优势，他成绩自然就下来了，主要也不是因为紧张。还有一种可能是，他的平时成绩并不真实。平时作业可以抄同学的；小测验老师监场也不大严，做点小弊什么的比较方便，所以他的平时成绩看起来还行。家长、教师以为这就是他的真实水平，其实是上当了。到正经大考的时候，考场纪律森严，同学不敢也顾不得"互相帮助"了，于是他的真实水平就"浮出水面"了。这种学生考试当然也紧张，但是紧张绝不是他考不好的主要原因，他不紧张成绩也好不了。

上述几种情况，如果把紧张看成主要原因进行干预，显然难以奏效，那是开错药了。我们这里说的是这种情况：他平时确实有一定水平，而考试又确实是因为紧张而没有发挥出水平来。

他为什么紧张呢？

是让家长和老师给吓的，给压的。我们的很多家长和老师都有一种不好的习惯，总是不加节制地给孩子施加压力，说是"人没压力轻飘飘"、"有危机感才有动力"。结果弄得孩子面对考试卷子，心里想的竟然不是题目怎么做，而是万一考不好老师的冷面孔、家长的训斥，甚至未来"扫大街，捡破烂"，等等。他们的注意力都被吸引到考试的"后果"上去了，没有办法集中在考试本身上。而且心理学的实验告诉我们，人在面临过大压力的时候，智力会下降，有水平也发挥不出来。这不是简单的马虎，而是整体心理状态的失常。

所以，我们希望教师和家长们不要给孩子过大的压力。家长和教师总以为，学生越害怕不良后果就会越重视学习，越重视学习效果就会越好，这都是很片面的。对一件事过分重视并不是好事情，这会导致恐惧。事实上真正不重视学习的学生很少，哪个孩子都知道不学习没有出路，再加压只有害处。教师和家长应该多想想如何给孩子以具体的帮助，而不是继续制造恐怖气氛。

四、视觉障碍

有些孩子读书跳字，看书跳行，相似的字或字母混淆不清，人家一目十行,他却只能看几行,人家能看到整体,他却只能看见一个局部,他看不全,有时他写出来的字是反的,或者左右上下颠倒,有的没有空间感。这都可能是视觉障碍。有这种毛病的学生,无论在作业和考试中,都会出现一些莫名其妙、不可思议的错误。遇到这种情况,教师或家长如果判定为"马虎",那就错了,如果再指责他学习态度不认真,那更是冤枉孩子了。

出现这种情况,应该带孩子到有关医院去进行视觉测验。如果确定孩子有视觉障碍,那么解决的办法一个是进行视觉训练(比较简易可行的办法是进行朗读和抄写练习,注意任务千万不要过重,有错不要批评),再一个是尽可能多用另一种感觉器官学习(比如用录音机让他多听)。

注意,这种学生不但会被误以为是"马虎",还可能被扣上"多动症"、"捣乱分子"、"弱智"的帽子。这都是很不公平的,只会给孩子造成更大伤害,解决不了问题。

五、思维滑动

你会发现有些学生每到某一类型的题目、某个步骤,或者遇到某一个字,就容易出错,反复纠正也改不了。当你把这个问题单独提出来的时候,他能够不出错,可是一放到整体的练习或考试中,却又错了,几乎给人一种屡教不改的感觉。

这是怎么回事呢?

这是习惯性的思维滑动,瞪着眼睛看不见自己的失误,就滑过去了。其实这是生活中几乎每个人都有的常见心理现象,只不过这种学生的思维滑动表现在学习方面较多,弄得比较刺眼就是了。这种毛病不算太难纠正。解决的办法首先是找到这个学生特殊的"马虎点"(也就是思维特别爱滑动的点),让学生记住,每到临近这个"马虎点"的时候,就提高警惕,一旦到了这个地方,闭一下眼睛,数几个数,然后再睁开眼睛往下做。也就是说,故意设置一个障碍,阻拦一下,避免思路滑过去。这和公路上设立的"事故多发地段"警示牌的道理差不多。既然此处容易出错,我在这里停一下,就可以减少错误。

六、缺乏责任感

这种学生不只学习马虎,凡是他不感兴趣的事情,他一概大大咧咧,错误百出而满不在乎,然而他确实感兴趣的事情(比如玩游戏机),他却很认真、很细致,并不马虎。可见他的问题其实不是马虎,而是缺乏责任感,没有把学习看成分内的事情,他是在给家长和老师学习,消极怠工,敷衍了事。

遇到这种问题,单从马虎入手,是绝对解决不了的。需要整体的治疗,改变他整个的生存状态,甚至需要从头培养他的责任感。关于培养责任感的问题,这里无法细说,只能简单地交代一下:把生活的任务交给孩子本人,把学习承包给他本人,家长、老师少提供过度服务和保护,孩子才可能有责任感。简而言之,要培养责任感,先得让他负责任。

关于马虎问题,最后要强调的一点是:建立"错题档案"。

解决马虎问题,光"务虚"是不行的。世界上并没有任何事情都不马虎的人,谁都马虎,只不过马虎的程度不同,范围不同,"马虎点"不一样。既然教师、家长打算解决的主要是孩子学习中的马虎问题,那就一定要把学生经常出错的地方找出来,把错误频率统计出来。为了做到这一点,就应该建立孩子的"错题档案"。把孩子作业本上、篇子上、考试卷子上所有的错题都保留下来,集中起来进行研究,找出规律,这才能解决问题。空洞的批评、笼统的鼓励,都是没有用处的。因此,我也不赞成每天家长都给孩子检查作业,把错题擦掉,改成正确的,因为那样就把错题掩盖了,到期末综合复习的时候,没有"错题档案",资料不全,会吃亏的。我们不要为了平时作业本上的一个"优"字而耽误了总成绩。

偏 科

很多学生都有偏科现象。这里说的是严重的偏科,是指让家长、老师很心疼的偏科——如果不偏科,他本来可以考一所很好的学校,一偏科,希望就落空了。家长和老师既着急又生气,这一科你怎么就学不好呢?偏科的学生,常见的瘸腿科是外语、物理和语文。有的学生本来各科都比较好,到了中学,有的科说什么也上不去,工夫没少下,办法没少想,总是不见效果。这种学生,也可以算一种问题学生。其中有些人,纪律方面和品德方面不一定有什么问题,有的甚至还是好学生、班干部,他们只是为偏科而苦恼。这是怎么回事呢?

偏科首先可以分成两大类:原发性偏科和后发性偏科。原发性偏科是指从小就偏,后发性偏科是指后来才发生的偏科现象。这两类偏科性质是不同的,解决办法也不一样。

一、原发性偏科

原发性偏科从上幼儿园时就可以看出来了。有的孩子学儿歌、认字很容易,语言流畅,表达能力强,而识数和计算就很困难,怎么也记不住,"掰不开镊子"。这种孩子恐怕长大后就是学文科的材料,让他学好数学、物理,就难了。也有的小孩说话结结巴巴,儿歌背不下来,识字困难,但是一到数数、算术的时候,他就来情绪了,轻而易举就可以解决问题。这种孩子长大后多半是学理科的材料,让他当文学家,希望不大。

这种偏科是天生的,与遗传基因有关。不信你去打听一下,就会有一位或几位家长告诉你:"我小时候就是这样。"这当然不能完全归结为遗传,因为父母的学习倾向和知识结构可能就偏向某个方面,对孩子也会有潜移默化的后天影响。

我的经验是，这种学生，要完全克服他的偏科现象是很困难的，要使他对从来就没有喜欢过的学科感兴趣，几乎是不可能的，那等于赶着鸭子上架，违背事物的本性，殊不明智。所以，对于原发性的偏科现象，家长和教师一定要放弃"人定胜天"的幻想，把自己的期望值调整到合适的地方，否则只会把孩子弄出心理疾病，甚至把教师、家长都弄出心理疾病。

但是我们的教育制度和招生制度很少照顾偏科学生，偏科就要吃亏，偏科就可能考不上好学校，影响前途。这怎么办？

我想比较现实的办法是不催不逼，而采取帮助的办法。告诉孩子："我理解你的感觉，但是有些科目不学是要影响总分的，所以你最好克制自己，尽力学好，学到什么程度算什么程度，能得多少分得多少分。你也可以同时在自己的强项上再加一把劲，尽量争取多得一点分，以弥补弱项上的损失。"

还有一个办法，把他不感兴趣的学科挂在他感兴趣的事情上，有时也可以提高学习成绩。比如某学生特别讨厌英语，但是他喜欢流行歌曲，就可以建议他把某些英语单词和句子填在流行歌曲的调子里唱。我见过这种学生，运用这种方法有效果。

二、后发性偏科

后发性偏科，指的是这个学生本不偏科，或者按他的智力类型不至于偏科，结果却偏科了。这主要是外部原因造成的。我们来看看有哪些情况会造成后发性偏科。

1. 漏洞扩展

学生无论学哪一门学科，都可能由于种种原因出现一些知识漏洞，如果能及时补上这些漏洞，没有什么问题。可是如果自己忽视了，家长和老师也没太注意，学生的漏洞就可能扩大，大到一定程度，就听不懂新课了,这种情况理科和外语最明显。学生越听不懂越不爱学,不爱学就更跟不上。渐渐地,就会在感情上厌恶和躲避这门课,于是偏科了。

这种偏科必须用查漏补缺的办法解决,但是如果偏科的历史比较长,那还需要在情感上克服厌学。有些家长逼着孩子参加假期补课班,不一定能解决问题,因为这种补课往往是上大课,无法针对每个学生的特殊漏洞来补救,甚至可能仍然听不懂,徒费时间。最好是请善于诊断的家庭教师来给孩子进行一对一的教学,先"侦察",找到孩子的漏洞所在,再补漏。如果漏洞太多,补不胜补,那对补课老师的要求就更高了,他不但要能查清学生的漏洞,而且要能判断,先补哪些东西最有利于他听新课,最有利于他取得成绩而增强信心。只会按部就班串讲的老师,不能胜任这种工作。

2. 失败感扩展

有的学生走向偏科并不是因为知识有多大漏洞,而是学这科总是得不到表扬,成绩总不理想。学生一般都是这样,哪壶开提哪壶,哪壶不开不提哪壶,某一科能得到好分数,老师表扬他,对他微笑,他就越学越有劲;如果老受挫折,看不见老师的笑脸,他就会越来越消极,时间长了,就可能形成偏科。

其实,这种老师不一定对学生有成见,他只是教育方法比较严厉而已。一般学生能适应各种老师,有的学生性格特别敏感,受不了老师这种教育风格,就容易有失败感和挫折感,这门课再长期不换老师,就容易造成这类学生学不好这门课,他把心劲都用在其他学科上,形成偏科。

解决这个问题,一靠教师转变观念和教学态度,二要对这种学生进行心理疏导。一般说来,中学生比小学生要好做一点。

3. 师生关系紧张

如果教师对学生抱有成见,或者学生对教师抱有成见,或者家长对教师抱有成见，影响了孩子，师生关系紧张甚至对立，学生这科的成绩就可能迅速下降。关系不能好转，时间长了，这门科就"瘸腿"了。严重的时候，即使换了老师，他也跟不上了，因为落得太多了。这种偏科是很可惜的，完全是"人祸"。解决这个问题，要看主要问题在哪方面。是老师的问题，学校领导要做老师的工作；是家长的问题，学校领导要做家长的工作（班主任自己做不容易成功）；是学生的问题，也要由校方出面教育。

注意力匮乏症

　　这里说的不是上课听讲的注意力，而是整个人的精神状态，他的注意力无法集中在一件事情上，思维飘忽，心情浮躁。这个问题不归问题生独有，也不归学生独有，整个社会都有这个问题，而且愈演愈烈。这与互联网有关，与手机电脑化有关，与微博短信等发言形式有关。这种不良风气不光导致学风浮躁，更危险的是，思维的碎片化会使人们的精神趋于分裂，我们必须从孩子的时候就加以预防。

　　中央人民广播电台经济之声有一个对话节目《冬吴相对论》，其中一位主持人吴伯凡先生说：当信息不缺乏的时候，注意力就会缺乏。我觉得这话很深刻。互联网技术的发展造成的一个结果是，我们不再需要寻找信息，因为信息在找我们。我们每天的阅读不但不是深阅读，连浅阅读都算不上，只是浅浏览。信息在我们头脑中已经"标题化"了，实际上我们脑子里装的不过是一大堆文章的标题而已。习惯了这样的阅读之后，一个人就没有耐心读稍长一点的文章了，很多人已经无法坚持看完500字以上的文章，无法坚持看完8行以上的文字，当然也就谈不到持续的思考了。这就是说，他们的注意力已经碎片化了，随时在跳跃和转移。《冬吴相对论》中还提到，据美国的一项统计，美国人一天接收到的信息相当于他的大脑一年能够处理的信息的三分之一。这种井喷式的信息显然大大超过了人脑的处理能力，人类出于自我保护的本能，只能屏蔽掉一些信息，于是就会变得越来越冷漠，很多人就会生出一张"电脑脸"，那是比较麻木的、需要很强刺激才能引起表情的脸。吴伯凡说，这种心理状态发展下去，就会造成精神分裂，医生曾告诉他，无法持续关注一件事情，正是精神分裂病人的早期症状。吴先生说得有道理。我见到很多网上的帖子和QQ发言，真的有这种感觉，在这样的氛围中，持续关注和做一件事情是比较奢侈的。

教师喜欢说某某学生有"多动症"，实际上身体的"多动症"并不算可怕，可怕的是心灵的"多动症"。有的孩子虽然上课身体多动，但注意力还能够持续集中一段时间，对学习妨碍不大，有些学生则糟糕多了，他们的头脑里活动着的实际上是一些碎片化的信息流，完全不得要领，这就麻烦了，用教师的习惯语言来说，他们是"不能进入学习状态"。一位教师如果面对一群这样的学生，教书就可能成为一场灾难，我们有很多教师已经从一些"油盐不进"的学生身上体验到了这种滋味。还有一些学生似乎也跟着教师走，然而心不在焉。正如约翰·贝勒斯所说："游手好闲地学习，并不比学习游手好闲要好。"成绩不好的学生未必将来没出息，但若对什么事情都不能专注，思维乱七八糟，就会一事无成。

我想，随着互联网的普及，这种学生会越来越多，甚至可能形成"新潮一族"，这对教育教学将是一个严重的挑战，我们必须做好准备应对。今后的教育，必将越来越深地陷入教育者与周围环境争夺学生注意力的大战之中，要打赢这场战争，难度越来越大。教师和学生都应明白这一点，否则我们就真的落后于时代了。我想，互联网这个东西，对于人类整体的智慧来说，可能是正面作用要大于负面作用，但是具体到某些人，甚至很多人，互联网的主要作用却是使他们日益变成"消息灵通的傻瓜"。作为教育者，我们应该努力降低互联网对学生的负面影响。

怎么诊断一个学生患有严重的注意力匮乏症呢？我想，如果有以下症状，就应该注意了：

- 经常躁动不安，无法注意听讲，甚至无法专心听完别人说一段话。
- 有一张"电脑脸"，板滞，漠然，茫然。
- 迷恋 QQ、微博、电子游戏到不能自拔的程度。
- 读书不能坚持看完完整的一页，或者只喜欢看卡通书。
- 新鲜刺激、强刺激饥渴。脑子里装的都是没什么用处的"新闻"。
- 什么事情，只要他不"知道"，就急于"知道"，一旦"知道"，就再也不深究了。就是说，他的大脑只负责"接收"和"存储"，分析和思考的功能已经完全退化。
- 你把某一段时间他发的微博、QQ 发言打印出来，放到一起看，就会感觉此人思路已经混乱，类似精神病人的胡言乱语。

如果遇到这样的孩子，或者发现孩子有这种苗头，家长和教师该怎么办呢？换句话说，注意力匮乏症如何治疗和预防？

- 控制或定时关掉手机，不上网，不看电视。
- 闭着眼睛听音乐，不要有视频的，只听不看。要听古典音乐。外国的，可以听巴赫，他的曲子不大煽情，中国的，可以听《二泉映月》、《春江花月夜》之类的，比较宁静。
- 仰望星空。一定要找一个相对安静和开阔的地方，最好在乡村，长时间观看，不准说话。
- 面壁打坐。墙上什么也没有。不可以说话，尽量集中注意力想一句话、一段旋律，或者反复默念一首诗。开始做十五分钟，然后做半个小时，逐渐延长。
- 背书。
- 写毛笔字。
- 读整本的书。

我的经验是，这些活动只要坚持，就能有效地培养孩子的注意力，这都是修炼，是磨人性情的，收拢人注意力的。实施的时候，尽量引导孩子自愿行动，不得已的情况下也要适当强制。开始修炼时间可以短一点，逐渐延长，年龄小的孩子修炼时间不要太长，不要超出他的忍受力。关键是长期坚持，不要幻想立竿见影。我以前对宗教的很多修行方式一直有偏见，认为念经、敲木鱼之类是在浪费时间，搞形式主义，后来我才逐渐认识到这是我的浅薄。这些表面上看十分枯燥无趣的重复动作，其实有一个很重要的意义，那就是训练人的专注力，引导人内观和自省。其实这就是有意识地屏蔽掉大量的外部垃圾信息，清洗人的大脑，使人获得生机，获得内在的力量，这是大脑的一种"环境保护"。于是我就懂得了一个道理：人的精神世界，不开放不行，不适当封闭也不行，掌握好开放和封闭的分寸，才能得到心灵的平衡，充实而不拥挤，简单而不贫瘠。

各位家长和老师，在这个"注意力匮乏症"迅速流行的时代，让孩子出类拔萃反倒更容易了。您只要注意从小培养孩子持续关注的品质，长大他就可能超过别人，这比考试成绩更重要，而培养起来比提高考试成绩更容易。在一个盲人国家，一只眼的人就能当国王。众人皆醉，只要你不喝酒，就超凡脱俗了。

追求奇装异服、怪发型

为什么有些学生要穿奇装异服、留怪发型、拿高级手机招摇过市？其实，这件事的根子在人性。在《冬吴相对论》的一期节目里，主持人梁冬谈到了"奢侈品"的问题：

我有一个朋友跟我聊过一个话题：为什么这个世界需要奢侈品？他说，很重要的原因是人们有一种天生的阶级区分的冲动。本来大家都差不多，大家都可以吃饱穿暖，就有一部分人，或者说每一个人的内心都有那么一种冲动，想高于其他人。想实现这种愿望，总得找一种方式吧，于是商人就发明了所谓的"奢侈品"这个东西。他把这种你觉得你比别人高的心理感受，固化到了一些产品上面。有些商品明明可以5万块钱卖给你的，他却卖成50万，让绝大部分的人买不起，而你能买得起，于是你产生了一种心理上的假象：我比别人更优秀，我高人一等。这种东西其实是人性弱点的一部分。不过呢，好像人性的弱点是永远在哪里都有的，无论在中国还是外国。

我觉得这话有道理。奢侈品并非必需品，它的作用不是满足人的物质需要，而是满足人的心理需要，甚至是满足人的虚荣心。孔乙己身上的那件破旧不堪却死也不肯脱下的长衫，对于他，就是某种奢侈品，那是他身份高于短衣帮的标志。由此我们可以想到穿奇装异服、留怪发型、追名牌产品的学生。对于他们来说，这些东西类似奢侈品，其作用也是提高自己的身份。如果我们承认这是人性的一种弱点，几乎人人都有的弱点，那么，作为教育者，我们就应该明白，即使你把这些学生的头发剪了，把他们的奇装异服禁掉了，你也没有办法消除他们内心"想高于其他人"的冲动。反过来说，为什么有些孩子拼死抵抗学校的管理，说什么也不剪掉自己的怪发型，软磨硬泡非要戴个耳环不可呢？就像孔乙己一样，他们没有别的办法实现自己"高于其他人"的美梦，只剩下这一招了，而他们的内心冲动又足够强，于是他们只好铤而走险，硬顶到底。遇到这种情况，教师如果硬管到底，那是很危险的。此时，聪明的教师首先要考虑的是能不能帮他们找到另一条实现自我、高于其他人的道路，也就是让他们在其他某个方面出出风头，满足其虚荣心，这样他们也许会在服装和发型上妥协。如果短期内确实没有办法找到这样一条路，那只好做一些妥协。因为这时候教师若坚持所谓的"原则"，你实际上是在和人的本性作对，后果可想而知。这个世界总是要有奢侈品的，不是你想要不想要的问题，你可以限制它，但无法根除它。很多教师都被某些学生怪异的发型、服饰搞得焦头烂额，有的教师简直都快被冥顽不灵的学生气疯了。我想，懂得了这个基本的道理，他们就不会太焦虑了，也就知道该怎么做了。

具体点说，可以把追求奇装异服、怪发型的学生分成以下几类，区别对待：

一、出风头型

所谓出风头，其实就是要找到一种"我和别人不一样"、"我高人一等"的感觉，也就是用这种方式证明自我、实现自我。证明自我的这种冲动，是每个孩子都会有的，只不过许多人可以通过其他渠道实现，比如有的学习成绩好，有的有特长，有的长相好，有的朋友多路子野，等等。如果缺乏其他强项，但家里不差钱，他就可能在外表上做文章；有的孩子家里并不富裕，但家长或本人虚荣心超强，生怕人家看不起，他也可能努着劲地修饰外表。

这类出风头型的学生，要改变他们的行为，采取"不准出风头"的办法往下压，恐怕不是很明智的。过去曾经这么做过，大批判，"小皮鞋，喀喀响，资产阶级臭思想"，有效果，但后遗症比较大。更好的办法是把这些人出风头的合理愿望引导到正确的轨道上去。其实，当年也有引导的思路，引导大家当英雄，而英雄都是艰苦朴素的，于是就看不上穿奇装异服的了。今天我们引导学生，倒不一定非要鼓励他们做英雄，但是鼓励他们做有用的人，对社会有贡献的人，有特长的人，总是应该的。这就要对每个学生具体分析和指导了。我的经验是，这类学生中的多数其实不完全靠奇装异服出风头，奇装异服只是出风头的手段之一，讲讲道理，施加一点压力（如学校有规定），他们就会收敛。可怕的是这样一种孩子，除了奇装异服之外，找不到其他实现自我的途径，而他们的虚荣心又极其强烈，这就有点像孔乙己了。奇装异服、发型、手机，对于他来说，性质就改变了，成了他的命根子。对这种孩子，教师如果强硬地压制他们的行为，那是很危险的，可能出状况。这种学生很少，但"能量"惊人。遇到此种学生，经诊断确认，教师一定要和学校领导沟通，要做让步，和稀泥，尽量想办法找到一种双方都勉强能接受的妥协方案。学校不可用生硬的评比对班主任施压,班主任也不可硬来,否则出了事情大家都很被动。

二、吸引异性型

这种情况多出现在青春期,至少是前青春期(小学高年级)。比如,我是个女孩,暗恋或热恋班上的一个帅哥,这个帅哥又恰好说过一句某某歌星的发型好看,从此我就非要这个发型不可了,打死我也不改,因为我已经被情感冲昏了头脑,没什么理智了。这种学生,男生女生我都遇见过,教师和家长会认为他们发疯了。对,就是发疯了。心理学告诉我们,人在恋爱的时候往往神经不正常。碰上这种情况,教师千万不要轻易给家长打电话,也千万不要强行剪掉学生的头发,弄不好孩子会和你拼命的。怎么办呢?最好的办法是让他的"意中人"说话。比如前面说的那个五迷三道的女孩,教师可以暗中做好工作,让她的那个"意中人"这样说:"其实你留这种发型并不好看,还不如留学生头呢!"这会比圣旨还灵。

三、反叛型

这种学生穿奇装异服也好,留怪发型也好,并不是因为他们多么喜欢这种服装和发型,他们这么做主要是向家长和教师传递一个信息:"我长大了,我要自主,你们让我穿的衣服,我偏不穿!你们不让我留的发型,我偏留!"也就是说,服装和发型其实是他们用来与成年人挑战的道具。如果教师发现某个学生不光在服装、发型上和你较劲,在其他方面也会挑战权威,那就可以判断他是这种类型的学生了。遇到这种学生,解决他们追求奇装异服、怪发型的问题并不是主要的,重点应该研究的是他们为何如此反叛。这可能与从小家庭控制过严有关,也可能是他与某个教师有过节。要经过细致的调查研究再决定怎么做,不要以为只要用惩罚一吓唬,他们就不敢再穿奇装异服、留怪发型了,就算完事了。

四、唯美型

这种学生比较特殊,女孩为多,男孩也有。他们穿奇装异服和留怪发型源于对美的追求,很少有其他目的。这种孩子可能是未来的画家、服装设计师,他们天生对人物形象特别敏感,从小就喜欢打扮自己和玩具娃娃,这似乎是他们的一种职业倾向。如果遇到这种学生,教师不但不要批评,而且要鼓励,甚至可以让他在班里组织"玩具娃娃服装展"(特别鼓励他自己设计)。但是私下里要对他说:"你要设计服装,设计发型,怎么创新都可以,但是在日常学校活动中,要遵守规定。"一般来说,他会通情达理。

我赞成学校统一服装,也赞成控制发型,因为这有利于培养学生的平等意识,也有利于防止注意力分散。但是我们得承认,许多学生特别想让同学们看看自己穿最喜欢的服装,打扮得最好看的样子,以最美的一面示人,这种想法是完全可以理解的。所以,我建议,学校不妨搞个"开放日"。就是说,平常你必须穿校服,不管校服的颜色和款式是否适合你,但是每学期有一次或者几次,学校允许学生穿自己最满意的衣服上学,不加限制,你可以尽情展示自我(当然,过于裸露的服装还是要禁止)。有了这样的"开放日",学生的欲望得到释放,平日穿奇装异服的孩子就可能减少。曾经有个学生对我说:"老师,我穿花衣服好看。"后来我注意观察,发现确实如此,她穿运动服一般般,但只要一换上花衣服,就让人眼前一亮。让孩子们美一点,不是挺好吗?要告诉学生,老师在服装、发型方面对学生有要求,是教育的需要,并不是我们对美有仇恨。这样说对改善教师在学生心目中的古板形象有好处。

五、跟风型

上面说的都是"顽固分子",事实上绝大部分追求奇装异服和怪发型的学生都是跟风型的,随大溜的,一管就收敛,一放松就来劲。所以,教师只要把那些"顽固分子"的服装、发型控制住,班里就不会有大问题，教师不要在跟风型的学生身上花费太多时间。但如果某个"顽固分子"异常顽固，搞得学校不得不向他让步，此时教师就要做好跟风型学生的工作，告诉他们此人特殊，学校不得不适当放宽尺度，这对他并不是好事情，你们不要跟他学。

"拼爹"

"拼爹"是当今社会流行的一个词，指的是"比拼老爹"。在贫富差距越来越明显的社会，子女的贫富意识也越来越明显，这就造成了子女比拼各自的父母，比谁的家长有钱、谁的家长官大，等等。于是很多年轻人就会认为，自己学得好，有能力，不如有个好老爸。在中小学，"拼爹"主要表现为：父母有权有势的孩子炫富（上学有高级轿车接送，穿高档服装，买名牌手机，过生日大摆宴席等），仗势欺负同学，一副"我爸是李刚"的样子，而家长无权无势的孩子，则大有挫折感，有的自卑，有的给富家子女拍马屁，在学校形成一种非常庸俗的风气。"拼爹"不是问题生特有的毛病，有的问题生倒不一定"拼爹"，但是一个学校、一个班级有了"拼爹"的风气，更容易产生问题生。

"拼爹"之风会导致学校的德育完全失效。学生会想：品德好有什么用？我们班××的爸爸明明就是个贪官，可是人家吃好的穿好的，成绩不好花钱也能上重点，还能出国留学。什么学榜样，什么做好事，没有用！

"拼爹"之风可以直接导致厌学之风。"学好数理化，不如有个好爸爸。"一些同学会想：既然我有个好爸爸，我还学什么数理化？反正我的前途自有老爸来安排。于是不好好学了。另一些同学会想：我学得这样辛苦，都赖我爸没能耐……在这种情况下，要想保持饱满的学习热情，没有过人的意志力是不行的。"拼爹"之风是另一种"读书无用论"，是厌学的催化剂。

可见，"拼爹"之风就是一种教育腐败。此风的源头在社会，学校要绝对保持"一方净土"是很困难的。作为教师，我们当然无法左右社会风气，但是在一个班里面，我们却可以尽自己所能，给这些未来的成年人施加一些影响，这也算是对净化社会风气做一点贡献，不光对教育问题生有好处。

具体说起来，教师可以做以下事情：

（1）尽可能对家长一视同仁。教师常常犯一种毛病，就是用应试眼光给学生排队，对高分生赞赏有加，对低分生难免歧视。这种"分数挂帅"的做法，理应遭到批判，确实也遭到了不少批判。但是还有一种把学生分成三六九等的做法更应该遭到批判，那就是依据家长的身份地位和对学校"贡献"的大小来区别对待学生，这就成了"拼爹"了，实际上就是"势利眼"。这种做法比按分数排队害处更大，因为考试分数不管怎么说还与学生个人的努力和能力有关。而"拼爹"就和古时候当官的爹荫庇子孙、儿子继承父亲爵位差不多了。从这个意义上说，应试教育千不好万不好，在考试分数面前人人平等这一点尚有可取之处，如果再没有这样一种考试制度安排，穷人的孩子、平头百姓的孩子就更难有出头之日了。同样的道理，学校规定穿校服，禁止奇装异服，禁止化妆，都有抑制"拼爹"的意义。也就是说，即使你是凤子龙孙、金枝玉叶，到这里来，你也和其他孩子一样，是个学生。甭管家长是谁，到这里来，就只是家长而已。这才是真正的专业精神，而看人下菜碟，那是市侩作风。有的教师故意对有钱有势的家长做"藐视"之状，我以为也不必，不卑不亢就可以了。学校和教师如果能在这方面以身作则，教育学生的时候，就顺当多了。

（2）可以考虑召开以"拒绝拼爹"、"什么是真正的自我价值"等为主题的班会，让学生讨论"拼爹"问题，造成班级里面以自力更生为荣，以"拼爹"为耻的风气。这对形成反对"拼爹"的班风有不同寻常的意义。

(3) 对于那些有资本"拼爹",而且有"拼爹"表现的学生,教师要注意选择代表人物、有影响的人物,重点进行教育,引导他们建立自主意识。有些学生的父母很有来头,学生自己却很低调,要把这样的榜样推荐给拼爹者。

(4) 对于那些没有资本"拼爹"的学生,要引导他们自尊自重,不要嫉妒人家有个好爸爸,不要跟在人家屁股后面当随从,人穷志不穷,要相信通过自己的奋斗,可以实现自我。

因为历史传统和社会大气候的关系,学校里要完全杜绝"拼爹"之风不大可能,但教师应尽可能阻遏"拼爹"之风。这不但是教师的社会责任,而且直接关系到教师的本职工作,因为"拼爹"会破坏教育的基础,"拼爹"是挖教育墙脚的,教育者对此绝不可等闲视之。

说　谎

什么是说谎？说谎就是"有意说不真实的话"(《现代汉语词典》),它的反义词是诚实。学校教育当然是反对说谎、提倡诚实的。很多教师把这件事理解得非常简单,其实说谎问题是非常复杂的,甚至可以说,我们每天的生活几乎都无法摆脱谎言,不管多么诚实的人,要做到完全不说谎,几乎是不可能的。政治活动里面就有很多谎言,军事呢,兵者诡道也,兵不厌诈,打仗的艺术在一定程度上就是说谎的艺术。商业广告,谎言甚多。人们日常的客气话,也有很多完全不真实,明知道不是那么回事,也得拣好听的说,正所谓"善意的谎言"。教师能做到完全诚实吗？恐怕很难。你看我们的公开课,你听优秀班主任的经验介绍,就知道全说实话有多么困难！很多流行语言,比如"爱能改变一切"、"没有教不好的学生"等,都可以说是比较精致的谎言。而文学家,简直可以说是职业"说谎"者,所谓"虚构",不就是编吗？

我说这些话是什么意思？是不是力挺说谎，反对诚信教育？不是。诚信教育是学校德育的重要方面。我的意思只是说，教师应该明白说谎问题的复杂性，做到心中有数。这样，在进行诚信教育的时候，才能不死板，不僵化，不以卫道者的姿态教训孩子，如此学生比较容易接受，效果较好。

下面我们谈谈学生说谎的常见类型及对策。

一、自我保护型

这是教师最常遇见的说谎类型，也是让教师最恼火的说谎类型。这种学生往往在受到批评的时候，用谎言来辩解，以达到自我保护的目的。迟到了，说是妈妈没有及时叫醒我（其实是他自己赖着不起床）；没完成作业，说是忘记带了；上课违反纪律，被老师发现，硬不承认；偷拿别人东西，不承认……我发现教师面对此类谎言总是义愤填膺，想方设法让学生说出实话，结果常常自己气个半死，因为有些孩子已经修炼到了说谎毫不脸红的程度。像这种久经考验的孩子，我主张，如果没有拿到无可辩驳的证据，就不要和他废话，否则你等于又给了他一次锻炼说谎技术、提高说谎水平的机会。说谎不脸红的孩子，就是这样炼出来的。他犯了错误，教师如果没有拿到铁证，就暂时不要理他，逮着了再说，如果拿到了证据，该怎么罚怎么罚，也不要跟他费口舌，以免浪费感情。至于那些并非说谎成性的孩子，偶尔说几句谎话，教育一下就可以了。我向来不主张学生犯错必须让他承认错误，有些孩子暂时不承认就算了，只要他们以后行动上有所调整就行了。"人只有承认了错误，才能改正"并不是必然的逻辑。自我保护型的说谎要不要揭穿呢？一贯说谎的，要揭穿；偶尔说谎的，算了，留点面子为好。

二、计策型

如果说自我保护型的说谎是被动防守的话，计策型的说谎则是主动进攻，说谎者企图通过说谎来谋私利，典型的这种说谎就是散布谣言。

有用这种办法算计同学的，也有算计老师的。这种说谎，原则上要揭穿，还原真相，对说谎者要严肃批评。

三、吹牛型

这种说谎源于虚荣心。比如说我家多么多么有钱，我姑姑在国务院工作（其实此人根本没有姑姑），我认识多少名人，我和某个明星握过手等，就是吹牛。在幼儿园和小学低年级，这不算什么大事，基本上可以一笑了之。但是等孩子大一点了，就要善意地劝劝他们不要这样吹，否则会破坏自己的威信，因为吹牛者总是大家的笑料，不少相声和小品就是嘲笑这种人的。如果这种学生总是不改，也可以找个机会当众拆穿他，但是要注意分寸，不要让他过分难堪。

四、幻想型

这种孩子天生爱幻想，而且他们竟然相信了自己的幻想，把假的当成了真的，或者真假不分了。前面几种说谎都是明知故犯，说谎者知道自己在骗人。幻想型的说谎者完全没有骗人的企图，他们只是沉浸在自己构想的幻觉中。经验告诉我们，这种孩子可能是做文学家的料。对这种孩子，对这种谎话，教师完全没有必要批评，也不应该批评。但是如此想入非非有时候也会误事，所以教师可以友善地提醒他们学会把真实的世界与他想象中的世界区分开来，有时候要等他们自己碰了钉子之后再劝说。

我总的感觉是很多教师对学生的说谎现象反应有些过度，事实上说谎的学生未必是问题生（但说谎成性的学生多半是问题生），问题生也不一定都说谎成性。学生的有些谎话还是被迫说的。我们成年人不也常常违心地说谎话吗？教育学生，关键不是看他说了什么，而是看他的行动。某人诚实不诚实，要看总体表现，不能只看一时一事。有些学生看起来很"诚实"，认错很积极，写检查很熟练，把老师哄个高兴，就是不改，此种"诚实"有什么用？教师不要上这个当。

早　恋

早恋问题已经沸沸扬扬地讨论多年了，至今还是社会的热门话题，也是教师和家长的重点难题。事情已经弄到了这种程度：所谓的"青春期教育"几乎和"防早恋教育"变成同义词了。防早恋的教育被简化成性教育；性教育又被简化成"性知识"教育。"青春期教育"一路"缩水"，越来越狭窄，钻进了牛角尖。

我们抨击早恋的时候，往往从社会影响、社会不良风气开刀，可是解决早恋问题的时候，却又从学生的生理因素入手，大讲性知识。学生的性知识固然缺乏，但是他们的长辈当年性知识不是更缺乏吗？为什么那时早恋现象不像现在这样风起云涌？想主要用普及性知识的办法解决早恋问题，实在是头疼医脚，脚疼医头。其实，防止早恋的重点应该是健康感情的教育，自尊教育，幸福观教育，这才能与社会影响相衔接。

现在对于早恋，最流行的说法是反对生堵硬截，应该进行疏导。这种说法当然是对的，然而已成陈词滥调。怎么疏导？很少有人细致研究，无非是说教而已。例如用早恋的恶性案例吓唬学生呀，用"学生的主要任务是学习"来开导学生呀，甚至还有人用过分肯定早恋的合理性来讨好学生。这些东西，学生已经很熟悉了，虽然不能说全错，但是往往不能解决问题。为什么？因为它们有一个致命的弱点——没有具体问题具体分析，不能对症下药。

早恋其实是有很多类型的，并没有统一的、固定的教育方式。

早恋有共同的原因：青春期的性萌动、性躁动、性紧张。从这一点来说，早恋有其合理性，但是我们不应过分强调这种合理性。青春期的孩子，几乎每个人都有不同程度的性萌动、性躁动、性紧张，这是正常的，并非流氓，也不是犯罪。但是这不等于说屁帘还没摘就给小伙伴写

"情书"就是正常的，也不等于说中学生在校园明目张胆谈情说爱是合理的，就好像人人都希望有钱是正常的，但是我从别人的口袋里摸钱就不行了。君子爱财，取之有道。同样道理，君子爱异性，恋之也有道，乱来不行。学校不是婚姻介绍所，中小学生谈恋爱是违反纪律的，虽然学校在执行纪律的时候绝对需要谨慎从事，一切要从保护和教育学生出发，但是这个底线不能突破。现在有些专家学者，不知为什么，竟然把青春期的学生都"性化"了，在他们看来，男孩个个好色，女孩人人怀春，早恋不可避免，早恋不可抗拒。要是这样，教师都兼任媒婆岂不更具"人文关怀"？心理学研究告诉我们，孩子度过青春期的状态是各不相同的，有的轰轰烈烈，有的平平静静，有的稍有曲折。青春期孩子的注意力重点和精力发泄重点也各不相同，对异性的兴趣是不一样的，不是都表现为严重的性紧张。也就是说，在青春期没有早恋现象的学生，不能认为不正常。"性化"青春期的孩子，是一种误导。

由于社会风气越来越"花"，由于家庭教育失误，由于学校举措失当，由于同学间"交叉感染"，如今中小学校园里的早恋现象已经很普遍了。在有些学校和有些班级，不早恋者反而成了另类。在这种情况下，家长、教师还想用祖传的围追堵截、纪律处分、"动之以情，晓之以理"来解决问题，常常会碰钉子。采用新式的"我理解你"的办法，则会推波助澜。怎么办呢？只有引导。然而什么是引导？很多人都没有细想过。引导并不是简单地告诉学生："你那条路走不通，你要沿着我给你指出的路走才行。"这样做，引导者也太自我中心了，学生一般都会抵触。高明的引导应该是先查清孩子正往哪个方向走，搞清他的具体路线（情感路线和思维路线），然后陪他一起走，暗中推他一下，拉他一下，让他在不知不觉中转变方向，回到正确的轨道上来。

第一种办法，围追堵截、纪律处分、"动之以情，晓之以理"属于"面对面的教育"。教师、家长一开口就摆出了一副"我要教育你"的架势，这最容易引起学生的逆反。第二种办法，高明的引导，是"肩并肩的教育"。表面上和学生走向同一方向，这就不致引起他的逆反心理，然后暗中"做手脚",悄悄转变学生。第三种办法,"我理解你"。这种教育倒也是肩并肩的,可惜教育者跟着被教育者跑了,教育变成了纵容。第一种是教师、家长自我中心,第三种是教师、家长失去自我,只有第二种,既不主观,又不放弃教育者的身份,才是最合适的。

引导的前提是搞清早恋学生的情感路线和思维路线,搞清的过程就是诊断过程。所以,要解决早恋问题,家长、教师非学会诊断不可。发现早恋问题,在没有"确诊"之前,家长、教师千万不可轻举妄动,否则是比较危险的。

下面,我从原因角度给早恋来一个分类诊断,然后谈谈对每一个类别的学生应该怎样教育。

一、前青春期的"过家家"式早恋

一般这是发生在小学生中的事情。其主要特点是模仿性、易变性、非持续性、非弥漫性、易受周围影响。

所谓模仿性,是说他们说的话、做的事情,都是跟大人、跟电视上学来的,他们并不清楚自己在说什么、做什么。有时候他们的言行会把老师、家长吓一大跳,你会以为这么点的孩子思想复杂透顶,简直太可怕了。其实你细问他,常常会发现,他朦朦胧胧,是在跟着别人胡说。

所谓易变性,是说他们早恋往往没有明确的目标。今天跟这个好,明天就又宣称"爱"另一个人了。也许因为一句话,一个动作,就"翻车"了,"分手"了。

所谓非持续性,是从时间角度说的。小学生的早恋,很少有一天到晚想着某个人的,它是一阵一阵的。早上早恋,到中午就忘了,晚上说不定又想起来了。

所谓非弥漫性,是从空间角度说的。小学生的早恋,一般不会弥漫到他的全部生活。他的注意力很容易转移,刚才还大谈什么"爱",一转脸就全是足球明星了,等到看见了妈妈,又马上变成小娇孩了。给人的感觉,早恋不过是他们生活上贴的一块补丁。

所谓易受周围影响,指的主要是容易受同学影响,受班风影响。如果他的好朋友都有"心上人"了,他也会急急忙忙找一个。为什么要这样做?他也不知道。旁人写小条,他也来一张,甚至写给谁都不知道。他的小伙伴说:"你给小丽吧。我看你们俩儿挺合适的。"他就傻呵呵地给人家送去了。

总而言之,站在成人的角度,我们很难认真地把他们的这些举动看成"恋爱",有不少其实就是披着"恋爱"外衣的友谊或者一般的异性交往,说这是"过家家"的游戏,可能更合适一些。"过家家"不是有"结婚"的游戏吗?孩子们是纯洁的,即使说出下流话来,也不表明他们思想肮脏,甚至还有的小孩发生了性关系,那也不是流氓,而很可能是出于模仿和好奇。

所以,我主张,对于小学生的所谓"早恋"不要大惊小怪,不要扣帽子,不要公开谈论,在公开场合甚至应该一口否认。比如某个眼尖嘴快的学生跑到我这里来告状:"王老师,不好了!张文说他爱上莉莉了!"我就回答说:"那怎么了?我还爱上你了呢!这有什么稀奇?"他会说:"老师,不是您说的那种爱。是……是……他们两个搞对象呢!"我就会说:"你别瞎说!"我先把这件事压下去,找个机会再悄悄跟张文谈,告诉他,你喜欢谁是你的自由,但是你不能骚扰别人,不能违反学校纪律。而在公开场合,我仍然坚持没有这回事情。经验证明,用这种办法,比较有利于平息事态,也比较有利于保护和教育学生。有的教师遇到此种事情,满腔道德义愤,大惊小怪,在班里点名不点名地进行斥责,在办公室随便议论,把家长请来告状,甚至发动全班同学"不要理他"。这种做法是很不妥当的。一方面会对当事学生造成很大伤害,另一方面实际上做了扩大宣传,结果本来不知早恋为何物的男孩女孩们也受了刺激,偷偷干起这件事来了。老师的教育适得其反。

但这里说的是一般情况。有的小学高年级学生,年龄较大,又比较早熟,或者是女孩(女孩比男孩懂事早),或者受家庭影响,可能想得比较多、比较深,那就要更认真地诊断了。请参见下面的分析。

二、家长关注孩子不够造成的情感饥渴式早恋

这种早恋中小学生都有,中学生为多。你会发现这种孩子只是特别渴望和异性朋友在一起,他们的性冲动并不严重,多数也没有多少过分的举动。他们的需要主要是情感需要,而不是性需要。有些女孩子和男友拥抱接吻甚至发生性关系,问她们为什么这样,她们会说,为了不让男友失望。其实她们自己并没有性要求,或者性要求只是第二位的。

出现这种早恋的原因,主要是家长对孩子关注不够或者关注不对。有些家长只顾自己挣钱,有些家长只顾自己吃喝玩乐,置孩子于不顾。另外一些家长极其关注孩子,可惜关注的只是考试分数,还有生活起居,从来不关注孩子的感觉、情绪、喜怒哀乐,亲子之间没有情感交流。人是需要有人关怀和尊重的,人是需要有倾诉对象的,家长和教师不能充当这样的角色,孩子就会自己去找。一旦有一个异性同学特别注意我,我和他特别合得来,我就可能愿意多和他来往,越走越近,就可能"恋"上了。

我的经验是,这种情感饥渴的学生如果有同性的知心朋友,则早恋的可能性就会减小。其实我们可以大致认定,这种学生的早恋,开始只是想找一个异性的知心朋友,满足自己的情感饥渴,旁人误以为早恋,或者对方确实想"恋",于是就从友谊滑向早恋了。教育这种早恋生,关键是满足他们的情感需要。

不要批评他们早恋,而要和他们聊天,了解他们的情感需要。家长如果尚未发现孩子在早恋,教师就不要告诉家长,但是要指导家长和孩子沟通,做孩子的忠实听众。如果家长已经发现孩子早恋,那就告诉家长,孩子早恋固然不对,但是根子在家庭,一定要让家长认识到自己的失误。如果家长根本管不了孩子,或者家长拒绝自我批评,只想教训孩子,那么教师可以让家长尽量少说话,由教师来代替家长走进孩子的心。教师可以帮助他找知心朋友。如果这个学生和异性的交往已经到了难解难分的地步,教师千万不要硬拆,可以找个机会向对方说:"据我

了解，他其实只是想找一个知心朋友，并没有更多的意思。你们就做知心朋友吧。"如果这个学生是女生，如果教师已经取得了她的信任，应该推心置腹地告诉她，交朋友和谈恋爱不是一回事，你要注意保护自己，不能轻易答应对方的非分要求。

三、单亲家庭造成的寻找情感寄托式早恋

单亲家庭的孩子早恋的比例是比较高的，这也与情感饥渴有关。

单亲母亲带一个女孩，孩子缺乏父亲的关爱，她就可能从心底羡慕人家有爸爸，羡慕男子汉气概。她缺少父亲，就要找父亲。如果在班里遇到一个能保护她的男生，或者显得很"男人"的男生，或者脾气秉性有点像她父亲的男生，她就可能凑上去。军训时遇到男教官，在学校遇到男老师，这种女孩都可能动心，她们在补偿自己的缺憾，虽然她们自己可能完全没有意识到这一点。

单亲母亲带一个男孩，这男孩也可能早恋。为什么？因为孩子长期缺乏父亲的影响，身上就难免少点阳刚之气，言谈举止不够"男人"。这种性格在学生中是要受嘲笑的。青春期的孩子都好较劲，为了显示自己是个大男人，他就可能采用早恋的办法。"我都有女朋友了，还不是个大男人吗？"他就用这种办法证明自己。

单亲父亲带孩子，容易缺乏细腻的情感沟通，孩子也容易在学校寻找安慰。

单亲家庭子女的情感饥渴与双亲家庭孩子的情感饥渴区别是什么呢？

你会发现，单亲子女的早恋对象往往是以不在身边的家长为蓝本的，而双亲齐全的学生，早恋对象则不是这样。女孩父亲不在身边，她就可能喜欢一个性格与她父亲相似的男孩；男孩母亲不在身边，他就可能喜欢一个性格像他母亲或者外貌像他母亲的女孩。如果这个单亲子女对不在身边的家长很怨恨，比如她非常仇视跟母亲离婚的父亲，那她就可能找一个性格与父亲反差很大的男朋友。这也是情感饥渴，渴望"换

一个父亲"。

如果教师经过调查研究，锁定了早恋的学生确实属于单亲家庭造成的寻找情感寄托式早恋，那么教师的首要工作就不是教育学生，而是指导家长。要告诉他们，离婚照样可以使孩子得到父母双方的关爱，很多单亲家庭子女照样优秀，并不早恋。重要的是夫妻离婚不要成为仇人，夫妻成仇最大的受害者是孩子。离婚的夫妻应该像朋友一样经常走动，应该不时就孩子的教育问题交换意见。要让孩子感觉到，她既不缺爸爸，也不缺妈妈，至于爸爸妈妈的关系，那是他们大人的事情。如果离婚后一方远走高飞了，那可以想别的办法补偿。比如孩子的爸爸远走了，妈妈可以请孩子的舅舅或叔叔常到家里来，或者妈妈的男同学、男同事，都可以在一定程度上补偿孩子没有爸爸的情感饥渴。

如果这种学生年龄比较大了（初三以上），而且和老师的关系比较好，能听进老师的话，老师可以试探性地告诉他（她）："你的行为，与其说是在找异性朋友谈恋爱，不如说是在找一个妈妈（或爸爸）的替代者。这是你性格不成熟、独立性不强的表现。"说这样的话，或可促使学生清醒，控制自己的行为。

四、父母不合造成的心理补偿式早恋

夫妻不合，经常打架，这种家庭状况对孩子的不良影响有时比父母离婚还要严重，也可能造成孩子早恋。

为什么呢？

因为父母若长期不合，经常争吵，这个家庭总是充满火药味，孩子就缺乏安全感。缺乏安全感的孩子肯定要寻找安全感。如果她在同学中发现某个异性能给她安全感，就可能主动接近人家，形成早恋。这种学生，如果你问她："你喜欢对方什么？"她会告诉你："我和他在一起心里踏实。"

但是一般说来，这种早恋，双方关系是很不稳定的。原因很简单：父母长期不合的孩子，缺乏对异性的信任。这种孩子往往疑心很重，处

处疑心，势必会把对方看得很紧，这就容易引起对方的反抗，于是两人很快就打起来了——像自己的父母一样。

一旦出现这种状况，父母不合的孩子往往会迅速走向另一个极端——害怕异性、躲避异性，甚至仇恨异性。在没有经验的教师看来，他不早恋了，恢复平静了，专心学习了。其实从心理变化角度看，更危险了。

也有些父母不合的孩子从一开始就躲避异性，长大会有恋爱恐惧症和婚姻恐惧症。他们也不会给班级管理带来多少麻烦，但是最终会给社会增加一个"问题公民"。一名真正优秀的教师，应该能发现这种问题，进行干预，或者建议孩子去找心理医生。

遇到这种学生，教师的首要工作当然也是指导家长，务必减少学生家庭中的硝烟。麻烦的是，家庭生活是人家的私事，教师不便插嘴，所以我们只能从教育孩子的角度给家长一些忠告：为了孩子的心理健康，请二位和好，或者停火，至少可以不当着孩子的面吵架。同时，教师可以在班级尽量给这种学生创造安全的环境，保护他不受伤害。教师还可以介绍他去同学家玩，而那些同学的父母不打架，夫妻关系和谐，家庭气氛和睦。这样做是为了让这种学生知道：不是所有的家庭都像你们家那样，你完全可以不走你父母的路，争取将来建立幸福的家庭。

急急忙忙通过早恋寻求安全也好，对异性拒之千里之外也好，都属短期行为，只图眼前痛快。当一个孩子真有建立未来幸福家庭的长远目标的时候，他的早恋反而会停止。他更理智了。

五、父母行为不检点，或者行为不端，刺激孩子性紧张引起的模仿式早恋

有的学生家里住房条件不好，孩子和家长挤在一间屋子里，父母又不大注意，有些事情让孩子看见了，刺激了孩子的好奇心和性紧张。还有的学生家长行为有问题，或举止轻浮，或拈花惹草，或满嘴黄色语言，这些也可能使孩子早早知道了他不该知道的事情，刺激了他的性紧张。他要模仿父母的行为。

这种学生往往是早恋的"先行者",而且他们的早恋有明显的特点。一个是张扬。女生搔首弄姿,男生动手动脚,身上带一股"邪气"。第二个是他们的早恋感情色彩不浓。他们是讲"实效"者、求速效者,对外部动作更有兴趣。第三个是他们往往饥不择食,对早恋对象的选择缺乏个性色彩,很表面,不挑剔。这种学生给老师的感觉是比较粗俗的,有的老师甚至会觉得他们"不要脸"。

这种学生对班集体的破坏作用较大,而且经验告诉我们,教育这种孩子,家长往往指望不上。教师当然可以在和家长的谈话中暗示他们言行检点一点,但是恐怕作用不会有多大。教育这种学生,主要得靠学校。

对这种学生,绝对不适合在集体场合批评他们的早恋,跟他们个别谈恐怕也作用不大。怎么办呢?一个办法是发挥他们的长处,转移他们的视线,让他们少想点这方面的事情。同时,一定要注意搞好班风。要把班里最正派的同学团结起来,暗中抵制他们的邪气。比如说他在班里说下流话,做不堪的动作,告诉同学,尤其是异性同学,不要看他,不要理睬他,这就是对他最好的帮助。这种学生,只有在没有市场的情况下才能进步。要暗中教育异性同学,对他保持警惕,不要单独和他在一起。如果他失去理智,对同学进行性骚扰,那一定要查清事实,给予处理。必要时,要给予纪律处分,不可不了了之。但是宣布处分的时候,措辞要委婉,给他留点面子,毕竟他还是未成年人。

六、学生父母想抱孙子支持孩子搞对象造成的奉命式早恋

这种事情多发生在农村中学。学生年龄较大,父母并不希望孩子上大学远走高飞,只求他长大留在身边,成家立业,自己抱孙子,享天伦之乐。家长有这样的愿景,行动上就会支持孩子早恋,甚至可能允许对方孩子住在自己家,当儿媳或女婿待。

这种学生的早恋,特点是现实而稳定,浪漫色彩不浓。他们恋爱是要结婚的,目的明确,行动有板有眼,背后有家长的强力支持。

教师要硬行拆开这种早恋，未必明智。你拆了半天，结果很可能人家最终还是结婚了，过些年干脆抱个小娃娃来管你叫"爷爷"或"奶奶"。这不是挺好吗？很幸福的呀！弄得你感觉自己当年真是多事。

所以我主张，如果查清确实属于这种早恋，就干脆把他们二位都找来，说："你们两个好不好，我不管，但是我要尽教师的职责。你们必须检点自己的言行，在学校不准张扬。倘若闹得满城风雨，我就要请学校执行纪律。另外，你们要认真考虑一下，将来靠什么维持生计，想好各自的前途，确定各自的目标，互相支持。"

这种事找家长恐怕没有什么用处，家长是不会改变自己的价值观念的。

麻烦的是下述情况：双方家长目标不同。其中一个孩子的家长一心想早抱孙子，目标实惠，另一个孩子的家长一心想让孩子上大学，目标远大，不允许孩子谈恋爱分心，可是两个孩子又难解难分。这就不好办了。经验告诉我们，这种情况也不能硬拆，首先要稳住双方家长，叫他们不要互相攻击，不要逼孩子，然后再稳住两位同学，告诉他们，你们是学生，先上学，至于二人的关系和两家的关系，暂且搁置，毕业后再说。

以上说的早恋，主要责任都在家庭，在家长。下面我们要谈的早恋，社会、学校、教师、学生本人，就要负相当的责任了。

七、同学起哄造成的弄假成真式早恋

不要小瞧这种事情。学生中有不少早恋都是起哄哄成的，学生称这种事情为"栓对儿"。用起哄的"线"一栓，就栓成"一对"，很厉害的。

为什么用这种办法会造成早恋呢？

因为人人都有一种心理，渴望别人注意自己，喜欢自己。而对于青春期的孩子，异性的注意和喜欢，不管真假，都有难以抗拒的力量。比如我是一个中规中矩的孩子，心无杂念，目不斜视，正经是个好男生。

我本来可以平平静静过日子的，无奈有一位"栓对儿"者总在我耳边说："某某女生喜欢你，不信你看她的眼神，瞧你的时候，不一样就是不一样。"我当然会斥责他"胡说"，可是心里不知怎的就动了一下，我还发觉我其实爱听他这么说，而且渐渐注意自己的衣着打扮了。更奇怪的是，上课的时候，我会不知不觉往她那边看，每当她出现的时候，我总想出点什么风头。诸君看得明白，我已经五迷三道，明显不对劲了……

很多早恋，就是这样促成的。班里要是有这么几位"栓对儿专业户"，那可就热闹了，弄不好很快就会"百花齐放"的。

所以，教师如果发现这类早恋，必须及时查出谁是"栓对儿专业户"，及时进行批评制止。此事如同灭火，速度越快越好，事不宜迟。

教师在这种时候特别容易犯的错误是公开在班里批评此种现象，那等于漫天泼水，火是扑不灭的，弄不好还会起反面宣传作用，搞得那些没被人栓上对儿的学生也巴不得红绣球砸到自己脑袋上来。如此，局面就可能失控。

正确的办法是找准火源再泼水。要暗中找那几位"栓对儿专业户"谈话，予以警告，命令他们闭嘴，但是在班上却要装作若无其事的样子。

经验告诉我们，最容易成为"栓对儿专业户"的，常常是以下几种学生：

第一种，早恋的"风头人物"。他们是早恋的"明星"，同学议论的焦点，老师正在批评甚至准备处理的人。这种人一方面对自己能出风头有些自豪，另一方面又很害怕。他知道自己做了错事，知道"出头的椽子先烂"，知道自己随时都可能"倒霉"。为了保护自己，他就可能用"栓对儿"的办法，鼓动其他同学都早恋，这样可以增强自己行为的"合理"色彩，也可以减轻身上的压力——法不责众嘛。

第二种，早恋的"后备军"。这些学生已经跃跃欲试，但是缺乏胆量，或者家里管得甚严，或者是好学生（被身份限制），或者尚缺乏经验。他们要走向早恋的实践，先要"演习"一番。给别人"栓对儿"，帮别人传小纸条送信，替早恋者当"灯泡"（在早恋者二人外加一个第三人，非"第三者"也，对早恋起掩饰作用），都是重要的"演习"方式。这是早恋的"准备活动"。

第三种，傻呵呵的人。也有些给同学"栓对儿"的学生其实是傻呵呵的，他就图个热闹，跟着起哄，好多内情他根本就不知道，人家也不告诉他。

这三种学生都需要批评。但是批评之前，一定要先调查，掌握他们给别人"栓对儿"的确切事实。没有确切事实宁可先不批评。对这三种人，都不要轻易请家长，但是都可以用请家长吓唬他们。对第一种人，要严肃警告。告诉他，本来学校就准备处理你，你若态度好，还可以从轻，若在班里兴风作浪，唯恐天下不乱，那学校可就不客气了。对第二种人，要比较温和地批评。告诉他们，要学会控制自己的感情，要热爱班集体，不可以无中生有闹是非。对第三种人，也要严肃批评。告诉他们，不许扰乱集体，做事要有头脑，否则可能被人当笑料。

八、班集体早恋风气触动的跟风式早恋

在一个班级或者一个学校，如果早恋已经成风，那就可能像浪潮一样，把一些原来并没有早恋意向的学生卷进来。被卷进来的学生的早恋，就是跟风式早恋。跟风式早恋常常来势凶猛，老师猝不及防，有时会把老师很信任的学生或学生干部也拉下水。一个班集体出现跟风式早恋，是班主任工作不扎实、情况不明、见事迟的表现，如果再不及时采取措施，下文就是失败。

为什么好端端的学生会跟在人家后面学早恋呢？

因为中学生人人都有早恋的心理因子——青春期的性意识。班风正，学生注意力集中在其他更有意义的事情上，早恋因子就会受到抑制；如果班风变坏，人心摇荡，早恋因子就会发育起来。

还有，学生都有从众心理，看人家干什么，就可能模仿。周围同学

都有了"女朋友",我的心能不动吗?再说,人家都出双人对的,手里情书一大把,只有我形单影只,无人问津,那岂不证明我缺乏魅力?说不定人家会议论我有病呢!受不了。好歹我也找一个吧。这是一个规律:当一群人都得了病的时候,其中健康者反而会被认为是有病的。

遇到这种情况,教师在查清事实之后,要采取断然措施。一般是两种办法。一种是"抓尖",即把班里早恋最肆无忌惮的、影响最坏的一两个人(不要多)抓出来,给予纪律处置,压住早恋之风,至少也先逼其转入地下。然后做跟风早恋那部分人的工作。这部分人因为本来就不属于早恋积极分子,是比较容易稳住的。

早恋一般不适合公开谈论。但是如果它在一个班级已经成了公然的风气,那必要时可以索性开班会讨论早恋问题,敞开让同学讨论和争论。教师事先做好正派骨干的工作,务必让正气压倒邪气。这时候教师要理直气壮地指出早恋的害处,指出早恋违纪。教师态度越坚定(是一种很沉稳的坚定,不是大发脾气),效果越好。

注意,大局初步稳定,只是工作的开始,后面还要做一系列细致的工作,对早恋的学生进行分类教育,分轻重缓急地、一个一个地帮助他们。同时,要组织班集体搞适合青少年特点的活动,增强班集体的凝聚力,把学生的注意力从早恋引开。有的老师遇到这种情况,采用拼命抓学习,连续考试的办法,想让学生没有时间早恋。这么做效果往往不佳,还是组织课外活动效果好一点。

九、教师处置不当造成的逆反式早恋

异性学生正常交往,如果遇到一位思想比较保守的老师,或者心理有点问题(过敏)的老师,或者思维方式非常死板的老师,就可能被认定是早恋。有的老师心里不满,没说出来,这还好一点;有的老师很莽撞,竟然当着学生的面给人家"定性",这问题就大了。学生会很委屈、很生气,会激烈地申辩。这时候教师如果发现情况不对,有所收敛,还可以稳住学生,不把事闹大。可惜有些教师刚愎自用,凡是他认定的事情，只要学生不承认，他就认为学生是狡辩，就施加更大的压力，非让学生认账不可。学生百口莫辩，有冤无处申，气愤之极，出于青春期的逆反心理，就可能这样想："反正我怎么说你也不信。不就早恋吗？我索性就真恋了，也不枉背一个早恋的罪名。"还有一种可能是，学生很善良，看到对方受了老师的冤枉，就加以安慰，被安慰者于是对对方产生了好感。都是天涯冤枉人，同病相怜，一来二去，真的相恋了。

逆反式早恋，其实是教师"栓对儿"栓出来的，只不过这是"客观栓对儿"，而不是"主观栓对儿"。教师做这种事，实在说不上明智。

有的老师会说："看见学生早恋，难道我应该放任自流吗？那不是失职了吗？"

看见学生早恋，当然不能不管。问题是首先要搞清楚，这是不是早恋。请注意，教师主观设定早恋标准是不行的。男女生拉手，激动时候的偶然拥抱，亲昵地坐在一起，找一个没人的地方单独说悄悄话，在留言簿中写一些"我爱你"之类的话，互相传两张小纸条，都不能轻易认定是早恋。现在的孩子越来越开放，再说还有代沟，我们不能拿我们小时候那种标准来衡量他们。教师应该走到学生中去，向他们调查，问问他们心目中的早恋是什么标准。虽然我们不一定同意学生的标准，但是调查之后，教师起码可以减少一些大惊小怪。要知道现在很多教师在学生心目中早已成为"出土文物"了，孩子们常常在背后嘲笑教师迂腐，教师对此应该有所反思。

有些学生之间的交往确实是暧昧的，人人心知肚明，但是你抓不住拿得出手的证据，这种时候，教师万不可以把事情说破。你说破了他不承认，你毫无办法；你说破了他恼羞成"恋"，你更麻烦。所以比较聪明的办法是装没看见，若有人检举，就说："没有那么回事！"嘴里虽这样说，心里可要留一手，要采取一些具体措施隔离他们。兵来将挡，水来土掩，学生来暗的，教师也不要轻易来明的。

逆反式早恋，重在预防。如果教师已经犯了错误，把学生逼成了早恋，则即使教师向学生承认错误也晚了，人家已经有感情了，只好用其他教育方法了。

十、学习受挫、情绪低落，用早恋的办法来寻找寄托的精神安慰式早恋

家长和老师都知道早恋影响学习，却往往不知道，学习会在更大程度上影响早恋。

学习上的失败者，早恋的可能性要比成功者大。人都会本能地躲避曾经多次失败的事情，学习失败者讨厌学习，害怕学习，尽可能远离学习，除非不得已，绝口不提学习。然而他们正是精力充沛的时候，不谈学习谈什么呢，不摸书本干什么呢？他们肯定就会热衷于学习以外的事情。有的老师这样评论某些学生："只要不说学习，他有精神着呢！一说学习就蔫了！"这就对了。这是学习失败者最正常的心态。这种心态，则是早恋最好的温床。此种早恋生，与其说是刻意要早恋，不如说他们没有正事可干，用早恋来安慰自己。厌学型问题生容易早恋，就是这个原因。

对这种学生，讲大道理是没有用处的，他们什么都明白。他们知道早恋错误，早恋有害，甚至知道对方实际上瞧不起自己。老师会问，你既然都知道，为什么不浪子回头，好好把学习搞上去呢？他们当然有时会这样想，还真的会抛弃杂念，专心地在学习上拼一下。这时候老师往往欣喜若狂，觉得自己的工作大有成效，但是不久就发现他又故态复萌了。为什么？不是故意骗老师，也不完全是意志薄弱，他有实际困难，就好像长跑比赛，人家落他好几圈，他确实追不上了，猛跑半圈，终于又泄气了。这时候如果老师批评他说话不算数，说他屡教不改，这类道德谴责恐怕就有点文不对题。一个人确实做不到的事情，道德水平高也是做不到的。这样批评，弄不好学生会跟老师翻脸的（他没有路了）："我就这样了，你怎么着！"

其实，这种学生的主要问题并不是早恋问题，而是学习失败，早恋从某种意义上说竟是"迫于无奈"。所以教师做工作时，可以先不提早恋之事，而全力解决他的学习失败问题。无论如何要想办法让他在学习上见到成绩（哪怕小成绩），让他看到亮光，有点奔头。这科不行抓那科，主科不行抓副科。

如果这种学生的学习确实想尽办法也提不起来，怎么办呢？可以让他在集体活动中出点风头，如果是高中生，甚至可以建议他先退学去打工。总之，必须给他的精力找到一条良性渠道让他发泄，否则早恋对他就像吸烟一样，明知有害，也非吸不可，不吸闷得慌。

十一、成绩很好，但是学得非常疲倦，生活很枯燥，搞点早恋来休息的放松式早恋

班干部、团支书、好学生早恋起来，最让老师震惊、恼怒、失望。老师怎么也想不通：他怎么会干这种事呢？他不应该呀！

好学生就不应该早恋——这只是教师的一厢情愿，并没有很充分的科学根据。好学生的早恋现象或许要少一些，或许更隐蔽一些，其实也是很普遍的。而且正因为教师相信他们，不怀疑他们，他们早恋的机会有时反而会更多——他们常常会打着"工作"、"帮助同学"的旗号接近异性。

优秀生为什么会早恋呢？

原因很多。其中重要的一条是，他们太听话了，负担太重了。他们每天循规蹈矩，非礼勿视，非礼勿听，非礼勿言，非礼勿动，戴着面具过日子，活得相当地累。他们心里着实羡慕那些差生，想说什么说什么，想干什么干什么，自由自在。所以你会发现有些很好的学生竟然和班里某个差生"谈"起来了，教师愤愤不平，百思不得其解，觉得自己简直受了侮辱。其实这是不难理解的，这位好学生正是到差生那里补偿自己失去的"自由"去了。至于好学生和好学生早恋，那可能是两位都很累，都想放松，"松"到一块去了。

过度的学习压力，过于枯燥的生活，是好学生早恋的温床。

解决这个问题的办法不复杂：一定要适当减轻学生负担，要给学生放松的机会，要给他们"疯玩疯闹"的时间和空间。生活多彩了，学生的精力发散到各个方面去了，早恋就会减少。生活过于刻板，早恋就可能成为学生唯一能玩的游戏。

十二、其他事情上无法领先，但早恋有点资本，用早恋来出风头的自我实现式早恋

人总是想要超过别人，至少要有超过别人的地方，以证明自己存在的价值。所有人都是这样，学生当然也是这样。我们见到一些学生，学习学习不成，体育体育不成，没有什么特长可以拿来夸耀，连打架都打不过人家。他们怎么实现自身的价值给别人看呢？如果这种人有一张漂亮脸蛋，如果他们家长有权有势有钱，他们就可能以此为资本，拼命追求名牌服装、高档手机等，而且会不停地交异性朋友。总是会有些虚荣的异性孩子被他们的外貌、名牌、钱财、家长的势力吸引的。于是，他们就可以用早恋的方式来实现自我，为自己的生存价值辩护了。"你看，有人喜欢我。这不就证明我有价值吗？"

这种学生的早恋很难制止，因为早恋是他的精神食粮、救命稻草，你若不让他早恋，等于要他的命了。

所以，教育他们，教师切不可莽撞。刻薄的老师会指责他们："瞧你考的那点分数，你还给人家传小纸条。有资格吗？"绝不可以这样说话。如果你把他早恋的资格再取消，他怎么活着？早恋犯错误，这是一回事；早恋对他的意义如何，这是另一回事。教师不可以只站在管理者的角度指责学生，而要设身处地为学生着想，帮他找一条精神出路。

教师的根本任务是细致研究他们，帮他寻觅另外的可以出风头、达到自我满足的渠道，来分流和转移他们对早恋的注意力。我的经验是，这种学生往往还有其他潜能可挖掘，有些他们自己可能都不知道。教师可以引导他们尝试各种有益的活动，也可以建议家长这样做，一般说来，总能找到另外的精力发泄渠道。这种学生追星、迷网，有时也可以暂时对早恋起缓解作用，必要的时候，教师可以采用"几害相权取其轻"的办法加以引导，但这对教师的灵活性要求很高。

十三、媒体影响造成的童话式早恋

有些学生是文学爱好者,是文学少年、文学青年,他们特别爱读"青春文学",爱看表现年轻人生活的电视剧(例如琼瑶作品),看得又哭又笑,如醉如痴,身陷其中不能自拔。看完了就开始做梦,梦见心中的白马王子或者公主,然后就开始恋爱。有时他们自己也写一些东西,在其中发泄。

有的孩子眼界很高,只爱梦中情人,对现实生活中的同班同学不屑一顾,觉得班里的早恋现象属于"庸俗"。这种清高的孩子可能会爱恋歌星、影星、球星、科学家什么的,长大以后会对恋爱对象百般挑剔,弄不好最后会独身一生。至于眼前,他们每天神魂颠倒,也会影响学习和正常生活。教育这种学生,教师的首要任务是促使他们从梦中醒来,但是又不要生硬地打碎他们的梦,不要迎头泼冷水,否则他们会恨死你的。引导他们接触一些现实生活中的恋爱婚姻案例,可能有好处。

有的孩子有了梦中情人之后,就到现实生活中来落实。把班里某个同学想象成完美的对象,热烈追求之,不遗余力地为对方的一切缺点辩护。这种孩子醉了,跟他们讲道理是说不通的。教师比较明智的办法是,一边控制他们的过于刺耳、刺眼的言行,一边耐心等待他们梦的破灭。一般说来,他们很快就会发现对方远不是自己想的那样完美,于是吵架,于是分手,于是失落。等到他们已经惆怅了,教师再找他们谈,告诉他们,人不能在梦中生活,要面对真实的自我,面对真实的社会。

按说这一类文学爱好者的早恋应该是比较有内涵的,比较高雅的,过去也确实是这样。可惜近些年青春文学风起云涌,良莠不齐,中间有些小说、散文竟然提倡"乱爱",提倡厚脸皮的情欲满足。一些学生受了这种东西的影响,早恋很猖狂、很放荡,有些竟然像成人中的不良分子一样,恋了一个又一个,完全不负责任,甚至拿耻辱来夸耀。这种学生腐蚀性和破坏性很大,教师要及时发现,提出警告,必要时要通过学校给予处理。

上面我们把中小学生的早恋分了13类。必须指出，这种分类只是观察早恋的一个角度，早恋完全可以从别的角度观察和分类。另外，分类只是为了研究和叙述的方便，其实在现实生活中，多数学生都不会单纯地属于某一类，其问题往往是复合型的。所以教师进行干预的时候，一定要综合地思考，灵活地处理，千万不可机械照搬本书的建议。

最后我们再强调一遍：中小学生的早恋问题，一般都不宜公开处理，不宜进行道德谴责，不宜贸然请家长。最常用的办法是先稳住大局，调查研究之后再干预。不但要学会出手干预，还要学会静静等待。

偷拿钱物

现在学校里丢东西的现象日益增加。老师们应付的办法一般有以下几种：

一、吓唬

"拿人东西是小偷，犯法！""不交出来，后果自负！"这种办法效果很差，小学生听到这种吓唬，会吓得更不敢承认了，久经考验的中学生则不会在意老师这种虚张声势。

二、诈

"我已经知道是谁了！坦白从宽，抗拒从严！"如果你连一点线索都没有，这种办法也没用。

三、老师去翻

班里丢了东西，老师亲手去翻学生的书包甚至口袋。这是违法的。即使真的能翻出来，也等于事先把所有学生都假定成"犯罪嫌疑人"，这会伤害很多学生的自尊心；要是翻不出来，则不但伤害了学生，而且降低了教师的威信。

四、发动同学互相翻

这也是违法的。没有公安机关的搜查证，任何人都不得随便搜查别人，教师没有这个权利，学生也没有。教师自己出马搜查学生，已经滥用职权了，若发动学生互相搜查，等于进行反法治教育。即使这样确实能找到"赃物"，也不可以这样做。

五、大事化小法

老师还有一招，对学生说："我相信这位同学不是有心拿人家东西，他一定是忘记还了。我希望他能主动把东西交给老师，要是不愿意让我们知道，可以悄悄把它放回去。"这种办法只是对那些思想基础较好的、初犯的学生有效果。

六、良心发现法

老师发挥自己的特长，讲故事，讲道理，讲拿别人东西如何如何不道德，讲受害人如何如何悲惨，讲"罪犯"的思想斗争、恐惧、内疚和悔恨，讲你犯错误会给你父母添多大麻烦，等等。讲得学生良心发现，就来承认错误了。这种办法，成功率也不高，因为人要偷拿别人的东西，前提就是要驱逐自己的良心。如果良心在心灵的大门口正常站岗，他是不会偷拿别人东西的。他自己让良心"下岗"了，老师能把它呼唤回来吗？困难。

可以看出，上述6种方法有一个共同特点：缺乏从事实出发的逻辑推理，都是条件反射型的，情绪型的，很不专业的。

我以为，遇到这种事，最好像公安人员破案那样做。如果眼前有线索，自然可以顺藤摸瓜；如果眼前没有明显线索，最好暂时不提，以免促使学生议论纷纷，破坏班级稳定。等到大家都忘记了此事，教师却要暗中寻访，这样，"破案"会比较容易。

总之，处理这种事，一要有大局意识，二要有"破案"能力。

我相信，许多老师遇到这种事只会采用一些虚张声势的甚至违法的对策，根本原因不是急躁（虽然这也是重要原因），也不是缺乏法律知识（老师都知道这样做不对），而是"破案"能力不够。没有某种能力，就处理不好某类事情。搞不清事实，就谈不上教育学生。情绪化的、鲁莽的办法其实是没有办法的办法。

有人也许会问，那样教师岂不变成警察了？

警察破案的目的是维护法律、维护社会秩序，教师"破案"的目的是教育学生。警察也有教育犯罪嫌疑人的任务，但那不是主要任务。警察的主要任务是让犯罪者受到应有的惩罚，还受害者一个公道；教师的任务则是保护和教育每一个学生，包括"作案者"和受害者。警察在破案的过程中，可以对犯罪嫌疑人采取强制措施，可以审讯他，教师不可以这样做。学生是未成年人，警察面对他们，都要客气三分，更不用说教师了。

但是就破案的思维方式来说，教师与警察没有多大区别，都要抓住线索，进行推理，进行排查，都要向嫌疑人和知情者进行调查。如果教师没有这种本领，没有这种思维能力，就破不了"案"，就不能维护班集体的安定，就会降低自己的威信。

其实，学生犯的"案子"一般都比较简单，"破案"应该比较容易，他们毕竟是孩子，想不出多少花招。可惜很多老师十分缺乏破案意识和能力，尤其糟糕的是，他们有一种教育者的职业病——遇事首先不是考虑我怎样把它查清楚，而是高扬道德义愤，总觉得学生"不应该如此"。这不是科学态度。科学不讲"应该不应该"的问题，警察们很少讨论犯罪嫌疑人应该不应该犯罪的问题——事情出来了，我的任务是先把它搞清楚。

很多教师都有一种不良的思维习惯，他们总觉得学生都应该符合教师的要求，不符合就生气。要告诉这种教师：世界不是为了让您满意而存在的，学生不是为了讨您喜欢而活着的，您得先承认学生的任何表现都是一个客观存在的事实，搞清这个事实的来龙去脉、前因后果，然后才可能对他施加教育影响。学生偷拿同学财物，这是一个事实，空洞地谴责这个现象是没有什么用处的，只有查清事实，才能教育本人和大家。教师如果缺乏真正的"破案"本领，他就容易犯两个极端的错误——或者用过分迁就的办法"哄"犯错误的学生（美其名曰"感化"），或者进行违法检查和"审讯"。所以我主张对教师进行"破案"专题培训（特别注重福尔摩斯式思维的训练，而不是侈谈什么"爱"呀、"严"呀），切实提高教师的能力。

教师中还普遍存在着另一种错误想法，他们以为学生偷拿同学财物都是因为没有认识到这种做法的错误，觉悟太低，一旦他们经过老师的道德说教认识到了自己的错误，提高了觉悟，就会改正。这是非常天真和片面的看法。事实上偷拿别人钱物的学生极少有不知道这是犯错误的（只有小学低年级学生或有此种情况），他们都是明知故犯，所以，对他们进行说教，讲偷东西如何如何错误，纯属浪费时间，浪费感情。但我这样讲，并不是说这种错误没法教育或者可以不管，我的意思是说教师要少做无用功，要把精力真正用到有实效的教育行为上来。事实上，学生明知故犯的原因是很复杂的，所以我主张一个个进行诊断，对症下药。

很多教师还有一种毛病，当没有确凿的证据证明确实是某个同学偷拿了钱物时，他不能理性地先按"不是他"来对待和处理，而是跟着感觉走，"不是他是谁？没有别人"！于是，或者公然认定"罪责"，或者话里有话，或者改变原来对这个学生的态度。这都是很危险的，容易冤枉好人。而在这种事情上冤枉学生，常常会给他造成终生的伤害。主观认定不能代替严密的推理，严密的推理不能代替证据，能最后定案的唯有证据。没有证据绝不能下"偷东西"的结论，绝不可以感情用事。在没有证据的时候，能不能先肯定学生"无罪"，能不能若无其事地对待他，这是考验教师素质高低的一个重要标准。经验告诉我们，如此对待绝不是放纵，而且并不妨碍以后"破案"，甚至还可能对今后的"破案"有好处（弛懈了"作案者"的警惕性）。学生中发生的这类盗窃事件，很少有紧急的事情，很少有人命关天的大事，早两天"破案"晚两天"破案"关系不大。既然如此，何必急赤白脸？实际上，与其说案情急迫，不如说教师心情急迫。一急迫就容易失误，这种失误造成的后果可不像批评学生没完成作业那么简单，教师宜慎之又慎。总之，盗窃事件，绝大多数都适合"冷处理"。以上我们说的是认识和处理偷拿钱物问题的一般原则，下面我们具体谈谈偷拿钱物问题有哪些类型，具体的干预办法是什么。

我们可以从动机角度把偷拿他人钱物的毛病分成以下类型：

一、不良习惯型

这种学生的特点是，别人的东西乱抓，自己的东西丢了也不知道。这种事情小学多于中学。常常会有学生到老师那里"报案"，说是有人偷了他的东西，甚至还煞有介事地指明嫌疑人，但很快东西就找到了，原来是他自己乱丢乱放造成的。还有时某同学声称自己丢东西了，而且发现自己的东西好像在某某同学手里，等到老师一本正经地盘查某某同学的时候，某某同学却大大方方地说："是我拿的呀！我使使怎么啦？"老师又问："你使别人的东西，征得人家同意了吗？"某某竟然会说："那多麻烦呀！"让人哭笑不得。这类事情，说不上是"偷"，但会给班主任带来很多麻烦。弄得教师不耐烦了，就懒得管了，然而一放松，那些真偷东西的学生可就得手了，可以浑水摸鱼了。假偷掩盖了真偷，假偷做了真偷的烟幕弹。

所以，一位班主任如果发现班里丢东西现象比较多，不要发现一件查一件，打"遭遇战"，打被动仗，而要先把假偷现象大幅度减少，摘出来，这样才能使真偷现象无处藏身，露出原形。

怎样大幅度减少同学乱扔乱拿现象呢？一是要指导家庭教育，二是在学校要立些具体的规矩。

乱扔乱拿现象根子在家庭。许多独生子女由于家长的娇惯，没有把自己的东西整理得有条有理的良好习惯，乱摆乱放，用罢不知收拾，也没有保护自己东西的主权意识。在家中是"小皇帝"，我的就是我的，你的也是我的，经常侵犯家长主权，家长无原则容忍，使孩子形成了侵犯别人主权不当回事的毛病。看见别人的东西好，就想据为己有，完全以自我为中心。许多独生子女也没有自己丢了东西要负责任的意识，这是因为他们从小丢了东西家长不让他们负责，丢了就再买一个。在学校丢了东西自己不想负责，又心疼，只好"报案"，增加教师负担。教师如果只在学校穷于应付，那是治标不治本、事倍功半的办法。应该面向家长，指导家庭教育。

比如可以给家长出以下主意：在家中要分清家长和孩子的不同"领地"。家长不可轻易侵犯孩子的"领地"，不要轻易动孩子的东西，也不允许孩子轻易侵犯家长的"领地"，孩子不能随便动家长的东西。这样，孩子就可以逐渐树立起"主权"意识，懂得保护自己的权利，也懂得尊重他人的权利。孩子的用具和玩具，用完了，要他自己整理，家长可以教他整理的方法，但不可代劳，否则就会养成孩子乱扔东西的习惯。如果他自己不整理，一旦找不到东西，家长不要帮忙，要作壁上观，让他自己吃苦头。孩子丢了他不该丢的东西，必须有惩罚。少用口头批评，要动真格的，比如扣他若干压岁钱，少买一个玩具，停看几次动画片，取消一次出游活动等。总之，必须罚得他心疼，下次他才会小心。如果孩子丢了东西不负任何责任，他何乐而不丢？孩子丢了东西，家长不加惩罚，就是纵容。现在很多孩子毫无责任感，这是重要原因。

在学校，为了避免没完没了地找东西，教师可以和学生一起商量把钱物放在什么地方；什么时候应该带什么东西，什么东西不可以带到学校来；丢了什么东西向班干部报案，丢了什么东西才需要向班主任报案，丢了什么东西应该个人负责，不许报案；哪个班干部负责提醒大家带东西，重要交费要由家长亲自送来等。所有这些都有规矩，丢失钱物的现象就会大为减少，真正的小偷机会就少了，如果他们作案，也就比较容易破案了。

二、心理型

这种学生偷拿人家的财物，是由于某种心理问题。有的学生会因为同学不爱理他而偷拿人家的钱物，有的学生会因为人家说他一句伤自尊心的话而偷拿人家的钱物，有的学生会因为嫉妒人家的学习成绩好而偷拿人家心爱的东西来解恨，有的学生会因为口角或打架吃亏而采用偷拿钱物的办法来报复，有的学生可能会因为某人抢走了他的女朋友而采取这种方式来报复，等等。还有人用栽赃的办法报复，自己拿了钱物，制造假象让老师、同学怀疑某人。

这类偷拿钱物有个特点——对人不对物。他的目的并不是要占有这些钱物，而是对钱物持有者造成伤害。我拿了你的钱包，把它扔掉；我偷了你的手机，把它毁掉；我不想要这些东西，我想要的是：让你难受。

教师可以凭经验和猜测判断这类事情。如果怀疑是这类情况，教师就要仔细询问受害者平日都和谁发生过矛盾，和谁有宿怨，可能被谁嫉妒，然后顺藤摸瓜。注意，这种案子，把盗窃者抓住，使他承认了错误，赔偿了损失，并不算完，要切实解决他的心理问题，才能使他不致重犯。是人际关系问题就解决人际关系问题，是心胸狭窄问题就解决心胸狭窄问题，是正常反应但方法不当问题（比如受了侮辱，就偷他东西来报复）就解决方法不当的问题。

教师一定要注意，这类偷拿钱物（多数是物不是钱）问题基本上不是品德问题，而是心理问题甚至认识问题，这种学生显然不是惯偷，事情是偶然发生的，而且一般有明确的对象。偷东西，占有钱财，不是他们的目的，而只是手段，他们是用这种手段惩罚或反抗对方。如果他们没有能力进行其他方式的斗争（嘴皮子功夫不够，说不过人家；个子小，打不过人家），采用这种方式也是可以想象的。所以教师要避免过多地和他们谈是非，避免过多的道德说教。教师不但要让他们认识到自己的手段是错误的，而且要帮助他们解决心理问题，告诉他们怎样想事、怎样行事，才能避免矛盾、化解矛盾。如果教师不寻根探源，只抓住他们"偷东西"这个现象大加道德鞭挞，那等于只吃退烧药不追病根，后果往往很不好。这种事，不适合公开处理。

还有一种盗窃现象很特殊，但也时有发生。这种学生平日表现不错，甚至是优秀生。班里屡屡发生丢东西现象，即使最有想象力的人也不会怀疑是他，结果事实证明就是他，而且他坚持不懈地长期偷东西。最奇怪的是，他偷的这些东西对他并不一定有什么用处，他行窃的对象也和他没仇没冤，甚至还是好朋友。事发之后，人人震惊，老师找他谈话，问他为什么这样，他会说："我也不知道。"让人觉得他真是狡猾到了极点，又不可思议到了极点。请注意，这种情况不一定是学生品德有问题，很可能是一种心理疾病。他什么道理都明白，他也不是坏孩子，只是控制不了自己，身不由己地就会去偷，偷来就在那儿放着，他自己也不知这有什么意义，只是每次偷完，都会感到一种莫名其妙的满足。这种孩子可能童年受过心理伤害，或者长期受压抑心理能量不得释放，或者有病态的收藏欲和占有欲。遇到这种情况，教师应该建议学生去看心理医生，而不要按通常的办法"动之以情，晓之以理"，那是文不对题的。把东西还给同学，告诉大家，他这可能是一种心理疾病，他不是坏人，就可以了。

三、品德型

这种学生偷拿钱物，主要是品德问题。他们的价值观不正确，以占别人便宜为乐，以不劳而获为荣，甚至认为偷是一种正常的生存方式，就好像一种职业。这种学生偷拿钱物的一般特点是：有前科，屡教难改；羞耻感较少或很少；作案手段比较高明，有一些反侦察能力；不拿出证据死不承认。还有一个特点是，他们往往认为天下所有的人其实都偷东西或想偷东西，只不过自己最倒霉，恰巧被抓住了而已。这说明他们已经在某种程度上确认了自己"小偷"的身份了，把别人也抹黑，只是为了减轻一点自己的心理压力。这种学生男生女生都有，你会发现他们的家长往往是爱占小便宜的、有劣迹的，或者是溺爱无边的，或者是放弃不管的。如果这种学生与高年级的差生或社会上的不良分子有联系，那他们的问题就更大了，弄不好将来就是公安局的"客人"。

教育这种学生相当困难。要注意，虽然他们的问题确实是品德问题，但是解决问题的时候却不能从品德入手，因为经验告诉我们，那不起作用。对付这种学生，应该从破案入手。偷东西的学生并不怕你给他扣帽子，不怕你大发脾气，甚至也不怕你请家长，他真正怕的只是一件事——掌握实情和证据。所以教师遇到盗窃事件，应该把主要精力集中在"破案"上，少在唱道德高调上浪费精力。对偷东西的学生，最好的帮助就是让他们每次都被抓住，每次都不能得逞，每次都占不了便宜，次次失败。这样，他才有希望接受教训，有所收敛。在此基础上，才谈得上提高他们的道德水平。一个小偷频频得手，你还跟他大谈道德，他岂不认为你是傻帽？

教师在破案的时候，要像警察一样认真。具体的注意事项是：

注意作案动机。如果有好几个嫌疑人，就要首先考虑最有动机的人。比如说丢了钱，那么最值得怀疑的就是消费欲特别强的人，还有急需钱用的人。

注意作案时间。不管某人多么值得怀疑，只要有确凿的证据证明发案时他不在现场，你就只能先把他排除，考虑别的人。作案时间要尽可能查得精确，尽可能缩小范围，时间范围越小，破案越容易。

注意消费情况。偷钱都是为了花钱，所以我们能从消费情况发现问题。某同学并不富裕，可是近来出手却很阔绰，那就不妨问问他，何时发的财，谁给的钱。比如他说是父母给的，就问给了多少钱，然后向父母核实，再与他的消费情况一比照，就能搞清问题。有的孩子偷了钱暂时不花，那就要等一等，反正他要花的。破案，常常需要等待，脾气急是不行的。

注意物品来源。如果发现有些学生增添了新物品（比如高档手机、MP3等），与他的家庭经济情况和平日消费能力不符，那就要留心，这里可能有文章。

注意反常举止。班里丢东西之后，如果发现有些学生行为反常，比如不爱上学，讨好同学，躲避老师等，这些也是疑点，但是这种疑点只能作为线索，不能作为证据。要特别小心教师抱着成见怀疑一个人，"怎么看怎么像是他"，这是很危险的。还有的孩子胆子特小，班里丢了东西，其实和他没有关系，他也害怕，结果举止反常，被老师怀疑甚至冤枉。要注意保护这种孩子。

作案动机，作案时间，消费水平，物品来源，反常举止……所有这些情况，最清楚的不是老师，而是学生，因为他们生活在一起，能互相看到各自的全息形象，不像教师，往往只能看到一个或几个侧面。所以，要破案，必须走群众路线。有的班主任甚至在班里建立"小侦探"队伍，这样，可以改变教师单枪匹马、孤军奋战、蒙在鼓里乱发脾气的可笑形象。我觉得必要时甚至可以考虑安排"线人"，只要不耽误他学习，绝对保证他的安全。

四、被迫型

这是偷拿钱物的特殊类型。这种学生偷拿钱物，是被迫的。比如有高年级同学威胁跟他要钱，不给就要打他，如果告诉家长和老师就打死他。他胆小不敢声张，只好想办法搞钱。开始当然会从家里拿，可是如果家里的钱拿不到手，或者已被父母发现，而勒索者又催逼甚急，无奈之下，他也可能铤而走险，偷同学的钱以求过关。他不是坏学生，这也不能简单地看成品德问题。这种案子一般都比较好破，因为这种学生完全没有作案经验，不是这个料。教师破案之后，如果发现他偷东西和平日表现完全对不上号，就要注意，先别批评，好好问问他，为什么要偷。如果他躲躲闪闪，所陈述的理由不能自圆其说，那就应该耐心做工作，鼓励他说出实情。一定要把勒索者找出来，绳之以法，绳之以纪律。之后还要告诉他，大事要找老师和家长，不可自己乱处理。

中学，特别是高中，还有因为家庭生活实在困难或者急需用钱借不来，一时糊涂拿同学钱的。这虽然很不对，但也不可简单地看成品德问题，正所谓"法理难容而情有可恕"。这种学生，除了必要的批评处置之外，还要尽可能帮助他们解决实际困难。

迷恋网络

网吧问题已经成了社会问题，网童问题已经成了教师、家长的心病，网络游戏已经被人称为"电子海洛因"。我们周围出现了"谈网色变"的氛围，教师、家长恨网络恨得咬牙切齿。老鼠过街，人人喊打，却见老鼠越打越多，沉迷网络的青少年队伍日渐扩大，其势难挡。大、中、小学生因为痴迷网络游戏而造成的成绩下降、精神萎靡、偷钱劫钱、亲子矛盾、夜不归宿、厌学弃学、离家出走、盲目网恋等现象层出不穷。

面对学生迷恋网络问题，家长和学校的一般对策是围追堵截，把孩子关起来，到网吧把孩子抓回来，或者苦口婆心给孩子讲道理，想让孩子醒过来。这些办法也不是没有效果，但是效果不佳。于是人们又想起了"引导"二字。怎么引导呢？让你上网去干我希望你干的事情，玩点限定的游戏，家长陪着孩子玩游戏，等等。这种办法比起生堵硬截来，当然是进步，可是一般效果也不理想。孩子们对我们"包办"的"婚姻"不感兴趣，他们还是更喜欢"自由恋爱"，去找他们喜欢的人，去他们喜欢的地方，玩他们喜欢的游戏。

这就告诉我们，迄今为止我们所采取的硬软两手，往往都是从我们成人的主观愿望和主观认识出发的措施。我们当然是好心，但孩子如此不领情，我们光发火是没有用的。想来一定是我们不了解孩子们的心思，没有真正做到对症下药。要知道，药方不对症，多善良的愿望也没有用处。

所以，问题的关键仍然是先搞清楚孩子们为何被网络迷成这个样子。教师对学生有管理权、教育权，家长对孩子有监护权、经济权，还有亲情纽带，我们有这么多优势，怎么就斗不过无权无势、非亲非故的网吧老板呢？

关于孩子们为何迷恋网络，常见的归因有以下三种：

一、归因为"拉"

就是说网吧诱惑力太大，网吧老板太狡猾，还有那些小伙伴教唆，把孩子"拉"到网络中去了。很多老师和家长都持这种观点。他们的口号是："都是网吧害了我的孩子！""整治黑心网吧！"

二、归因为"推"

这种观点认为，苍蝇不叮没缝的蛋，孩子是先具备了投入网络的心理基础，才被网吧吸引走的。如果把网吧比喻成磁铁，则它只能对铁有吸引作用，是我们家庭教育和学校教育的失误先把孩子"铁化"了，他才会成为磁铁的俘虏。究其实，是家庭和学校把孩子"推"到网吧去了。持这样观点的家长和教师不会过多埋怨社会，而是侧重反思家庭教育和学校教育，改进自己的教育行为。

三、归因为"陷"

这种观点把迷恋网吧的责任归于孩子本人。认为主要是孩子自己对网吧的危害认识不清，抵抗力不强，"陷"进去了。可是他为什么会认识不清，抵抗力不强呢？除非你认为他天生如此，最后恐怕还要归结为我们教育的失误或不得力。

三种归因都有道理。我个人的看法是，孩子沉迷网吧，往往不是一种原因造成的，是两种或三种因素综合起作用的结果。家长和教师恐怕还是应该在第二种原因上多想一想，若只是强调环境或他人的毛病，就容易怨天尤人，无助于问题的解决。说起来可能有些家长不相信，孩子沉迷网吧，多数是家长、学校一方和网吧一方唱"二人转"，共同努力的结果。一方猛推，一方猛拉，孩子就进去了。

所以，如果家长和教师头脑清醒，就不会单纯咒骂网络，而会认真研究网络的优点，向网络学习。

下面，我们来看看家庭和学校是怎样把孩子推到网吧去的，同时，我们也来看看，网络是怎样恰到好处地利用了家庭、学校的失误，把孩子拉到虚幻世界去的。

一、家庭和学校充满了批评、训斥，网上很少批评，多的是鼓励、安慰和同病相怜

许多学生在学校里每天收获的都是批评，这是连成人都不愿经常收到的礼物，何况孩子？当然家长和老师也有表扬，有人还在提倡"棒棒棒，你真棒"。可惜这种赏识太露骨了，太廉价了，孩子心里明白，您这样哄我，不就是让我多给您挣点分吗？不买账。网上没有这些东西。在网上玩游戏，你过不了关，没人讽刺你，过了关则有鼓励，还有奖励。在网上聊天，很少有人像家长、老师那样教训你，网友们总是互相安慰，同病相怜，或者帮你骂人，替你出气。您替孩子想想，要让他选择，他会愿意在哪种环境中活着？

有鉴于此，家长和老师以后就应该大幅度减少批评，禁止讽刺挖苦，也不要搞言不由衷的不值钱的"赞赏"，以免把孩子推进网络世界。

二、在家、在学校，他躲不开家长、教师的唠叨，而在网上，他可以选择对话人

在网上聊天，也有话不投机的时候，那很好办，换一个人就是了。网友之间的关系是比较松散的，松散的好处就是大家都自由，我自己能做主。在家里和学校可没有这个自由。家长的絮叨，即使他早就背下来了，也不得不听着；老师的教导，即使他已经听过100遍了，也不得不听，他无权选择。不能自由选择对话人的对话其实不是真正的对话，而多半是"训话"。没有人爱听"训话"，所以学生上网聊天彻夜不休，听家长、老师说话两句就烦，应该是可以理解的。

有鉴于此，家长和老师就应该少说话（现在废话太多了）。既然孩子不想听，说了也没用。虽然没有办法随便给孩子换家长、换老师，但是我们可以打听一下，孩子比较喜欢跟哪个人说话。请他来对孩子进行说服，效果或许会好一点。我们自己也可以改变一些态度，或许孩子就愿意和我们对话了。经验告诉我们，家长和教师如果能认真倾听孩子说话，与孩子平等沟通，孩子迷恋网吧、聊天室的可能性就会减小。

三、家庭和学校不允许失败，网络允许失败重来

我们的教育体制和很多人的教育思想有一个很大的毛病，就是不允许学生失败。成绩刚下降了几分，老师就赶紧给家长打电话通告，好像学生的成绩只准上升不准下降似的，好像人成长的轨迹都必须是一条直线似的。这根本就不符合教育规律，纯属教师、家长的主观意愿。事实上，每个学生的成长轨迹都是曲线，很多下降都是他的成长过程所必需的——他成绩下降了，可能是必要的休息，也可能是别的方面（比如人生经验）正在迅速上升，还可能是对某些知识点暂时不理解，需要过程。现在的教师和家长往往连学生喘气的机会都不给，不停地念紧箍咒。孙悟空为什么给唐僧保驾护航直到西天？因为唐僧只偶尔念一下紧箍咒，而且频率越来越低。试想唐僧若每天念一遍，孙悟空能留得住吗？早就一个跟头逃回花果山了。网吧就是学生的花果山，那里最大的好处是没有人念紧箍咒。你打游戏，一周过关也可，一月过关也可，一年过不去，也没有人催你。于是你很从容，你有足够的时间咀嚼自己的经验教训，不断提高。从这一点说，网络游戏的设计比很多教师的教学设计要更符合学习规律——尊重学生的自主发展，不搞拔苗助长。当然，网络设计者是为了掏空玩家口袋里的钱才这样设计的，但是正因为他们没法强迫玩家玩下去，所以不得不在吸引上大做文章，歪打正着符合了教育规律，而家长和老师们由于手里有权，就以为可以强制孩子达到自己的要求，因此不重视教育规律了。可见权力之害人。

有鉴于此，我们就应该记住，教育要慎用权力，少念紧箍咒，允许

孩子失败，把成长的节奏尽可能放给孩子自己去掌握，如此就可以减少网络对他们的吸引力。

四、家长和教师居高临下，而网上是平等的

网友关系最值得羡慕的地方是平等，这种平等是很多学生在现实生活中难以找到的。许多学生只要一站在家长和教师面前，精神上立刻矮了半截，这绝不是愉快的体验。本来他在同龄人中还可以找到平等的感觉，可惜，同龄人早就被教师、家长分了等级了，教师和家长总是告诉他：要和成绩好的学生多接触，要以他们为榜样。这是什么意思？这就等于说，他在和同龄人打交道之前就已经先感受压力了，他必须仰着头，才能与人家交流。多么难受的姿势！网上就不然，网上是一个"移民"世界，谁也不知道谁的来历，谁也不知道谁的底细，甚至都不知道彼此真实的年龄和性别。这样一来，上网者就把身上的包袱都甩掉了，可以平等地、自由地与人交流。这是一种心灵的解放，这种解放给孩子带来无比的轻松和快乐。家长如果不能设身处地感受这种解放，他必定百思不得其解：孩子怎么会这样迷恋网络，他是不是疯了？

有鉴于此，教师和家长一定要努力创造尽可能平等的人际关系，不要总是居高临下地对待孩子，不要主观地"钦定"孩子和谁交朋友（当然，也要指导孩子交友，防止孩子交坏朋友）。孩子生活在平等的气氛中，网络对他的吸引力就会减少。

五、在家庭和学校说话不自由，在网上可以胡说

孩子在学校和家庭说话不自由，他不能想说什么就说什么，不能骂大街，否则要挨批评。至于对家长和老师有意见，那就更不敢说了。这也是一种郁闷。

网上聊天给他提供了一个发泄的渠道，他可以胡说，可以乱骂，可以尽情发挥想象力讽刺挖苦自己不喜欢的人，这对他来说是一件很"酷"的事情。

有鉴于此，我们在现实生活中，应该尽可能给孩子创造一点自由说话的机会，当然不是允许他骂人，而是允许他说一些大胆的话，对他们宽容一点。如果他在现实生活中能够把自己十分的郁闷发泄出五分，则网络自由对他的吸引力也就减少几分了。

六、和家长、老师没有共同语言，和网友有说不完的话

有没有共同语言是一件非常重要的事情。把我和一个缺乏共同语言的人放在一起，即使我完全知道他是一个大好人，甚至他是个道德楷模，我也还是不高兴。我们见过很多这样的夫妻，双方都是好人，就因为缺乏共同语言，终于离婚了。

因为代沟的关系，孩子和大人本来就缺乏共同语言，家长和教师如果不了解孩子的心理，不顾他们的感受，只管教训他们，他们就会觉得与大人生活在两个世界，完全无法沟通，甚至觉得大人都"有病"，不正常，教师和家长也同样会觉得他们痰迷了心窍，不可理喻。这种隔绝会使双方都非常苦闷。家长和教师仰仗自己的强势地位，可以不停地唠叨孩子，既然无法双向交流，我就单向发言，你不听也得听，以此发泄自己的苦闷。孩子怎么办呢？他只有沉默反抗。到了网上就不同了，网友们一般都有共同语言，同声相应，同气相求，越说越近，能互相安慰寂寞，能互相抚慰心灵。许多孩子宁跟网友聊一夜也不和家长说一句话，道理就在这里。

有鉴于此，家长和教师应该想办法和孩子找到一些共同语言。孩子关心的足球啊，歌星啊，动画片啊，卡通画啊，等等，家长、教师最好也涉猎一点，起码可以作为谈资，能和孩子聊起来。如果能做到这一点，则孩子心情不致太苦闷，网络对他的吸引力也可能减弱一点。

七、在家庭、学校，身份已被"定格"，到网上可以"重新做人"

教师和家长对学生往往有一种比较固定的印象。这是可以理解的，我们经常接触一个人，总会对这个人有一个大致稳定的看法。教师作为

教育者，家长作为期望者，更是不可避免地要经常评价孩子，评价来评价去，就会有一些结论，也就是说，会把孩子"定格"。如果这种定格是比较消极的，比如说孩子被贴上了"差生"、"问题生"的标签，他就会觉得，老师和家长已经给我"定性"了，我永远也无法去掉脸上的"金印"了。不少学生破罐破摔，就是这个原因。这种孩子突然有一天走进网络，他会惊喜地发现，那里没有人知道他原来的表现，没有人知道他脸上的标签。网络上的人们，无论你过去如何，都在同一个起点上，我的弱项我可以避开，你在学校里的强项在这儿没有用处，一切都可以重新开始。这当然是令人欣喜的体验，是一种新生的感觉。于是你就可以理解为什么很多差生如此迷恋网络了。对他们来说，网络绝不是简单的游戏和聊天的去处，那是一种新的生活，那是希望的田野。

好学生呢？好学生给老师的印象一般是懂事、规矩、听话、学习成绩优良。可是好学生对这样的标签满意吗？未必。很多好学生都巴不得自己当一回"坏学生"，放肆放肆，发泄发泄。可是在学校和家里，这是不行的，他已经习惯了，只要一看见老师、家长，就马上进入"好学生"的角色，不演也得演下去。这种好学生进入网络，他会有一种轻松感，他可以暂时摘下面具了，他可以表现真实的自我了，他可以做另一个人了。所以，你若看到好学生平日文质彬彬，在网上聊天却说脏话，你不要奇怪，这也是一种"解放"和发泄。确实，当好学生太累了。

有鉴于此，家长和教师就应该注意，不要轻易给孩子下结论，不要给他们贴标签，不要让成绩不好、表现欠佳的学生失去信心，也不要逼着好学生处处做榜样。只有对自己现实生活不满意的人才会希望换个活法，让学生在现实生活中活得比较充实快乐，他们就不会那样积极地上网络去"重新做人"了。

八、在学校毫无成就感，到网上可以找到成就感，可以实现自我

要让学生在学校和家庭活得充实快乐，重要的一条是要让他有成就感。就是说，要让他感到自己一天比一天聪明，办事成功多于失败，生活质量一天天提高。这种成就感当然与他人的肯定有关，但是更重要的是自我感觉。如果我自己并没有多少自我超越的感觉，感觉不到自己实力的增长，而且在和别人的竞争中总是落后，而家长和老师却不停地说什么"棒棒棒，你真棒"，我就会觉得这是对我的讽刺，觉得你们言不由衷，你们很不真诚。所以，要让孩子找到成功的感觉，关键是找到孩子确实比别人强的地方（是实的而不是虚的），发挥他的强项，让他取得真实的成绩。这是他们的"增长点"，也是他们的"信心支柱"。经验告诉我们，只要家长、教师细心寻找，一般总能找到这个"增长点"。有的可能是某个学科的学习，有的可能是某项特长。如果教师、家长不能帮助学生找到这个"增长点"，弄得孩子每日灰头土脸，毫无成就感，他就可能向网吧逃避。当他发现自己在玩游戏方面比别人强的时候，他就可能把网络游戏当做实现自我的一条途径，那他就非迷恋网络不可了。这不是简单的对网络的迷恋，这其实是一种"生存斗争"。他是抓住了一根救命稻草，用来证明自己的生命还有价值。

有鉴于此，帮助孩子找到他的强项，找到他的职业理想，找到他特殊的实现自我的途径，就是帮他找到抵抗网络诱惑的最好办法了。

九、家庭和学校生活枯燥无味，网上有乐趣

网络的巨大吸引力，还在于它有趣。家庭生活、学校生活在这方面能不能和网络竞争呢？一般人都认为不能。教师讲课怎么能和网络游戏比吸引力呢？绝对比不过。我觉得这种看法是不全面的。要知道网络有一个致命的弱点：虚拟性。网络再好，它是假的，学生其实都明白，我在虚拟的世界抢得多大一个馅饼，也不能真的当饭吃。网络是梦。梦越是美，醒来越痛苦。这就是许多孩子沉迷网络不愿出来的缘故——他希望留在梦乡，永不醒来。所以，前面说过，如果在真实的生活中学生有知心朋友，有倾诉对象，那么他在网上的聊天就不大可能沉迷——真实的朋友超过虚拟的朋友。这也就是为什么很多学生和他人聊天一旦聊得投机，就想和对方真人见面。虚拟不能战胜真实。可见，真实生活中的

五分乐趣就能胜过网上的十分乐趣。在这一点上，家长和教师有很大的优势。可惜很多家长和教师太不会发挥自己的优势了。他们一点也不注意孩子的兴趣，一点也不讲教育艺术，迷信权力和管理，把家庭教育、学校教育教学搞得极其枯燥无味，硬是把优势变成了劣势。孩子发现虚拟世界比现实世界更有乐趣，就投奔那里了。

有鉴于此，我们就应该尽量想办法把家庭和学校变成有乐趣的地方：有学习的乐趣，有交往的乐趣，有活动的乐趣。中国的家长和老师总希望孩子永远一本正经地在那里读书，这是违反孩子天性的，其结果是你不让他玩，他只好偷着玩，你不让他寻找生活的乐趣，他只好到网络的虚拟世界去找乐趣了。

十、任性、意志薄弱、无能，这些毛病在现实生活中会让人出丑，在网络中却比较容易掩盖

现在的孩子生活在比较富裕的环境中，又多是独生子女，往往被过度关注，过度保护，所以很多人都比较任性，意志薄弱，不能忍耐，不能控制自己的情绪，而且在生活上比较无能。有这些毛病，在现实生活中肯定到处碰钉子，在学习生活中更是如此。任性的孩子碰到任性的孩子，那就是一连串的矛盾；意志薄弱的孩子是很难把学习搞好的，因为学习往往很艰苦，很枯燥；而生活自理方面能力差，则不但会给自己带来很多麻烦，而且还会经常出乖露丑，增加挫折感。这些都会造成他们的心理问题。网络的吸引力在于，它可以在一定程度上掩盖这些缺点。因为在网上你可以任性，可以意志薄弱，不愿理的人可以不理，不愿干的事情就可以立刻收手。嫌枯燥的事情你可以不做，太艰苦的游戏你可以躲避。网络上没有限期完成的硬任务，有竞争而不现实、不残酷，那里压力很小。而且你无论生活上如何不能自理，在网上也不大容易出丑。我是个蜗牛，上学经常迟到，在众目睽睽下罚站是保留节目，可是网友就不知道这个。网络是可以放纵的地方，是方便掩盖缺点的地方。毛病越多的孩子，在生活中碰钉子越频繁的孩子，越容易到网络中去寻找安慰。网络是他们灵魂的避风港，在那里，他们可以得到特殊的溺

爱。在这个意义上，网络确实是"电子海洛因"。

有鉴于此，我们的对策主要是两条。第一条，不要总是挑学生的毛病，不要搞完美主义，因为那样学生会动辄得咎，他就灰心了。要有重点地、有梯度地帮助学生慢慢改掉他的缺点。像意志薄弱这样的缺点改起来是很不容易的，年龄越大越麻烦，要准备打持久战。第二条，教学生面对现实。我个人接待咨询的经验是：网童差不多都不愿面对现实、不愿面对自我，他们最善于骗自己，喜欢在梦中生活。所以我们既要温和又要坚定地把他唤醒，让他正视现实，正视自己的优点和缺点、强项和弱项，只有这样，他才能找到真实的出路。

十一、学校和家庭教育着眼于孩子未来的学历，而网络则能给孩子带来眼前的快乐

教育是由成人掌握的。成人是过来人，成人知道什么重要什么相对不重要，成人抓主要矛盾。比如说下星期考试，这星期有一场歌星演唱会，孩子要去，家长和教师会认为考试要紧，看不看演唱会无关紧要，因为他们明白，考试连接着学历，而学历连接着孩子的命运。孩子却可能完全是另一种看法。对他们来说，未来的学历和命运是很遥远的事情，他们没尝过低学历的切肤之痛，对此就不会有家长、老师那样关心。相反，看不看演唱会却是一件严重的事情，因为看演唱会能给自己带来快乐和与同学交往的资本。遇到这种情况，成人总是要求孩子放弃眼前的快乐而追求未来的幸福。这种要求只对少数孩子有效，他们是特别能忍耐的孩子，或者是特别胆小不敢违抗父母的孩子。其他的孩子，恐怕就要反抗了。孩子迷恋网吧也是这个道理。其实，许多学生都懂得上网是可能耽误学习影响前途的，但是他们控制不了自己，他们无法阻挡近在眼前的快乐。为了眼前的快乐，他们顾不得未来了。

有鉴于此，教师和家长就应该做两件事。第一件是给孩子创造一些机会，让孩子眼前也活得快乐一些。我们不能要求孩子为了将来的幸福完全牺牲眼前的快乐，而要适当兼顾眼前的快乐和未来的幸福。第二件是想办法锻炼孩子的意志力，提高他们的忍耐力。因为我们无论怎样给

他们创造快乐的机会，学习也永远不会变成纯粹快乐的事情，他们必须牺牲一些眼前的快乐，否则确实影响未来的发展。这一点，光靠讲大道理是不行的，一定要用各种具体的措施锻炼孩子的意志力。

上面我们从"推"、"拉"两个方面，说明了学生为什么会沉迷于网吧，而且简单地开了药方。事实上，具体到某一个学生，他被网络迷住的原因可能不是一种两种，而是综合的，因此，我们开药方的时候，就不能只开一味药，要好几种药互相搭配，辨证施治。沉迷网吧的孩子一般都有比较严重的压抑感和缺憾，他是早已烦透了自己的环境和生活，才会换一个活法的。他们实际上是跑到网上"过日子"去了。既然他们整体的生存状态不佳，那就是说，头疼医头，脚疼医脚是不会奏效的，要立竿见影是很困难的。应该想想从哪里突破，逐渐改变他的生活。

有人宣称网络只是一种工具，像洗衣机一样，我以为这样说是太简单化了。网络不是简单的工具，它可以是一种虚拟的生活方式，它对人的影响远不是一般工具能比的。

有人在宣传，孩子迷恋网络，只要经过某专家谈话几个小时，就可以翻然悔悟，从此洗心革面。这种事也不是不可能，但据我自己多年的经验，这种好事是很少的，或许属于特例。孩子迷上网吧可能是突然的，但是其心理基础，一定是长时间积累形成的，只不过家长原先没发现而已。我处理过不少这种案例，很少速决，一般都是持久战；"病来如山倒，病去如抽丝"，需要长时间的跟踪指导，会有多次反复。特别困难的是转变家长的观念和习惯做法。如果家长不变，那么，即使别人帮助孩子进步了，回到家里，他也随时可能故态复萌，因为他欺负家长已经欺负惯了。

我们还要特别注意的是，网络绝不只有负面影响。网络作为最先进的信息传播手段，会极大地开阔我们的视野，极快地为我们提供最新的资料，甚至会在一定程度上改变我们的生活方式。网络这种东西，与其害怕它，不如欢迎它；与其严防死守，不如索性熟悉它、掌握它，让它为我们谋幸福。所以，我主张，如果您的孩子还小，还没有被网络的负面影响迷住，您最好"抢在孩子前面学会上网"，自己先变成内行。你可以和孩子一起上网干很多有益的事情，防止孩子一开始就走错路；你可以安排孩子在家上网，这样就可能避免网吧的不良影响；您可以用技术手段屏蔽一些不良信息，保证网上的清洁卫生。总之，您要早作预防，就不致仓促应战；您的孩子若有足够的意志力，就不致被网上不良的东西俘虏了。

暴力倾向

学生的暴力倾向和暴力行为在校园中破坏性是很大的，一场打架会弄得满城风雨，若有人总在学校门口使用暴力劫钱，会搞得人心惶惶。学校遇到这种事，有的是大事化小，小事化了，有的是给予纪律处分。但是这种事关键在于预防，而要预防，就必须首先搞清：他们为什么对同学施暴，他们心里在想什么。

下面我们分析一下有暴力倾向的学生的心理：

一、发泄

有不少学生动不动就打人，是因为他心里总是窝着一肚子火，找个出气筒就要发泄。当然，这种学生一般个子也大，有力气，或者特别敢下手，有武力发泄的条件。若没有这些条件，即使满肚子火，也只好用别的方法发泄了。他们的火是从哪儿来的呢？有的是学习失败，有的是亲子关系紧张，也有的是同学关系紧张（同学们都不爱理他，他恼羞成怒）。这一类有暴力倾向的学生，他们施暴一般没有明确的目标，也没有时间规律，他们随机发怒，事后能认识自己的错误。

这种暴力行为，与其说是品德问题，不如说是心理问题。对于这种学生，应该赶在他们下次施暴的前面，帮他们解决心理问题，以便预防。找他好好谈谈，搞清他心中这股火是从哪里升起来的，从根上灭火。只要他的暴力行为没有造成严重后果，就尽量不要给处分，但是必须让他向受害者道歉，赔偿人家损失。

二、恐惧

说来奇怪，有些学生对他人施暴，竟然是因为恐惧，缺乏安全感。这种情况以小学生为多，其特点是，别人只要不小心碰他一下，他就会做出激烈反应，大打出手，满脸通红，脸上还有汗珠。如果你问他为什么打人，他就会说别人欺负他了，那样子不像是找借口，而是真的害怕。他们的暴力行为是出于一种恐惧心理的过度反应。

遇到这种孩子，光给他讲"打人不对"是绝对不够的，要给他解释清楚："同学碰你一下，并没有恶意，也不是攻击你。你不是有时候也会不小心碰到别人吗？"这还不够，还要搞清他的恐惧感的来源。一般说来，这种孩子的家庭气氛可能不好，或者他童年受过刺激。如果是父母不合，老吵架，造成孩子没有安全感，教师就要劝一劝家长，起码要求家长不要当着孩子的面争吵。如果孩子童年受过刺激，那就和他一起回忆那件事，然后加以解释，说清楚那是偶然的，那不是大不了的事情，别人也经历过类似的事情，等等，让他放宽心。解开这个疙瘩，他的攻击性就会减少。这种办法有点类似心理治疗。

三、语言障碍和人际交往障碍

有些学生语言表达能力差，或者有口吃之类的语言障碍，他跟别人说话别人听不明白，争论又争论不过人家，有时候其实他蛮有道理，硬是变成了没理。茶壶里煮饺子——倒不出来。情急之下，就可能诉诸武力，那意思是说："咱们甭耍嘴皮子，拿拳头说话！"这种学生的特点是品质不差，平日也不捣乱，他们只是在说不过、说不通人家的时候才会施暴。

遇到这种情况，教师切忌只批评他打人不对，而不论根源。那肯定会破坏师生关系，使教师增加一个"沉默的敌人"。教师应该仔细问问他到底要说什么，到底要干什么，然后一句一句教他应该怎样说，怎样表达，怎样和别人交流。这样他才会明白，不用拳头也可以解决问题。

还有的学生十分缺乏人际交往经验，向人家借一样东西都不会好好说，伸手就拿，对方不干，于是动手打起来了。对于这种事，也不能只批评他不该打人，要具体地一样一样地告诉他，做什么事需要说什么话，什么情况下应该做什么动作才算不失礼。他学会了这些，才能减少施暴。

有些教师总以为，学生只要知道了打人不对，就不会再打人了，因此，遇到有学生对同学施暴，他们就只会集中力量说教，大谈打人的不道德、打人的危害性。这种想法和做法是比较幼稚的。须知打人都有具体的由头、具体的原因。很多孩子都是因为缺乏某种能力（例如语言表达能力、交往能力）才借助拳头解决问题的。你不具体地提高他的能力，即使他很知道打人犯法，他也还会打人，因为他找不到别的办法，又要生存，只好出此下策。这些最基本的生存能力，本该由家庭教育解决的，可惜家长失职了，教师只好权当一回家长。

四、习惯性暴力

这是一些迷信拳头的学生，他们的价值观就是"只有武力能解决问题"。这种学生也不一定经常打人，他们多是在遇到问题的时候才出手。他们只熟悉武斗，不善于文斗，而且他们一般对集体、对组织、对官方，都持有不信任态度。比如他跟人打架吃了亏，他一定要武力报复，你建议他告诉老师，可以给对方纪律处分，他认为"那没用"，在他眼里，唯一有用的是让对方尝尝他的拳头。

我的经验是，这种学生的家长往往文化程度较低，每日牢骚满腹，对谁都不满，孩子有错就打。本来家长就有习惯性暴力，孩子耳濡目染，就形成了和他家长一样的价值观。这种学生如果和校外不良青年串通一气，可能闯大祸。

教育这种学生，除了给予必要的纪律处分之外，一定要想办法向他证明，让他明白：友好胜于争斗，文斗胜于武斗，不可以轻易动拳头。

得让他尝到和谐的甜头，尝到文斗的甜头。另外，还要指导他的家长，不要迷信武力。

五、讲哥们义气

这种学生打人动武是为了别人，讲义气，为朋友两肋插刀。他自己平时并不一定欺负人，也不一定有暴力习惯，有的各方面表现还不错，只是重友情重得失去了原则，出手帮哥们打架，犯了错误。讲义气的学生，有的头脑颇简单，不计后果，这种人容易被人利用；有的头脑并不简单，知道后果，但是碍于情面不得不出手。

教育这种学生，关键是帮助他们克服无原则的哥们义气。这是一项困难的工作。你讲法大于情的道理，没有多大用处；你讲哥们义气造成的严重后果，他未必信服，因为他的主观感受与你的客观分析不同，通过讲义气，他可能感觉得到的比失去的多；你更不能挑拨他和哥们的关系，那样不但不能使他转变观念，反而你自己也会成为他的"敌人"。比较好的办法是简单讲清道理，劝他改正，然后就等待。经验告诉我们，克服哥们义气的最好办法是让他自己吃亏。等他通过具体的事情发现哥们确实把他害了，他就改变看法了。

六、表现自我

这种学生施暴是为了证明自己的存在，显示自己的实力，或者为了吸引什么人（比如异性）的注意。他们往往在学习方面和其他正经事上没有优势，然而身大力不亏，有一股横劲，于是就以拳头为旗帜，表现自我。也有的学生看了一些功夫片、警匪片，心向往之，于是进行模仿，觉得很"酷"，也是出风头的意思。

教育这种学生，关键是帮他找到一条路，使他能够用正当的手段、干正经事出风头。有了这样的渠道，他就不会过分依赖拳头了。

七、称霸

这种学生比上一种进了一步，他们打架，对同学施暴，不光是为了表现自我，还想在班级、在年级、在学校，甚至在某个地区称王称霸，当"老大"。

上一类表现自我的学生是单打独斗，这一类想称霸的学生则必然是一伙人，这可以理解，帮主手下怎能没有喽啰？这种学生往往横向联系比较多，认识一些不三不四的人，呼风唤雨，兴风作浪。两拨学生都想称霸，也可能打群架以争地盘，分高低。他们破坏性比较大，狂妄到了一定的程度，甚至要和教师争夺领导权。这种学生如果沿着这个路子走下去，弄不好将来就是黑社会的成员。

教育这种学生，首先要看他的年龄和成熟程度。如果孩子年龄尚小，还没有失去纯洁和天真，那还是可以教育的；如果年龄较大，社会经验丰富，根本不把老师看在眼里，觉得老师是"傻帽"，那教育起来就很难有效果了，而且这种学生在学校也待不长了。

教育这种学生，不要轻易采用"招安"的办法（即给他安排一个干部工作，用来约束他），要小心他利用这种公开的身份扩大自己的地盘，谋私利。也不要采用挑拨他们小群体成员关系的方法，那样后果不好。只要他不过分猖狂，就暂时不要和他正面冲突。要稳住班集体最正派的那部分学生，逐渐把他的手下人一个一个拉出来干正经事。如果做得好，他在班里没有市场，就可能到校外去活动了。也有的这类学生很讲义气，重感情，教师如果确实对他好，他冲着教师的面子也可以收敛自己的错误行动，所以教师也可以用怀柔法，但是要注意，不可失去原则和教师的身份，若变成他的"铁哥们"，那就不对了。

八、嫉妒

强烈的嫉妒心也可以促使学生对他人施暴。嫉妒别人功课好，嫉妒别人人际关系好，嫉妒别人长得漂亮，嫉妒别人有钱，这种事是常有的。一般同学怀着这样的嫉妒心，往往只是给别人使一点小坏而已，但有个别学生，心理有问题，被嫉妒心烧得失去理智，就可能对他嫉妒的对象施暴，甚至会无仇无冤地杀害对方。这种事，报纸杂志有所披露。

值得注意的是,这种学生有些平日就是差生,有些则不然,平日表现不错,甚至还是优秀生。

教师必须预防这种事。具体的办法是:不要过多过分表扬几个学生,否则他们会"树大招风",而且这对他们自身的成长也不利,尤其不可以在表扬某些人的时候总是批评另外一些人,这等于煽动仇恨。如果发现有些学生心胸狭窄,提到别人的优点时总是不服,而且看着别人的眼神有异样的仇恨(教师若细心,这是可以观察出来的),教师要及时找他谈话,做疏导工作。只要教师不被眼前的评比等事蒙住眼睛,稍有警觉就能发现这类苗头,制止起来并不太麻烦,也不太困难。

九、报复

据《长江晚报》2005年9月报道:某市某中学高二年级学生谭某上课看课外书,周老师没收了他的两本书,并告诉他:"你上课不认真,再这样的话,我就要你喊家长来。"第二天,谭某到办公室向周老师索要被没收的课外书籍,周老师说不能给。谭某就掏出早已准备好的水果刀,朝老师身上连刺了17刀,致使老师重伤。据了解,该中学是一所省级示范中学。当时40多岁的周老师是该校一名优秀的数学老师。行凶的同学在班上学习成绩中等,性格比较内向、孤僻,平时也很少与同学来往,几乎没有什么朋友。

这起暴力事件的起因估计就是报复,直接原因是课外书被没收,但这可能只是导火线,这个学生可能平日对数学老师积怨不浅,另外,该生性格孤僻,这也可能是施暴的一个原因(人际交往障碍)。

学生之间积怨,也会有这种事。所以,教师一定要注意,无论是师生之间,还是学生之间,都要尽量避免积累矛盾和激化矛盾。像上述例子中的数学老师,如果只没收学生的课外书,不随便提请家长的事,第二天学生来要书,当场还给他或者答应过几天还给他,这场暴力事件或可避免,而这样做也并没有失去原则。其实,细心的老师,单从学生的表情就可以看出"山雨欲来风满楼"的状况,可惜许多教师满脑子都是自己的主观想法，他们的精力和聪明才智都用来搞"目标管理"了，不怎么关心学生本人的感受，这就容易出事情。关注学生的情绪，关注他们的精神状态，这是现代教师的基本功，不可掉以轻心。

十、图财

这种学生的暴力行为有明确的目的：要钱。他们有的是收"保护费"，有的就明目张胆"借钱"（其实就是劫钱），有的还逼迫对方从家里偷钱，不给就施暴。他们选择的对象，有的在本班，有的则是低年级的小同学。地点多数在校外，利用上学、放学时间。这种学生多数都成群结伙，有的还效仿黑社会的样子，拜把兄弟，成立帮会。有的还与社会上的不良分子相勾结，弄得学生甚至家长都人心惶惶，对学校安全形势造成严重影响。

因为这属于违法行为，而且涉及社会不良分子，超出了学校的工作范围，所以学校有时要请公安机关出面协助，加以打击。校内工作，关键是两个：一个是必须破案，否则所有的教育都会流于空洞。破案之后，把后台拔掉，震慑歪风邪气，然后再处理在校生。该处分的，一定要处分，虽然处分面不宜太宽，但是不可手软。而且经济上必须退赔，劫人家多少钱至少应该赔多少钱，还可以适当要求精神损害赔偿，决不能让他们占到任何便宜。另一个是教育多数学生，增强防范意识，不要害怕威胁，有事及时向家长和老师报告。也要教育广大家长，不要给孩子过多零花钱，让孩子克服露富心态。这种事，就怕教师只懂得抓分数，下情一概不知，被蒙在鼓里。遇上这样的老师，劫钱的学生最猖狂，最容易得手。

据我们的经验，这种劫钱的孩子多数来源于两种家庭：不良家庭或严重溺爱家庭。所谓不良家庭，指的是家庭破碎，单亲，孩子没人管，或者家长本人就有犯罪记录的家庭；所谓严重溺爱家庭，指的是无休止地满足孩子的物欲的家庭，结果造成孩子的享乐思想极端膨胀，给多少钱也不够他花，只好打同学的主意。劫钱的孩子开始总是胆小的，如能及早发现，及早教育，多数可以改正，若多次得手，尝到甜头，形成恶习，要改就困难了，有的甚至可能成为少年犯。

十一、争夺异性

学生中因为争夺异性而爆发的"战争"是很激烈的，甚至是你死我活的，弄不好要出人命。过去出现比较多的是男生之间为了争夺女朋友而火并，现在出现了新动向，女孩之间为了争夺男朋友，也大打出手，而且相当残酷。所以早恋和校园暴力之间是有某种联系的。这种事情屡屡发生，教师对此万不可掉以轻心。

解决这个问题的关键是预防，一旦矛盾积累到了非爆发不可的阶段，教师即使发现，也很难制止，因为其时他们已经被扭曲的激情冲昏头脑，往往什么劝告都不听了。学生早恋，当然不可贸然做简单的制止，必须对症下药，必须温和，这在前面已经详细说过了。这里要说的是，教师慎重，不等于不管，不等于撒手不问，那是非常危险的。教师必须深入了解下情，掌握谁正在跟谁好，谁跟谁正要"吹"，谁是"第三者"，谁是谁的"情敌"。这些教师可以装作不知道，但是不能真不知道。有些可以暂时不管，但是有些已经冒出火药味的，教师必须及时干预，避免矛盾激化，避免"决斗"。另外，教师平日要对学生进行正确的爱情观教育，防止有些学生把爱情看得高于一切。经验告诉我们，有"爱情高于一切"价值观的学生，才容易出现情仇、情杀和情死现象。

十二、自卫过当

这是一种特殊情况。这种学生平日是弱者，他们不招灾惹祸，也不张扬，他们是被强势学生欺负到了忍无可忍的时候，劫钱劫到了走投无路的时候，才奋起反抗的。他们可能有的向教师和家长求过援，发现没有用处，那些欺负人的学生在老师干预的时候有所收敛，事后却变本加厉。这时他们没有办法，只好背水一战，自己解决，而他们不会掌握分寸，又因为他们往往不是体质强壮者，于是他们只好求助于武器（例如匕首和棍棒），在对方没有准备的情况下采用突然袭击。这就极容易造成严重伤害，甚至致人死命。这种学生的对人施暴，有值得同情的一面，但是我们无论如何不能赞成他们的暴力。

　　解决这种问题，关键更是预防了。有些学生见到老实人压不住火，欺负老实人没够，这是很危险的，要出事情。被欺辱者有的会铤而走险进行报复，也有的可能选择自杀来逃避，这两种情况都有不少例子。教师必须了解下情，必须为老实人主持公道，做老实人的保护者。一定要把那些欺负人的学生治得不敢为所欲为，要让正气压倒邪气，还要教给弱势群体一些自我保护的方法，以便老师不在的时候，他们也能保护自己。

　　以上12种讲的是校园暴力。最近还有一种暴力倾向有愈演愈烈的趋势，那就是孩子对家长施暴。因为这个问题不是本书的论述范围，这里就不多说了。但是教师对此必须加以注意，因为如果孩子对家长施暴，学校也是要负一定教育责任的，而且有些一贯对家长施暴的孩子，也可能把他的暴力倾向迁移到学校，对同学和老师施暴。

离家出走

　　学生离家出走，无论对于家庭还是学校，都是大事情。据我们的经验，学生离家出走很少属于偶然事件，孩子都知道家是他的避风港和根据地，矛盾不积累到相当程度，不达到无法忍受的程度，孩子是不会离家出走的。所以，解决离家出走问题，关键在预防。其实只要掌握孩子的心理状况，离家出走并不难防止。

　　有的老师认为学生离家出走属于家庭教育问题，和学校没什么关系，这种看法有些偏颇。事实上，单纯因为家庭原因出走的学生是比较少的,一般来说,孩子离家出走,都是家庭、学校的共同失误而且互相配合(这是一种负面的配合)造成的。再说,孩子一出走就要旷课甚至辍学,而且家长肯定来找学校求援,学校逃不脱干系,躲不开麻烦。要知道,家庭教育是学校教育的基础,基础出了问题,上层建筑就摇摇欲坠,所以,即使从学校自身利益出发,教师对学生离家出走问题也必须重视。现在的孩子,离家出走有愈演愈烈之势,学校没有研究,没有对策,就跟不上形势了。

孩子为什么会离家出走呢?

一个人主动离开一个地方去到另一个地方,无非两个原因:或者他要避开什么,或者他要去追求什么。孩子离家出走,为什么?无非是逃避学习,逃避家庭,追求自由,追求快乐。如果我们把家庭搞得不是让他那么厌恶,把学习搞得他还能忍受,他在家庭和学校还能得到一定程度的快乐和自由,他肯定不会出走。

下面我们对学生离家出走的原因和对策做具体的分析和阐述。

我们先看离家出走的学生在躲避什么。他们在躲避学习,他们讨厌学习,讨厌学校。不回家却继续上学的学生极少,离家出走的学生逃避学校的愿望往往更加强烈,离家必然离校。以下原因可以导致学生离家离校。

一、学习长时间受挫

在很长一段时间内学习成绩上不去,教师经常向家长告状,家长于是经常给孩子加压,责骂惩罚,唠叨不已,却没有给孩子具体指导。孩子觉得回天无力,彻底失去信心,为了避免眼前的痛苦,就可能出走。

这就可见,当学生成绩长时间上不去的时候,如果教师、家长少点批评指责,多点切实、具体的指点,使孩子有点进步,有点盼头,不致彻底绝望,他是不容易离家出走的。

二、学习成绩突然下降

有的学生本来成绩还不错,因为某种原因突然下降,于是教师、家长给了巨大压力，孩子无法承受，又想不出摆脱困境的办法，也可能出走逃避。

如果教师、家长对孩子成绩的突然下降不那么大惊小怪，采取宽容等待加帮助的态度，这种学生也不会轻易出走。这种出走的学生，往往是教师、家长急躁情绪和直线思维方式的牺牲品。

三、面临留级或升学无望

家长和教师要注意，如果某个学生知道自己要留级了，或者知道自己升学无望了，可是家长对他期望值又很高，态度又一贯很严厉，孩子知道自己一旦出现留级或考不上学等情况，绝对没有好果子吃，出于恐惧，也可能离家逃走。

所以，教师不应该随便用留级呀、考不上学呀等话吓唬学生，要知道这种语言对胆大的学生没有用处，对胆小的学生则只有害处，有可能逼得他们离家出走。万一遇到有些学生确实可能留级，或者完全没有升学的希望，那应该首先悄悄找家长做好工作，让他们面对现实，让他们保持平静，让他们帮孩子找一条切实可行的出路。然后在适当时候，再把消息告诉学生，跟他一起商量下一步怎么办。

四、成绩虽好却极度厌倦

有些学生成绩很好，表现也不错，却突然离家出走了，有一种可能是，家长和教师对孩子要求过高了，孩子胆小，或者历来听话，努着劲满足家长和教师的愿望，其实心里很不愿意，活得像演戏一样。终于有一天疲倦、厌烦到了极点，戏演不下去了，于是卸妆跑出去了。这种离家出走的学生回来之后会痛哭流涕表示悔过，但是不久又可能逃跑。遇到这种情况，教师、家长千万不要轻易认为孩子是欺骗大人。他们实在太需要休息和娱乐了，这是本性的流露，正常需要的显现，不一定是道德品质问题，他们心里其实很矛盾、很痛苦。

遇到这种情况，家长和教师不要搞道德说教，不要扣道德帽子，不要继续拧紧螺丝,而要有所放松,甚至宁可让成绩下降,也要保住孩子的健康心理。确实必要的时候,可以考虑让孩子请假一段时间或者休学。如果孩子的老师属于那种极其主观死心眼的人,家长注意不要和这种老师盲目保持一致;如果家长是那种极好面子不顾一切逼子成龙的人,教师一定要开导他:孩子第一,成绩第二,保住人是第一位的事情。

五、人际关系不好

学生也可能因为人际关系过分紧张无法解决而离家出走。关于亲子关系紧张,下面再说,这里说学校的人际关系。学校的人际关系主要是指师生关系和同学关系。师生关系很不好,老师对学生有成见,总是挑学生的毛病,甚至冤枉学生,这种事情也是有的。如果这时家长不分青红皂白和教师保持一致(他以为这是配合老师工作),学生无计可施,每日生活在痛苦的煎熬之中,冲动起来,也可能离家出走。学生在学校屡受同学欺负,教师和家长不能有效地保护孩子,急了他也可能出走。有的学生早恋,教师莽撞地通知了家长,家长又属于简单粗暴的人,孩子出于恐惧,也可能出走。

为避免上述情况,教师和家长一定要注意孩子的情绪,发现孩子总是郁郁寡欢,就应该耐心询问缘由。如果属于人际关系问题,就应该认真帮他梳理解决。只要教师、家长细心,这类出走并不难预防。

以上主要是从学校角度谈学生离家出走的原因,下面我们从家庭角度讲。厌学可以导致离家出走,厌家同样可以导致离家出走。什么样的家庭有可能导致孩子出走呢?

六、应试家庭

这种家庭,所有的成员,整个生活都围着孩子的考试分数转,家庭失去了主体性,成了学校的附庸,大家都成了分数的奴隶,生活极其枯燥,几乎没有其他乐趣。在这样的家庭中生活,确实是一场灾难,孩子小时候无力反抗，长大了忍无可忍，就可能出走。他会发现出走之后，父母果然对他做了让步，他的"罢工"胜利了，尝到了甜头，他以后就可能不断出走。

所以，教师如果发现某学生的家庭属于应试家庭，千万不要高兴，不要以为这种家长是积极配合老师，要知道，他们正在给学校埋地雷。对这种家长，要赶快告诉他给孩子减负，双休日带孩子去玩一玩，趁地雷还未爆炸，赶快起掉它。不然家长、教师将来都麻烦。

七、矛盾家庭

夫妻不合，经常吵架闹离婚，或者婆媳关系非常紧张，或者家长教育观念不一致，经常争执不休，孩子生活在矛盾的夹缝中，也是很痛苦的。弄到忍无可忍的时候，也可能离家出走。

教师不方便介入家庭矛盾，因为这是私事，但是如果家庭矛盾确实影响到了孩子的心理健康，教师也有必要从孩子的前途出发，对家长提出忠告。一般说来，事关孩子的前途，家长是会重视的。

八、暴力家庭

家长动不动就打骂孩子，这是暴力家庭。孩子忍到不能忍受的程度，离家出走是可以理解的。如果这种家长还算正常，只不过脾气不好或者教育观念有问题，教师应该尽量劝解，要特别注意少向这种家长告孩子的状；如果发现家长有心理疾病，应该建议他去治疗；情节十分严重而又拒绝改正的家长，应该争取社区或公安机关协助解决。一定要保护孩子。

前面说过，孩子离家出走，从他主观方面来说，不过是为了逃避一些什么，追求一些什么。逃避是被动的，追求是主动的，如果这两种愿望指向同一个方向，那么孩子就会迅速离家出走，迅速辍学。上面我们已经说过了孩子逃避的是什么，下面我们看看孩子离家出走、辍学，追求的又是什么。

有些孩子离家出走，重点追求的是物质；有些孩子离家出走，重点追求的是精神自由。

追求物质的孩子来自什么样的家庭？

九、物质家庭

这种家庭充满了追求吃喝玩乐的物欲氛围，有的属于富裕家庭，有的并不富裕，打肿脸充胖子也要摆阔。孩子在这样的氛围中长大，满脑子都是虚荣心，满心都是和别人攀比享受，对学习自然不感兴趣，一旦学习失去信心，又受到外部诱惑（比如有人告诉他能挣大钱），就完全可能弃学离家去"闯世界"。这是很危险的，男孩子容易走上犯罪道路，女孩子容易吃亏。

这种事情根子在家庭，家长本人的价值观有问题。而经验告诉我们，教师要转变家长的价值观念，几乎是不可能的，所以遇到这类情况，教师所能做的事情是提前发现苗头，提醒家长，提醒孩子，你们正走在一条危险的路上。告诉孩子，将来要过好日子，必须有真本事，切不可有投机取巧之想。至于孩子能不能听，那就看他自己的悟性了，倘若孩子执迷不悟，教师也只能尽自己所能保护他，如此而已。或许他出走吃了亏之后，能够醒悟过来。

十、溺爱家庭

这种家庭的家长本身价值观念并没有大问题，他们不是过分追求物质享受的人，但是这并不妨碍他们把孩子培养成只会吃喝玩乐的花花公子，这里起作用的就是溺爱。家长还有一种想法，用尽可能满足孩子一切物质要求来换取孩子的学习积极性，结果学习积极性没换来，孩子吃喝玩乐倒成了内行。孩子的物欲和消费欲膨胀起来是非常迅速的、没有止境的，家长给多少钱也不够用。为了满足需要，他们就可能离家出走，去找歪门邪道。

教育这种孩子，相比教育物质家庭的孩子要稍微容易一点，因为家长本人价值观没有大问题,他们只是溺爱,而溺爱的毛病相对要好改一些。只要跟家长说清溺爱的害处,具体地教他们一些克服溺爱、逐渐控制孩子消费欲的办法,经过一段时间,孩子的疯狂物欲就可能减退,于是离家出走的可能性就会减少。

有些孩子离家出走追求的主要不是物质享受,而是自由和独立,追求家庭、学校所没能给他的成就感、精神快乐、相对平等的人际关系。有些迷恋网吧不回家的孩子就是这样,前面说过了。这种孩子一般出自专制家庭。

十一、专制家庭

在这种家庭中,家长控制和占满了孩子的几乎全部业余时间和空间,孩子完全没有自主权,个性得不到发展,爱好没人理睬,不能干他自己想干的任何事情,一切都得听从家长安排。这种孩子一旦长大,就可能反抗,离家出走,摆脱家长的"殖民统治"。其家长未必没有文化,有的还是干部、教师、军官、知识分子,他们缺少的是民主作风和对孩子的理解。这类孩子本身也不一定是差生,他们有的功课还不错,品质也没有什么大问题,他们实在是对家长的专制太不满了。

教师若能及时发现这种学生的问题,及时和家长沟通,让他们对孩子放松一些,这类离家出走现象是完全可以避免的。关键在于教师的眼睛不要光盯着孩子的分数和一般表现,而要注意他们的情绪。

以上谈的是离家出走的各种原因(家庭原因、学校原因)和对策。上述分析告诉我们,离家出走重在预防,预防又要对症下药,学校对家庭教育的指导必不可少,而且这种指导还得是跟踪的、持续的指导。

可是,学生已经离家出走了,怎么办呢?

学生出走之后,最重要的事情当然是把他找回来,要根据有关线索,上网吧去找,到同学家去找,到亲戚朋友家去找,到大街上去找,甚至报警。

孩子回来之后，家长很可能犯两个极端的错误：一个极端是暴打一顿，关起来；另一极端是无原则让步，从此小心翼翼地讨好孩子。这两种办法均不可取，后果不好。比较正确的办法是暂时不提此事，让孩子按部就班上学，等孩子平静下来之后，问问他心里是怎么想的，有什么苦闷，有什么希冀，逃避的是什么，追求的又是什么，然后酌情讲一点（不要多）道理，做一点（不要多）让步，把他稳住。如果家长和孩子关系很紧张，已经失去了对话的可能，那家长最好什么也别说，找机会请孩子比较信服的人和他谈。若学生出走有教师的责任，教师也要调整自己的做法，必要时，应向学生道歉。

辍学问题和离家出走问题有相似之处，学生离家出走的原因，有许多就是辍学的原因，只不过有些辍学的孩子躲在家里不出走就是了。

自杀倾向

学生自杀现象有日益严重的趋势，这令人忧虑。然而更令人忧虑的是，作为教育者的老师，极少有能预先觉察学生的自杀倾向的，更不用说采取预防措施了。其实按照一般规律，孩子自杀前，总有一些征兆，很多孩子甚至会发出"求救"信号，但是教师往往木然，他们注意力的重点显然只是学生的考试分数和对班集体的贡献，他们对学生的情绪如何，往往相当地不敏感。事发之后，教师则总是"极为震惊"、"出乎意料"、"百思不得其解"，搞不清原因，只好笼统地说学生是"一时想不开"、"压力太大"，甚至指责学生"缺乏生命意识"、"不负责任"。

任何一个人自杀都不是偶然的，即使是一念之差，他的性格和思维方式也必有产生一念之差的基础，那些心理健康、想得开的人是不会有这种一念之差的。所以自杀是有规律可循的，是可以避免的。

学生自杀，首先是家庭的悲剧，其次才是学校的悲剧。学生自杀的责任，一般也不完全在学校。但是作为教育者，我们必须保卫学生的生命，因为这是一切的前提。下面我们来看看，都有哪些情况，可能导致学生的自杀倾向，我们如何预报和预防。

一、早恋

因早恋而自杀的事情不少。一种是家庭、学校处理不当，弄得孩子没脸见人，于是不想活了。另一种是学生之间感情极其热烈而且执著，难舍难分，家长和教师强行把二人分开，学生抗争到底，于是殉情了。

有关"早恋"的问题，万万不可在班里公开谈论和批评，只能私下处理，在公开场合要装不知道。如果学生哀求教师不要告诉家长，那就不要轻易告诉。学生谈恋爱的时候，往往不理智，这可以理解。如果家长、教师生堵硬截，那其实也是不理智的，和孩子犯了同样的毛病。你不能代替学生控制他的感情，你只能引导和等待。教师如果害怕学生早恋影响其他同学，可以要求他们在公开场合检点自己的行为。一般说来，只要教师不过分干涉他们之间的关系，他们是会有所收敛的。

学生谈恋爱一般也会导致成绩下降。中国的家长和教师，只要一碰到考试分数，就像动了他们的命根子，就要跳起来。可是你要知道，在热恋者的心目中，考试成绩的地位几乎肯定是要低于爱情的，教师和家长要理性地对待这个问题。一时成绩下降可能是他成长需要付出的代价，此时逼迫孩子立刻把下降的成绩搞上去，很可能适得其反，会下降得更厉害。不逼迫，很多孩子会自己明白过来。这道理很简单，他不能靠恋爱活着，他需要生存。我常常说这样一句话："不要跟醉汉讲道理。"热恋中的孩子相当于醉汉，这时候家长、教师若过于积极地"教育"他，只能自己碰一鼻子又一鼻子灰，弄不好还会出人命。慎之！

也有的死心眼的学生会因为追求别人被拒绝而产生自杀念头。这种学生比较好发现，因为他们一定会表现得非常伤感、沮丧和茫然，其痛不欲生之状教师稍加注意就能觉察。说些宽解的话，或可救人一命。但若平日师生关系不好，学生则不会说出实情，那就要请心理医生或教育专家来帮忙了。

二、成绩突然下降

曾经有过辉煌的孩子,如果现在成绩每况愈下,那是非常痛苦的。家长和老师再施加压力(比如讽刺挖苦、撤掉班干部等),那就有危险。遇到这种情况,教师和家长应该帮他们找到成绩下降的具体原因和他们的可持续发展实力,使他们有所上升,或者让他们学会接受现实,或者帮他们另找一条"露脸"的出路。

三、花钱上重点学校

有些孩子中考成绩很不好,家长心气高,托人花钱硬把他送到一所有名的重点学校。家长的想法很天真,以为那里教师水平高,校风好,周围都是好学生,孩子近朱者赤,就有光明的前途。殊不知孩子到那里学习完全跟不上,总是垫底,同学会瞧不起他,老师也不会有好脸,他会被列入"另册"。这是非常危险的。所以我们应该预先劝家长不要做这种事。有些孩子出于虚荣心,也希望家长出钱送自己上名牌校,此时家长一定要清醒,不可死要面子活受罪。重点学校教师遇到此种情况,千万不要歧视他们,要尽可能帮助他们,实在差得太多的,应劝其转学,否则孩子可能崩溃,有的甚至会轻生。

四、脸皮过薄

人的脸皮固然不能太厚,但也不能太薄。有一种孩子特别敏感,他们的大脑里似乎有个"刺激放大器",别人满不在乎的贬低或"出丑",对他们都是灭顶之灾。曾有一个女大学生就因为在文艺演出中唱歌走调一句遭到哄笑而自杀。教师平时要多留心,如果发现有脸皮特别薄的孩子,就要多加保护。告诉同学,和他开玩笑要格外注意分寸。这种学生很不适宜当众批评,个别找他谈就能解决问题。

五、过分自责

有些孩子从小就非常听话,每当不能达到家长和老师要求的时候都会深深自责,觉得自己辜负了他们的期望,对不起家长,对不起老师。遇到这种孩子,教师千万不可赞赏他们的这种自责,因为那会引导他们形成"自我攻击",而自我攻击到了极点就是自杀。要宽慰他们。

六、极端任性

现在任性的孩子很多,有些任性得很厉害,好像这个世界的一切都得让他满意,稍不满意就大闹起来。这都是家长给惯的。任性到极点的孩子,只要一点小事不顺心就寻死觅活。他就是用这种方式逼迫家长和教师向他让步。这很麻烦。如果教师害怕他出事而不断退让,只能助长他的任性,那是害了他;如果教师坚持原则过于生硬,还真可能出事,到时候家长可就不说自己孩子的毛病了,会咬住学校不放。教育这种学生,要求教师既要坚持原则,又要非常灵活,要特别善于掌握分寸。如果教师发现自己班上有这种学生,应该及时报告学校领导,遇到事情,经过有关人员集体研究再做决定,不可莽撞。

七、无挫折经历,社会化障碍

在温室里长大的花草,见不得风雨。有些孩子被家长娇惯得不成样子,一旦离开家庭,处处无能,经常出丑,活得非常狼狈,情急之下,也有自杀的。报载有一位新大学生就因为宿舍没有空调,连续几天睡不着觉而自杀。又有一位新大学生因为吃不惯学校食堂的饭菜愤而跳楼。这说起来不可思议,然而你查他们的成长史,就能理解了。如果一个孩子生下来就在装有空调的屋子里长大,那么让他突然睡在一间没有空调的屋子里,确实是一件比较严重的事情,要是家长和老师事先没有教给他遇到不顺心的事情有几种解决的办法(多数家长和老师缺乏这种意识,这是大失误。教孩子学会生存,比什么都重要),就可能出问题。所以,我们一方面要指导家长不要过分溺爱和娇惯孩子,另一方面要经常告诉学生一些处理棘手问题的思路,使他们不致遇到点事就以为自己陷入绝境了。有些事情其实很简单,但是你不告诉孩子,他就真的不知道怎么办,事到临头他就可能乱来。

八、自我形象危机

青春期的学生，自我形象危机是比较常见的现象。这种危机会给他们带来很大的精神痛苦，如果他们自己不善于排解，又不能及时得到他人帮助，就可能变成心理问题，他们的整个生存状态就会恶化，就可能厌学、辍学，闷在家里不见人，也可能离家出走，甚至可能轻生。说来我们成年人会觉得好笑，引发他们自我形象危机的可能是不大的事情：个子矮，身体胖，鼻子大，扇风耳，嘴不正，皮肤黑，脸形有点歪，男孩子生殖器比别人小，女孩子不漂亮，甚至脸上长几个雀斑，都可能使有些孩子觉得没脸见人，觉得自己前途无望，生活没有乐趣。青春期的孩子常常就是这样想事情。关键是我们要及时发现他们的真实想法，发现他们的心结，并进行疏导。如果教师发现学生莫名其妙地成绩下降，毫无道理地乱发脾气，就要考虑他们是否发生了自我形象危机。我个人接触过不少这种孩子，最近碰到的一个是初二的学生。开始我怀疑是师生关系问题，是他的能力问题，或者其他心理问题，最后我才发现，原来是他觉得自己的头型不好看，一边高一边低，所以整天对人发脾气，甚至去五台山旅游不愿回家，大有万念俱灰的架势。这种事情，只要老师暗中找几个同学，有意无意地对他说"你的头型不错呀"，他的这个包袱就可以放下。青春期的孩子，对同龄人的评价是非常敏感的。我接待的另一名高中生就因为同学无意中说了一句他的鼻子大，难看，从此他就每天回家偷偷用一个夹子夹自己的鼻子，几乎把鼻子弄坏了。家长和老师还完全蒙在鼓里，每天跟他说学习的重要性，真是牛头不对马嘴。

九、被人孤立者

有些孩子因为各种原因（家里穷，不讲卫生，生理有缺陷，长得不漂亮，不会说好听的话，爱说谎，爱吹牛，爱传话，爱打小报告等），会受到同学的冷落、嘲笑和孤立。一个同学一旦处于这种地位，甚至可能习惯性地成为全班同学的笑料和出气筒，成为专职的受气包。这样长期下去，也是有危险的，因为这种孩子的生活实在谈不上有什么乐趣。

教师发现这种情况，一定要同情他们，主动接触他们，最好帮他们找一两个朋友或保护伞。朋友是防止自杀的重要安全阀。

十、受人欺负者

这种孩子一般比较软弱，长期受某些同学的欺负，如被劫钱、挨打挨骂。他们不敢告诉家长和老师，不堪忍受又找不到出路，也可能自杀。班主任必须及时发现这种情况，给孩子撑腰。

十一、偶尔偷拿钱物者

在学校多次偷拿钱物的孩子，事情败露之后，自杀的可能性很小，因为他们久经考验了。危险的是那些偶然犯这种错误的孩子。如果孩子脸皮并不厚，家长极其严厉，学校处理此事又过于张扬，则危险性更大。我倾向于这类事情尽可能不做公开处理，根据情况，采取适当的方式通知家长，不宜直来直去。

十二、"样板"学生

那些老师引以为骄傲的"样板"学生，其实是令人担心的。他们都很要强。有的其实不算聪明，要使出吃奶的力气才能勉强保住自己的地位；即使智力较好，也不可能门门拿手；而各门的老师都对他们提出了最高的要求，只准成功，不准失败。压力太大了，弄不好就要崩溃，因此轻生的学生也是有的。班主任要保护这种孩子，对他们的要求要更合理，要更近人情。如果他们对自己的期望值脱离实际，教师要有梯度地帮他们逐渐降温（注意不可突然泼冷水），让他们面对现实。特别要注意的是不要当众批评他们成绩下降，不要轻率撤掉他们的班干部职务。

十三、与家长关系极其紧张者

教师如果发现学生与家长关系极其紧张，要十分注意，最好问清矛盾所在，适当介入其中加以调节。一般这种情况都是家长有问题，主观生硬，唠叨个没完，或者是存在家庭暴力。孩子在这样的家庭中生活，有时会觉得活着很没意思。如果家长刚愎自用,拒绝反思自我,也可以考虑让孩子暂住在亲戚家,与家长脱离接触。否则每天进行"白刃战",有些孩子实在受不了,也有轻生的可能。

十四、家中出现突然变故

父母离异,家道中落,家长突然去世,都可能给有些孩子非常沉重的打击。这种打击一般不会使孩子失去生活的勇气,但是如果这时恰巧有其他消极因素加进来(比如成绩下降、班干部职务被撤),那就危险了。对这种孩子,教师应该及时关心。教师对学生家中发生的大事,要尽可能知道。

以上我们谈的是造成学生自杀倾向的14种可能原因。下面我们来看看还有哪些方法可以帮助我们及时发现学生的自杀征兆。

注意学生的异常表现。本来爱说爱笑的学生突然沉默;本来很少说话的学生突然大说大笑;见同学就躲;没事发愣,发呆,眼睛发直;说一些令人吃惊的话……遇到这些征兆,教师都要加以询问,必要时与家长联系,不可掉以轻心。

建立聊天机制。班主任可以每周或者隔周指定一天的某个时候为聊天时间,告诉学生可以来谈任何问题,教师承诺保密。自杀的孩子在行动之前一般都有"求救"信号,及时发现可以避免悲剧的发生。当然,运用这种方法的前提是学生信任和喜欢教师,否则你这样说了他也不会来找你。

还有一种"侦察"方式——语词联想。让全班同学每人随机从词典上找到一个词(也可以教师先设定几个"领词"),然后从这个词随便联想,写出20—30个词。对这些词进行分类研究,可以看出学生的心态。有自杀倾向的孩子,会写出很多灰暗的或者恐怖的词语来。小学高年级以上的学生可以用这种方法。

发现学生有自杀意向怎么办?

不要紧张。有自杀意向离实行自杀尚有段距离。找他谈话。注意,不要搞"晓以大义"那一套。孩子自杀,常见原因是觉得自己已无价值,觉得自己已无希望，觉得自己已无可留恋，觉得自己太痛苦。所以谈话的重点是向他证明：你有价值，你有希望，你还有可留恋的人和事物，你的痛苦是有办法减轻的。同时向领导汇报，并用适当的方式通知家长。

经验告诉我们，自杀的学生背后可能会有一个或几个心理不够健康（主要是偏执和强迫症）的教师。这种教师针锋相对地和学生较劲，不知调和，不懂缓和，把矛盾推向极端，终于酿成大祸。所以教师还有一个更重要的任务：提高自身的心理健康水平。

第三章 案 例

在本书的第一部分，我们对问题生进行了分类研究，在本书的第二部分，我们又对问题生涉及的问题进行了分类研究，但所有这些研究最后都要落实到一个个具体的问题生的诊疗上，否则这些研究就都可能成为空谈。面对一个有问题的学生，教师可以首先用日常的教育方式来应对，若发现总是无效，就可以考虑，这大概是一个问题生，于是下一步就可以根据你对他的印象（赖，怠，怪，坏）大致评估一下，他可能属于哪一类问题生，"病"到了什么程度，然后就可以到本书的第二部分查一查，看看他的问题是什么原因造成的，必要时做点心理测验，以便"确诊"，然后可以参考本书提出的对策，或者独立开出"药方"。这就是我们说的教育问题生的中策——教育诊疗。

但本书第三部分的案例中教师并不是按这个思路工作的。问题生与非问题生，轻度与中度、重度，常规教育与教育诊疗，在多数教师的头脑中是朦胧一片，反正有问题我就按习惯方式管，管不了我就着急，情况大抵如此。我们的教师教育诊疗的意识比较差，这方面的技术也比较生疏。这里的案例绝大多数是我和教师们在网上讨论的实际问题，个别的是教育杂志的案例点评约稿，内容都没有虚构的。收入本书时，为了节约篇幅，我在文字上做了精简，为了切合本书的写作宗旨，我又写了一些按语。

帮助教师们诊断这些案例的时候，我实际上面临着双重的任务，既要诊疗这个学生，又要评估教师的素质和能力。教师性格不同，年龄不同，专业素养和经验不同，我在和他们对话时采取的办法和说话的内容也必须有差别，甚至期望值也应有差异，否则难有实效。在网上对话，我只能根据教师提供的材料（实际上是他无意识地筛选过的材料）来诊断学生，也只能根据这位教师眼前的文字来猜测他的个性和水平，可见这种案例分析的难度比医生诊断病人要大。

教师在教育问题生工作中的毛病，一般可以从四个侧面来观察：(1) 理念有问题；(2) 思维方式有问题；(3) 情绪有问题；(4) 拿不出办法来。理念问题和思维方式问题，教师自己是觉察不到的，正所谓"不识庐山真面目，只缘身在此山中"，他即使能把某些正确的理念背得滚瓜烂熟，真到处理具体事情的时候，也完全可能采用另一种理念。他需要站得更高一些，才能看到自己原来身在何处。所以，理念问题和思维方式问题，需要由他人指出，引起教师反思。你会发现，大部分教师都是摆完现象之后就问"怎么办"，很少有人问"我对这个问题的认识是否妥当"，"我的思路是否有毛病"。这说明教师普遍缺乏反思的习惯，尤其缺乏理论思维。而追问一个人行动背后他自己不曾觉察的理念和思维方式，正是理论工作者要做的事情。我在回答教师提问时，就是从这四个方面着手的。因为我的水平有限，网上对话又很难充分收集材料，讨论之后，教师后面的做法和效果如何，又往往不见下文，所以，这些案例从科研角度看，并不算完整，我想它们的主要作用，是提供一些思路。有了思路，才有希望。但我所提供的思路是不是有毛病呢？当然很可能有，欢迎教师们也给我把把脉。

下面前3个为小学的案例，中间4个和后面4个分别为初中和高中的案例。

他上课时在教室任意走动

以下是我和网友"无8519"在k12班风小论坛的讨论：

王老师：

您好！

开学已经16周了。我们班的小冯同学依然是老样子：上课坐不住，总爱走来走去；哄一下，能坐一会儿，可不多久又蹲在地上，或跑到后面影响同学。我不是好性子的人，有时候呵斥，他一拧，丝毫不管你讲什么。

他的父母打小因为忙于生意，对他疏于管教。现在爸爸常年不在家，妈妈的教育方法比较简单粗暴，不是打就是骂。前段时间我看他的右眼周围都淤青了，问他，他说是被妈妈打的。我也常做他妈妈的思想工作，告诉她这样的教育方法是不行的。可是他妈妈根本听不进去，也不想听我说话，总是说"管不了了"、"不听话，不要了"之类的话，在我面前还时不时地说粗口。

这孩子不笨，但是他妈妈总用"我也没有文化啊，没办法，教不了的"作理由，不辅导孩子。辅导的任务便落在了孩子的姐姐身上。但是姐姐也有自己的学业，而且，这么不听话的孩子怎么可能好好地坐着听姐姐教？现在这个孩子每次考试，靠偷看别人的卷子，也只能拿一二十分，才一年级啊！

我不知道该怎么办，学习上，有时候我让成绩好的帮一帮他，可是学生根本驾驭不了他。我有时候把他抓到办公室补习，效果可想而知。

我知道这个孩子目前最大的问题不是学习，而是行为习惯的养成，我该怎么做呢？

江××
2012 年 12 月 19 日

江老师：

我送您四个字：对付着来。这么点大的孩子，耐心教育，软硬兼施，会逐渐好起来的。您太着急了，您对他家长的期望值也有点高了。他的缺点，您千万不要见一个管一个，先拣最重要又比较好改的缺点抓，其他的，要装作没看见。也不要时刻盯着他。您参考。

王晓春
2012 年 12 月 20 日

"无8519"的回复：

好的。样样抓，只会样样都抓不成。我会耐心教育他的。别的都可装作没看见，只是上课他爱走来走去，一会儿走到教室门口，一会儿走到教室后面的书柜旁找书看，来回换书，一会儿走到同学的桌旁看着别人或蹲着。如此，该怎么办呢？还有，对于他的家长，是不是基本可以不指望了，尽我自己所能就好？其实，我对他的家长要求也不高，只希望他妈妈不要总是打骂他，不说辅导学习吧，好歹要能好好跟孩子沟通。如果他妈妈不稍微改改，他的家庭教育不会抵消学校的教育吗？

江老师：

我觉得现在您有点思路了，这样我也就可以给您出比较具体的主意了。他在课堂上走来走去，有以下几种对策，您试试：

1. 哄他、劝他，告诉他可以在教室后面横着走，不要往前面走。这样就可以降低对同学的影响了。如果他能听你的话，可以给他点爱吃的东西做奖励。这样走一阵，他觉得没趣了，可能会收敛。

2. 做好同学的工作，让同学不要理他。他走来走去，同学装作没看见，如果妨碍视线，轻轻把他推开就是了，他逐渐就会收敛了。但是注意，这是上课，下课一定不要对他冷淡，相反，应该安排几个学生主动和他玩。一来二去，他就逐渐明白下课和上课的区别了，现在他可能意识不到这种区别。

3. 如果上述办法还是不能解决问题，可以考虑惩罚，就是把他请到一个单独的座位，或者上办公室，适当控制，不准他乱动（时间不要太长）。这么点大的孩子，总有害怕的人（比如某教师或校长）或事情，可以此控制他。但注意不要吓得他太厉害，有点效果就行，见好就收。

对于他的家长，你可以劝一劝，但成年人的习惯是很难改变的。至于"抵消"，这很难说，如果学校工作到位，孩子无论在家如何，到学校就会另一样，这种情况很多。人格教育，不要把希望寄托在别人身上，主要靠自己，能做多少是多少。教师应该这样想，家长也应该这样想。您参考。

王晓春
2012 年 12 月 21 日

　　这个孩子很明显是一个行为习惯型问题生，目前属于轻度，如果工作做得好，他有可能变成非问题生，因为他年龄尚小。

　　我一见到这位江老师的帖子，首先就发现他的理念有点问题：对家长和学生的期望值过高，对自己工作的期望值也过高。其次，眉毛胡子一把抓，不会分别轻重缓急，属于思维方式问题。再次，急躁、焦虑，属于情绪问题。第四，认识到自己的问题之后仍然没有办法，属于经验和能力问题。四个方面的问题，这位老师都有。于是我首先指出了这些问题。等这位老师初步认识到自己的理念和思维方式有问题后，我再给他出具体的主意，这是第二个回帖的主要内容。对于这个孩子，当务之急是行为规范教育，至于学习成绩，应该放到第二位。(2013 年 2 月 13 日)

在家"小霸王"，在学校"小绵羊"，怎么办？

　　以下是我和网友"Rdp"在 k12 班风小论坛的讨论：

　　我一个亲戚的小孩，10 岁。在家他是"小霸王"，很小的一件事就能把他气得呼呼直喘气，一有不如意的事他就发脾气，并且大呼小叫（家长就喜欢大声喊叫）。我觉得他已经把发脾气当做一种"爱好"。丝毫不懂礼让，买了好吃的都得归他。有一次家长买了一桶饮料，给妹妹喝了一杯（他比妹妹大 5 岁），他就硬缠着家长给他重买一桶，缠了至少两天。还有一次，我在外面饭店炒了个菜带去他家，吃饭时他想多喝饮料，家长让他给我倒一杯，他马上生气了，把饮料倒进我买的菜里。他爱报复人。每天霸占着电视看动画片，只要他在，别人就甭想看其他节目；如果不依他，他就把遥控器藏起来，有时候甚至他不看电视还不让别人看。他性子特别急，只要想做的事一秒都不能等。他还有其他缺点。但学校老师说他是班里最听话的孩子。我觉得这和家长有很大的关系，家长该管时不管。小时候家长就说好吃的全是他的，好处都是他的，处处让着他，他慢慢就觉得别人让他是应该的。还有，赴宴时他抢长辈的座位家长不管，在饭桌上对着菜咳嗽家长不管，在大家喝的汤里吹泡泡家长不管。如此，孩子就逐渐为所欲为。王老师，该怎样教育这个孩子呢？学校老师肯定管不了这么多。

"Rdp"老师：

　　这个孩子正在变成"两面人"。他在家里得到的都是放纵，因此习惯了放纵；而在学校得到的是管理，也就习惯了"被管理"。主要问题在家长。这样发展下去，最倒霉的是家长，家长早晚会被孩子逼疯，孩子会把在外面受的委屈全部发泄在家长身上，把家长当他的心理垃圾桶。其次是孩子本人，他的人格会越来越分裂，形成心理问题，到了青春期，他的这种暴戾可能会在学校露头，那时教师也就该倒霉了。你可以把这些话告诉家长，而且说明，这绝不是吓唬他，这种孩子我见多了。希望家长改弦更张，以后遇到孩子不听话，不喊不叫不打不骂，但坚决不照孩子说的做。这样过一两年，孩子的毛病有可能改过来。当然，开始的时候不要全面反击，要选择重大事情来改变他。这种缺点，千万不要以为孩子长大了就会克服，那是靠不住的。如果家长不听劝，或者几位家长的行动不能一致，那就只好听天由命了，恐怕要上演悲剧。但愿孩子的家长能醒过来。仅供参考。

王晓春
2012年8月28日

这个孩子是心理型问题生,目前还算轻度。这位老师没有介绍他的学习成绩,如果他在校不但听话,而且成绩优秀,他就可能一直在学校里扮演"好学生",回家再露出"小霸王"的本色,直到有一天演不下去了,在学校也露出本相,吓人一跳,那就是"好学生"型问题生了。幸亏这位老师发现得早,如果治疗及时,家庭教育给力,这个问题是可以解决的。如果学校教师只看学生的在校表现,没有发现隐患,家长若是明白人,一定不要隐瞒实情,要把情况及时告诉教师,否则会贻误教育时机。这种孩子会比较听教师的话,如果教师告诉他,"你在学校是好孩子,在家也要做好孩子",可能会有效果。此事教师一定要过问,因为教师要关注孩子的整个人品,不只是对他的在校表现负责,再说,此类缺点发展到一定程度,迟早会迁移到学校。当年我教初中,有一个特别听话的女孩子,一次和同学闹矛盾,其表现竟然如同泼妇,让我大跌眼镜。后来有同学悄悄告诉我:"她在家里老这样。"我才知道原来我平日见到的多是假象。此事给我印象很深。教师一定要注意学生在家的表现,否则对学生的了解就可能是片面的。(2012年12月23日)

这个孩子太捣蛋了!

　　以下是我和网友"yjchen2wen"在k12班风小论坛的讨论:

　　我一直是王老师的忠实读者,现在终于能向王老师近距离地请教,真是太幸运了!请指点一下迷津,帮我想想办法,这个孩子怎么教?他是我班上的一名学生,入学时是六岁零三个月。开始一两天他比较守规矩,入学一个星期后,开始跟其他班的一些在幼儿园相熟的孩子全校园疯跑。有一次甚至爬到学校板报栏的墙头上,想要往下跳!(那堵墙差不多有一层楼高！幸亏被我看见，及时制止，我当时捏了一把汗）一年级时他经常打架，上课过位，几乎被所有的科任老师点名批评过。刚升上二年级，他又跟同学打闹，弄断了自己一颗新长的门牙。但他似乎还没收敛，他用指甲抠后座的男孩，弄得人家手上到处是伤痕，掐同学的脖子，扯同桌的小辫子……他个子不大，在班里算是偏小偏瘦，语言能力差，跟同学和老师交流多以单字为主。如，你跟他说什么，他就说"好"。他想跟同学玩，就说"去"，不管人家同不同意就去拉扯人家。到了二年级，他的造句写话能力也一般，经常漏字错字。上课好动，喜欢捉弄同学，看别人生气。他喜欢画漫画里的暴王龙等形象，不爱看书，尤其不爱看有字的书。作业质量差，但速度很快，字迹不太端正但有笔力。对于第一次错的字，经过多次纠正他也很难改，还是同样的错法。读书也如此，第一次读错，以后每次都在同样的地方错。他的语文成绩在班里偏下，数学成绩也偏下，但数学思维还好，多因粗心而错题。他比较怕我这个班主任，在我面前就安静一些，不把其他科任老师放在眼里。由于他的父母没办法中午接送，他参加我校的午间托管班。在午托班他也经常犯纪律，不是倒菜到人家桌子里，就是打扰别的同学午睡。

他的父亲是营运货车司机，每个晚上都是八九点才回家，他跟父亲交流比较少，大多数时候是母亲管教他。母亲是私立幼儿园老师，傍晚六点多才回到家。母亲有轻微口吃，说话能力一般，父亲也是沉默寡言的人。据了解，他小时候在母亲所在的私立幼儿园上学，当时他在幼儿园有点霸道而且独立性差。母亲没有注意早期教育，结果他现在变本加厉。他家跟大伯一家一起住。大伯有一个儿子读四年级，成绩也非常差，非常爱捣蛋。家里有祖母，母亲有管教权，孩子受祖母的影响较小。

由于我经常跟家长联系，他母亲也意识到孩子问题的严重性，差不多每周都跟我通电话询问教育方法，并了解他在学校的表现。

我对家长作了以下指导：

1. 建议他跟大伯的孩子分开玩和学习,他母亲答应了,说是分开楼层住,可以让他单独在房间里学习。但他们住在同一幢楼,一起吃住,不知有没有真正做到这一点。

2. 鉴于孩子性格急躁,我让他报名学书法。他母亲说孩子坚持了一年,写字帖的时候他写得还好,但一离开字帖,写得又快又潦草,性格也没怎么慢下来。他喜欢下棋,就是那种康乐棋和斗兽棋,象棋也会一点。

3. 让他母亲带他去看书。结果他都是粗略翻一遍,根本不知道书里讲了什么,再让他看也是随便翻一次。从书店买回来的书,也大多不看,只喜欢看自己那几本超人漫画书。

4. 注重亲子交流。要求孩子每天回去向母亲汇报学校的情况,但是效果不明显。因为他母亲回家后要做家务活,孩子也不太爱说,往往交谈一两句就结束了。有时孩子懒得读课文,他母亲又要花时间辅导他写作业。结果亲子交流就少了。

5. 给予奖励。如果他一个星期没犯什么大事,不被我扣纪律红星,我就让他母亲奖分给他,积累到一定的分数就可以兑现他的愿望,可他还是经常被扣各种纪律红星。

我在学校对他采取了以下措施:

1. 经常找他谈话,但他的是非观念仍然不强。

2. 试过让他做值日小组长,结果一天他就被我革了职。原因是他跟同学在教室里打闹(他多次弄坏班里的公物并予以赔偿)。

3. 让他跟性格温和的同学同桌,学习人家怎么做,结果他经常把人家弄哭,以致对方家长到我这里投诉。

本来我还有耐心去改变这个孩子,但是后来我觉得这是班里最失败的个案,可以说,两年来收效甚微!我想请大家帮我分析一下,这个孩子怎么了?我该怎样教?(2011年6月9日)

"yjchen2wen"老师:

这是个行为习惯型问题生,家长恐怕帮不了多大忙,主要靠学校教育。建议您：

1. 安排几名个子大的男生或女生，他不敢轻易冒犯的人，控制住他，及时制止他的胡闹，但是千万要向这些学生交代好，不要欺负他，不要管太多，只拣最坏、最危险的事情制止。

2. 教师一句一句教他说话，尤其是教那些人际交往常用语。少和他讲道理，他可能不懂。

3. 可以考虑教师或同学常和他进行"静坐"（打坐，双手合十）比赛，谁坚持时间长就奖励谁。

4. 目前不要安排他当"官"，但可以找一些简单的、临时性的为同学服务的事情让他做，然后予以表扬。

不要幻想他马上有很大进步，有点进步就好，当务之急是降低他的破坏性。仅供参考。

王晓春
2011年6月10日

"yjchen2wen"的回复：

谢谢王老师！我开始用您的策略去对待他。

我想第一条策略对他根本不合适。因为一跟同学在一起他就兴奋，班里有个比他高大强壮有时也会打人的孩子，就曾被这个小家伙两次划破脸皮！我也试过让班长跟他"手拉手"结对帮扶，他却经常弄坏班长的衣服和书包。

上午，我教了他一些常用的礼貌用语，并且在大课间和中午我都带他在身边，让他帮我和其他老师做一些拿作业本、收拾教具等小事情。中午我还特意让他带话给九班的老师，目的是锻炼他的口头表达能力。今天他的表现让我比较满意，我表扬了他，打算这样执行一段时间。我好像看到了希望！（2011年6月有10日）

按语

　　这也是一个行为习惯型问题生，似乎是中度。小学低年级的问题生大多数是这一类。我从教师的提问中没有发现明显的理念问题和思维方式问题，情绪问题也不严重，所以我就单刀直入，出主意。我的基本想法是两个：一是避免孩子出意外事故，这是首要的事情。二是孩子的很多莽撞行为可能与"语言障碍"有关，他不会表达，不会口头交流，只好"不该出手也出手"。换句话说，他的很多侵犯他人的行为对于他来说可能是一种不得已的"交流方式"。所以，我劝这位老师一句一句地教孩子说话，估计这么做会有一定效果。（2012年12月22日）

他把老师气走了

　　有一位署名"阳光x"的老师在"教育在线"上，向我介绍了下面这样一个案例，并征求我的意见：

　　上周二，踏着铃声，我像往日一样走进教室，师生互相问好后，我却发现倒数第二排的一张课桌前依然站着三名男生，他们前边的座位却空着一个。这正是平时在班上表现不好的三名学生，其中一名的座位本该在前边的。于是，我说："小孙，请你先回到你的座位上去。有什么事，下课后再说。"没想到他却不动，我有点生气了，加重语气再说了一遍："请你先坐到你的座位上去，大家还要上课，你们三个挤到一块怎么行！"他嘀咕了一句："张老师让我坐到这儿。"我说："不管谁让你坐到那儿，现在是语文课，你暂时先坐到你的原座上！"然而，他就是不动。我的火就蹿上来了，边走向他们那边，边说："你动不动！"他还真来了一句："不去，我就坐这儿！"当时，我真想上去把他拽出来！但还是强压怒火，告诫自己：冷静，别动手。僵了几十秒吧，我给自己找了个台阶："看来我不能管你了。但大家还要上课，课代表，请班主任去！"

班主任把他们三个领走了。我继续上课，过了一会儿，小孙打报告，进来到座位上拿了书，就站到讲台边听课，直到下课。课后，我把他叫到办公室，问他是否知道自己错在哪儿，他很爽快地承认了错误，当即保证不会再犯。根据班规，违反纪律是要写说明书的，按说应写1000字，我见他认错态度挺好，就说："你把事情经过写清楚，把你的认识写清楚，说明以后怎么办，字数就不做限定了。明天在全班面前读说明书就可以了。"第二天，他没交说明书，事一多，我也就忘了。

周四，我们在阶梯教室上课。在课堂中途，监督员向我报告，小孙又在说话，提醒了他几次都不听。我说："小孙，请坐到前边来。"他个子低，原本坐在第二排，周一因迟到被罚才坐到倒数第二排。我想让他坐到前边，与另外两名爱说话的同学分开，刚好多媒体教室前边靠过道有好多空位。可他老毛病又犯了，又是一句"我不去，我就要坐到这儿"，把我噎个半死！我心想，非教训教训他不可。我喝令他旁边的人让出来，他这才慢吞吞地起来，站到了最后边，依然不往前边去。我气愤地走出了教室，到年级组办公室向班主任简述了情况，并说我要见见他家长。班主任叫走了他，我才继续上课。

下课后，我回到办公室，发现小孙站在我办公桌前。我说："你到这儿干啥？"他说来向我承认错误。我说："你前天才承认了错误，做了保证，今天又犯。我已经不相信你了，请出去，请你家长来跟我谈。"我将他推出了办公室。

第二天，我和家长进行了一次艰难的谈话。我这才了解到，这孩子和其他科任老师早就有过类似冲突，甚至曾与数学老师扭在一起，也多次与班主任顶嘴。在家也和家长顶。他自小就因习惯差、上课爱说爱闹，常被请家长。家长对此十分头痛。（有删节）

我在回复中建议这位老师研究一下小孙为什么对前面的座位那样反感，而对后面的座位那样钟情。这里面必有他的心理活动。

"阳光 x" 老师回复说：

我与小孙谈了，他说不愿坐到前边，是因为自己最近习惯了坐在后边，坐到前边不习惯。至于顶撞我，第一次是因为我冤枉他了，是班主任让他坐到后边的，而另一名同学不愿往前坐，所以他们才挤在一块。至于第二次，他说他也不知道为什么。

这位老师还对小孙做了心理调查（词语联想和早期记忆回忆）。以下是调查结果：

[词语联想]

第一组词语：幻觉、睡觉、母亲、我、上学、同学、老师、跑步、上课、放学、吃饭、聊天、打篮球、上课、说话、回家、吃饭、看电视、写作业、整理文具

第二组词语：开灯、关灯、打篮球、回家、吃饭、看电视、写作业、母亲、父亲、奶奶、小姑、办公室、打篮球、母亲、学习、成绩、学习、玩游戏、孙善意、QQ

第三组词语：少年、青年、中年、工作、家庭、人员、看书、少年、学习、母亲、挨骂、后悔、学习、高分、高兴、低分、难受、挨骂、后悔、生气

[早期记忆回忆]

印象中最早的画面：在我小的时候，我还不会走路，我的家人——妈妈、爸爸、姨、奶奶、小姑都在我们的院子里教我走路，我妈妈弯着腰，拉着我。

下面是我对这个心理调查的分析：

学生小孙的这个词语联想，给我的初步印象是：

1. 生活面窄，眼界窄。语汇很贫乏，流水账一样，而且基本不离眼前的生活场景。联想面很窄，说明眼界可能比较狭窄。

2. 语言表达能力差。初二的学生词语联想写成这个样子，估计他的语言表达能力较差。语言表达能力差的孩子容易用行动和人顶撞，因

为他有话说不出来，心里着急，就容易发火，语言不够用，只好用行动说话。

3. 思维能力不强。请注意他从一个词联想到另一个词，多是时间性关联和生活性的因果关联，很少有逻辑性的关联。据此我初步判断，这个学生的思维能力不强。他可能是一个头脑简单的孩子。从他和老师顶撞的情节来看，确实也缺乏心计，缺乏城府，不够"水平"。这种学生虽然可能使老师头痛，但并不是"劲敌"。我以为对这种学生，大可不必剑拔弩张。

4. 恋母。三组词语中都出现了"母亲"，早期记忆中母亲也是主角，感觉这个孩子可能很恋母。恋母并不一定听母亲的话，但是离不开母亲，心理年龄偏低。这种孩子，或许会更听温和的女老师的话。

总的说来，他的行为像是"不懂事的小学生误入了中学课堂"。

他的早期记忆中，全是家人，人挺多，而且大家都围绕着他，都为他服务，母亲是主要人物，地点也是他家的院子，说明这孩子可能喜欢人多的场景，尤其喜欢大家都围绕着他的场景。注重人际关系，依赖他人。

如果以上判断比较合乎实际，则可以推导出以下对策：

1. 鉴于他心理年龄小，遇事可以用讲故事、打比方的办法给他讲道理。跟他讲道理，一旦发现他走神，应该立刻停止，他可能听不懂。

2. 建议他的家长监督他每日朗读一段书报，以丰富他的词汇，扩大他的眼界，训练他的思维。

3. 关于座位问题，可以考虑让他自己选一个同桌，条件是必须听这个同桌的指挥，上课不准说话（其实少说点就行了）。

4. 有讨论的机会，鼓励他参与，鼓励他发言，班里有活动，鼓励他参加，以满足他的人际交往需求。

5. 这种学生心眼像个短短的小死胡同，他和老师顶撞，老师千万别着急发火，要问他是怎么想的，要教他用语言把自己的想法清楚地表达出来。比如他第一次和老师顶撞，老师如果耐心听他解释，他就可能说清：" 这个座位是班主任叫我坐的。" 老师于是可以就势说："我不大清楚你们班主任的安排。可是班主任不可能让你们三个人坐两个座位，空出一个没人坐呀？现在要上课，你们说怎么办？"然后可以找出三个人中一个比较好说话的孩子暂时去坐那个空座位，课下再找班主任解决。这位老师非要当场跟他较劲，结果把事情弄麻烦了，还降低了自己的威信（请班主任出马，当然会降低科任教师的威信）。语曰："宁跟明白人打一架，不和糊涂人说句话。"这种孩子糊涂，一根筋，这就要求老师灵活一点。要知道，学生跟老师犯起浑来，损失大的还是老师，因为学生是孩子！

这种学生，让他写保证书恐怕没有什么用处（明白人、说话比较算数的学生、比较有毅力的学生，写保证书才有用处，小孙显然不是），徒费时间，不如让他把每次犯错的思路口头梳理几遍，或许可以使他逐步学会审视自己的思想，头脑越来越清醒。头脑清醒了，就通情达理了。

按语

这是《问题学生诊疗手册》第一版中举的一个例子。现在看来，这个学生可能属于行为习惯型问题生，应该是轻度，不难应对。在对这个学生的诊断中，我采用了词语联想和早期记忆分析的技术。问题生诊疗，这些心理测验方式还是很有用的。有些孩子的行为让你百思不得其解，然而一看他的早期记忆，你可能就恍然大悟了，原来他的心理模型就是这样的。比如上面这个孩子，看完他的词语联想和早期记忆，你就不会再跟他较劲了，因为这明显是个心理年龄偏低的糊涂孩子，他需要的是手把手地教，教师要用类似对待幼儿的态度对待他。这位老师犯的毛病是他把一个病人当成健康人来要求，想对糊涂人"晓之以理"（类似"对牛弹琴"），就好像对小孩说大人话一样，当然会碰钉子，白生好多闲气，浪费感情。要对学生"知根知底"，心理测验是很好的办法。不过这里我没有办法细说心理测验的技术，有兴趣的读者可以参考拙著《给教师一件"新武器"》，那里有详细的介绍。(2013年2月12日)

科任老师遭遇学生挑衅，怎么办？

以下是我和网友"MAY1975"在k12班风小论坛的讨论：

我带的一个班将近60名同学，初二。初一时曾考过年级第一，但进入初二后成绩陡然滑到年级第七（共十个班）。总体上，学生脑子灵活，学习同样的内容似乎比同年级其他班级的学生快。班上男生比女生多，但男生的成绩普遍不好，大约只有几名男生有望考高中。女生除了少数几个严重不守纪律外，有十来个学习相当认真，在课堂纪律极为恶劣的环境下，这些女生的学习成绩还是相当不错的。我校是一所省示范学校，学校的总体氛围不错。这个班也算是我校的一个特例。年级组长，政教处、教导处的老师经常光顾此班。

有一次，上课铃响了，老师走进教室。黑板非但没擦，上面还写满了污言秽语（这些话就连成人都不好意思说出来），有几个学生（男生、女生都有）离开自己的座位，在老师面前大呼小叫："老师，黑板上的字你看到了吗？"老师没理他们。这几个学生喊了几次后，见老师还不搭理，便开始在教室里随意跑动，并且边跑边使出全身气力"呜呜啊啊"地乱叫着。几乎所有学生（包括成绩较好的学生）都在说笑，没人看书，无视老师的存在。

该班有几个女生非常夸张，课上得好好的，忽然就有女生故作受惊状，然后大呼小叫一番。这样的女生人数正在增多！那个最夸张的女生在班上说话，还真是无人敢不听！貌似是小群体的头儿。男生大多注重穿衣打扮，上课也不听讲，他们只是做自己的事情，如照镜子、看杂志。学生普遍认为这是一个混乱的班集体，班风不正。班干部无法管纪律，也不敢记名字。不敢记名字的原因是：怕得罪那些有不良作风的小群体。有同学亲口对我说："我宁愿死在老师手里，也不愿死在同学手里！"

这次期中考试以后，有一些学生开始对我进行挑衅。有一次课前，我正在让大家安静，忽然有一部分人边拍桌子边唱歌，而且动作、声音出奇地一致，就像排练过一样。我怀疑，这一招他们已在其他课上用过，并且挑衅成功了。虽然这件事情最终被我艰难地止住了，但我估计他们还有不少集体挑衅行为未在我的课上尝试。昨天的课上，我管纪律时点了一位同学的名字，底下立即有学生骂脏话，而且还有一两人附和。由于我不熟悉该班同学的声音，一时不知道是谁说的脏话。此事我准备展开调查，然后严厉处理。但若调查不出来（可能性很大），怎么办？难道就算了吗？最近一段时间，学生连续不断地挑衅我，我没能处理好事情，大大降低了自己的威信。我感觉这个班的学生一点也不怕我了，如果真说有所畏惧，则是畏惧学校的处分。

我性格温和，对待学生也十分和蔼。从教五年来，此种情况我也是第一次遇到，没有任何经验。希望王老师能给予我帮助，至少在暑假之前不到一个月的时间里能缓解一下，暂渡难关。非常感谢！（2011年5月21日）

"MAY1975"老师：

您遇到的这种情况比较难办，因为这是班风问题，而且不只针对您一个人，您不是班主任，您的性格又比较温和，这些都不利于您单打独斗镇住这些学生。我劝您联合班主任和其他教师，共同商讨对策，协调行动，而且争取学校的支持。您单独遇到学生挑衅时，如果您估计学生还没有狂到敢动手对您施暴的程度，您可以突然拿出手机，把当时的场景录下来。什么话也别说，也不要讲拿到证据以后怎么办。事后学生有可能向您妥协，到时候您别轻易答应他们什么，也别威胁他们，请发帖子给我，我告诉您怎么办。如果您用手机录像时发现有学生欲抢手机，您赶快离开教室回办公室，把手机交给学生不敢惹的老师。此法您可以试试。

王晓春
2011年5月22日

"MAY1975"的回复：

今天上午第三节课，我正在隔壁班上课，快要下课时，突然有几个学生在我上课的班级窗外大喊"猪头三"（意思是骂我是"猪头三"）。下课以后，我立即找来两位目击者写材料。上午第四节课，我到这个班上课，奇怪的是，学生非常安静。忽然，我发现有一位学生（挑衅者之一）将牌放在课桌上。我走到那位学生旁边，学生将牌收起（我不知道这位学生为什么会在大家都安静的时候将牌放在桌子上）。我便开始上课。在上课的整个过程中，既无学生挑衅，也几乎无学生说话。整个教室出奇地安静，甚至连根针掉在地上都能听见。

课下，我找来一位同学进一步了解这个班上其他课的情况。我有以下发现：

1. 在其他课上，有的老师几乎不管学生。例如，政治课上，一位同学砸文具盒砸到老师头上了。老师的做法是：看了这位同学两眼，便走了，此后也没有追究此事。美术课上，上课铃响了，老师站在讲台前，但仍有学生在教室里乱跑。美术老师喊："回位！"学生不仅不回位，反而有更多的人在教室里乱跑。美术老师也就不管了，并且从此不再管学生上课乱跑的事。所以，学生在有些课上可以打架、打牌，想出教室就直接冲出去，在教室里到处乱跑，等等。而且这些行为都不受老师的任何约束。但在我的课上就不行了，虽然学生吵闹，但绝对不会有下位、打牌这类事件发生，更不可能让学生到处乱跑。

2. 学生挑衅其他老师的方式与挑衅我的不同。学生挑衅我是集体挑衅，他们抱团成伙，就像事先排练过一样（他们事先极有可能集体商量过），但对其他老师的挑衅是单个的，他们不联合起来。对于放纵学生的老师，可以说学生是不需要集体挑衅的，单打独斗都能成功。但在我的课上，学生单打独斗可能会失败，所以，他们会联合起来。

对于今天学生的行为，我也进行了思考。为什么在学生挑衅我以后，课堂纪律反而会出奇地好？我觉得有以下原因：

1. 学生挑衅我以后，我非常沉着地找学生写材料，没有把生气写在脸上。也许，我胸有成竹的架势起了一定的作用。

2. 前段时间，该班有一位学生欺负我，学校严厉处罚了这位学生。其他想欺负我的人便有所畏惧，不想惹麻烦。

3. 今天上课之前，我在班上说了一通话，大意是：我很尊重在座的每一位同学，但是，如果有人不尊重我，那么，只要查到是谁，我将会严肃处理。

从我当时观察到的学生的表情来看，那些喜欢挑衅老师的学生有些畏惧。

学校对上午学生挑衅我的事件进行了严肃处理，有两名为首的学生已当众向我道歉。我估计，他们并不会到此为止，接下来还会继续挑衅。也许在课上，也许在课下，也有可能在校外。我的想法是：继续找这个班信得过的学生了解情况，并请他们帮忙。我准备下次上这个班的课时自备一台录像机，交给一位我信得过的学生（就坐在讲台底下）暂时保管。万一遇到集体挑衅事件，我就把当时的场景录下来。

"MAY1975"老师：

初战告捷。有学校支持，事情更好办一些。您的分析证明您是个善于思考的人。

我怀疑有些学生是想把您赶走，所以我建议您一方面表现出胸有成竹的样子，另一方面在教学上下点工夫，争取有新面貌，让学生的成绩也有所提高。

还有，您一定要在学生中培养支持您的骨干力量，争取大局不乱，这样少数捣乱者就突出来了，便于您了解捣乱分子的动态，对他们的行动有所准备。

您可以公开"亮剑"，对学生宣布：我是个温和的人，但是如果谁无理挑衅，突破道德底线，我会和他没完，除非他认错改错，我自有我的办法。

注意，您的表现越是出乎学生的意料（不要让他们牵着您的鼻子走），效果越好。

既不要把学生看成大人,也不要把他们看成婴儿,他们在一定程度上已经社会化了,只好适当与他们进行斗争。

仅供参考。

王晓春
2011 年 5 月 24 日

网友"MAY1975"的回复:

王老师:

您好!上次提到的学生挑衅事件已告一段落,至今,无学生再来挑衅。感谢王老师的关心和指教!

我对该班学生进行了以下分类(该班总共将近 60 名学生):

1. 成绩好、纪律意识强的学生。大约有十个女生和一个男生。

2. 重视学习,成绩尚可,但纪律意识弱的学生。大约有二十人。他们的特点是:在课堂纪律好的时候会认真听课,一般不扰乱课堂秩序,但若课堂纪律不好,他们也会跟着不听课、起哄。

3. 想学好,但基础太差,上物理课很难听懂,纪律意识弱的学生。这类学生大约有十个。

4. 对学习无所谓,成绩差,纪律意识弱的学生。这类学生大约二十人。

其他的一些情况如下:

1. 学生方面:这四类学生中敢于挑衅老师的大约有十人,这十人中大约有五人敢于带头挑衅老师。估计敢于挑衅老师的人数会不断增多。要想在学生中找支持老师的力量非常困难,因为该班学生是不会冒着被人报复的风险去正面支持老师的,只能暗地里请他们帮忙,估计暗地里愿意帮我的学生有二三十人。

2. 老师方面:联合老师的力量估计很困难。有两位老师看似并不愿意管纪律,他们可能觉得管学生就是给自己制造麻烦,对学生相当放纵，甚至可以说，有他们在，学生会比没有老师在的时候更疯狂（故意"发疯"给老师看）。还有两位老师愿意把纪律管好，但这两位老师教的是副科，估计他们不愿在纪律上多花工夫，而且平时也很难找到他们。好在还有一位老师非常想把纪律管好，也很希望该班的科任老师能够联合起来，形成一股合力去和那些捣乱分子作斗争。我和那位老师也经常讨论，但比起捣乱分子的势力，我们显得势单力薄。

班主任很少出面处理学生挑衅老师这类事情。我估计，一来这类事情多极了，法不责众，即使处理了，也很难有好的效果，二来班主任也怕遭报复。（前段时间，我市就有一位老师因为管理学生，遭学生报复，受了重伤，至今未痊愈。这件事情以后，有很多老师为了保护自己，不敢管学生了。该班主任也明确表示过她不敢管学生。）

我的思路是：

1. 备好课，争取让三十至四十名学生能听懂我的课，赢得一半以上同学发自内心的支持！

2. 让一部分听不懂课、纪律不好但希望平时成绩能打高一点儿的学生遵守纪律。我的做法是：对这部分学生，每人发一个练习本，在练习本上我对课堂纪律提具体要求，并在每堂课结束以后对照要求对他们的课堂表现打分。我明确告诉学生：第一，他们的课堂表现是平时成绩的重要依据。第二，如果课堂表现有进步，哪怕作业没有交，我也会在班主任处表扬他们。目前，我共找了四名这样的同学，效果比较明显。接下来，我准备继续使用这种方法，并培养一些班干部为这些同学的课堂表现打分。

3. 继续了解学生（主要是捣乱分子）动态。如侧面打听捣乱分子动态，观察并打听他们上其他课时的情况，以防止他们突然袭击。

4. 本学期，我在该班还剩六节课，我想争取有个新面貌。

网友　MAY1975
2011 年 5 月 30 日

"MAY1975"老师：

学生支持老师，有积极支持和消极支持两种。积极支持，指公开站出来，表示赞同教师的做法，甚至与挑衅的学生进行斗争；消极支持，指的是表面中立，但是绝不帮助挑衅者造势，不起哄，不助威。我把后一种做法的人称之为"木头人"。据我自己的经验，除非班风很正，教师威信很高，否则不宜要求学生对教师予以积极支持，那样学生很难办，容易遭到报复。其实，个别学生对教师无礼，只要班级一半的学生风雨不动，闹事者就会有很大压力，他们就会收敛。我所说的"争取学生支持"，指的就是做这类工作。要告诉那些同学："你们装木头人，就是对我最大的支持。"

您的其他做法，我都支持。注意"打击面"一定要小。我相信多数学生是向善的，经过适当的斗争，少数学生也可能有进步，毕竟教师与学生之间没有不可调和的矛盾。

王晓春
2011 年 5 月 31 日

这个案例属于温和型的教师（而且不是班主任）遇到了挑衅型的乱班，弱势教师遇到了强势学生，问题生有市场，成了气候。如果教师发怒、惊慌，而拿不出有效的对策，学生会觉得好玩，继续玩下去，搞得教师狼狈不堪，甚至濒临崩溃；如果教师伤心落泪，乞求学生好好学习，可能只有少数学生同情老师，整体情况不会好转；如果教师索性撒手不管，捣乱的学生自然高兴，想学习的孩子会埋怨老师无能；如果教师拂袖而去，罢课不教了，则捣乱的学生更有成就感（把老师气走了），然后会看不起你，因为你是他手下败将。

这时候捣乱的学生最怕的是你沉着不乱，一声不响地看着他们。这帮捣蛋鬼搞不清你葫芦里面卖的什么药，至少得收敛一下，且看你接下来如何行动。经验告诉我们,这是稳住阵脚的较好办法。下一步就是把捣乱分子闹事的证据拿到手,以便对挑头者加以惩罚。情况发展到这种地步,不用说科任老师一个人,就是班主任也难以独立解决问题,需要学校领导介入。这个班的班主任似乎不够得力,我只好建议"MAY1975"老师团结更多教师,并向学校求援。看来这一招有效果,暂时稳住了局面,学生挑衅有所收敛,起码课能上下去了。

可贵的是"MAY1975"老师没有满足于眼前的成绩,他要的是"长治久安"。于是细致分析班上各种类型学生的情况,以便区别对待。这条思路我觉得是正确的。他把学生分成四类,若能通过下面的工作(开会或个别谈话)把前两类学生稳住(不要求他们和不良现象作斗争,只要管好自己就行),班上就安静多了,捣乱分子成不了气候,就好办了。那么,作为科任老师,在大面稳住之后,有没有必要对个别问题生进行深入的诊疗呢?我觉得此事可以自愿。如果"MAY1975"老师想进一步提高自己的专业水平,找一两个问题生进行深入诊疗是可以的,如果忙不过来,不做也行。"MAY1975"老师不但敬业,而且善于学习,他的经验值得学习,特别值得那些性格温和的弱势教师借鉴。(2012年12月30日)

一个女生打算"偷尝禁果"

以下是我和网友"微凉安然"的讨论:

我是女老师,工作第三年,第一次做初三班主任,因为年龄原因,和孩子们很亲近。班里一个貌似很乖巧的女孩子小茜,她无心向学,被班里女生孤立,但给人感觉比较单纯。我找她谈心,很难打开她的心扉。因家里遭变故,父母很晚的时候生的她,现在父母年纪已经比较大,很宠她。最近,班里有两个女生"无意"提及她的一些行为,一开始我以为她们是添油加醋,当她们拿着小本子给我看的时候,我知道事情严重了。本子是那天开完家长会，她们打扫卫生时发现的，估计她们经常看见这个女生和班里的一个男生互传这个本子，于是打开看了。字里行间可以看出小茜和班上一个男生已经暧昧至极，甚至表示要在年底和这个男生"偷尝禁果"。这两个告密者又说："老师，我们相信你，才告诉你、给你看的。你不要找她谈话了，没用的。"

可这个事情很严肃，而且小茜才十四五岁。直接告诉家长？我怕事情会更糟，逼迫她走错路。现在的有些初中生，真的让人害怕。我想用爱感化她已经晚了。我们这个地方，人们的物质条件比较好，社会风气却比较差，婚外恋情况较多，全班孩子大约一半来自单亲家庭。怎么做才能阻止她走错路？（2011年12月17日）

"微凉安然"老师：

您的责任感令人钦佩。我试试帮您梳理一下思路。当务之急是制止一件不该发生的事情。您有几种途径呢？

1. 您可以亲自出面制止这个女生。但是这样就把"检举人"给出卖了，不好。但这不等于此路一定不通。如果您有足够的谈话技巧，采用指桑"劝"槐的办法也不是不可以，但是这么做要冒被女孩识破的危险，一定要做得不露痕迹才行。

2. 通过家长制止。但首先要了解一下家长有没有权威。如果家长对孩子已经失控，则此计不可用，用了更危险。如果家长尚能控制孩子，则可以通过家长制止，但一定要想个计策，造成"家长自己发现了此事"或者"家长通过学生无意中发现了此事"的假象。

3. 您直接找那个男生制止此事。这得看那个男生的性格怎么样，而且对教师的社会经验和能力要求比较高。估计这条路您未必走得通，但这毕竟是一种选择。

4. 通过女孩的同学和好朋友制止此事。根据我的经验，这种事，同龄人说话反而更灵。如果您发现这个女孩有足以影响她行动的好朋友——"姐们儿"，而且这个好朋友您又能说进话去，这条路是比较好走的，成功的可能性较大。

5. 向领导求援。这也是个办法。您可以不提此事，找个别的碴儿，把这个孩子交给校领导（要做得自然、合理），让校领导找她谈话——敲山震虎。可以这样说："我们发现你有一些违反学生守则的行为，而且可能以后还会有。提醒你，如果你做了学生不该做的事情，我们必定执行纪律。"话不说破，她就没有办法反咬一口。如果她来问您，您就说："具体情况我不清楚，学校领导说的是原则。他们说到就会做到。"

我希望您尽力阻拦此事。但请注意，您不要以为一定能成功，无论成功与否，我们尽力就是了。如今的中学生，有些人并不把这种事看得多么严重，对此您要有心理准备。

仅供参考。

王晓春

2011 年 12 月 18 日

"微凉安然"的回复：

思前想后四天，中间我去咨询过本校的心理老师，他们一致认为这孩子过于缺乏爱，要想阻止此事，要真诚地爱她，并让她感受到我对她的关注和关心。这对我来说有些难，但做到真诚不难。

我找了个机会和小茜交谈。开始聊元旦节目、她父亲的情况、她的理想（做演员），等她脸上紧张的神情消失后，我开始靠近主题。

我说："你以前问过我怎么看待早恋，还记得我是怎么说的吗?"小茜回答："不记得了……"我又说："我说在现在这个年纪，这是很正常也比较普遍的事情，我不反对，但我不赞同。"我举了一个女生放任自己而自食恶果的例子。告诉她，我真的很担心她。小茜一直保持着微笑，严肃时，也直视着我的眼睛，点头称是。说起她和大李（那个男生），可以看得出，她羞涩中带着幸福。就我了解的情况，他们独处过，但没有越轨。谈及班级女生孤立她的事情,她好像完全不明白原因,也完全不在乎班里同学对她的看法。谈及女孩子的自我保护,她说:"我知道怎么保护自己,我妈也常和我说,我都知道的。"我一时语塞,然后说:"我只是很担心你,毕竟知道是一回事,但能不能做到又是一回事。"回应我的仍然是微笑。后来我问:"你觉得你和大李能走多远?"她说:"计划不如变化快,谁知道会发生什么呢?"然后我送她回家了。(2011年12月21日)

"微凉安然"老师:

　　从您提供的新材料来看,可能情况并不像您开始想象的那么"紧急"。我以为,"爱"是慢功,一般说来,紧急情况是无法用爱来解决的,反过来说,如果能用爱来解决,那就不是紧急情况。这个孩子到底怎么回事,好像并未搞清。"缺爱"这种诊断太一般化了,用在很多孩子身上都可以,而且我没看到很有力的证据。我觉得重要的是弄清这个男生究竟满足了她的何种心理需要。仅供参考。

王晓春
2011年12月22日

"微凉安然"的回复:

　　我估计是这个女孩想要有人在乎她。女孩说过:"他很在乎别人的感受。他在我面前脾气不坏,他不骗我,他牵我的手在老师面前敢不放开。"这个男生让她有安全感。(2011年12月22日)

"微凉安然"老师:

　　为了"有人在乎",为了"安全感",就必须和那个人"偷尝禁果"吗?这种因果关系太勉强了,没有说服力。恕我直言,您的思维缺乏逻辑性,我看不到您合乎逻辑的推理,您的一个个结论(或假设)都显得很随意。这样是很难把事情弄清楚的,对策也将是盲目的。

王晓春

2011年12月22日

"微凉安然"的回复:

这点我承认,描述事情很随意。我困惑的是这个孩子在我这里是否表里不一。

也许现在你们都认为是我把事情想得严重了;或者说,这个女孩的处境也许没有我想象的那么危险。我也的确不明白怎么才是合乎逻辑的推理。如果说,这个孩子仅仅是因为青春期的冲动而犯了傻,这是符合逻辑的吗?这个孩子写在本子上的言语的确让我觉得事情已经很紧迫了。也许我真的没有能力处理这件事情。但我们年级有过两个女生堕胎的例子,我得做些什么来防止此事的发生吧?任由他们发展下去,是不是也是一种不负责任呢?(2011年12月22日)

"微凉安然"老师:

我以为,比较合乎逻辑的思维可能是这样的:既然发现一个女生有"偷尝禁果"的打算,那么首先要做的事情就是评估此事究竟有多大的危险,紧急不紧急。如果紧急,来不及做更多的调查研究和诊断,那就先想办法制止此事再说。我18日发的帖子,就是这个意思。可是后来我看了您的帖子,发现情况好像并不是很紧急,那当然对策就要改变了,就不必太着急了,就有条件作诊断了。如果小茜没有骗我们,那么下面应该是处理一般早恋的思路了——先诊断是哪一种早恋(早恋有很多种),然后从容对待。您的问题在于,您实际上是在证据不足(只有小本子的孤证)的情况下就假定此事已经火烧到了眉毛,不做最起码的调查就发帖向网友求援。网友当然只能根据您提供的情况来回复,结果是被您误导了,您自己可能也误导了自己。当然,到目前为止,还不能说这是一场虚惊,因为仍有危险,但是到底多危险,实际上您和我们一样,并不十分清楚。我觉得您十分缺乏"用证据证明一个论点"的习惯,这是最基本的思维习惯,这样得出的结论才合逻辑,才经得起质疑。您担心这个孩子表里不一,我也担心,但担心是没用的,我们应该想办法探究一下她是否说了实话。只要从多方面调查,这是可以搞清楚的,因为说谎话不可能一点也不露痕迹。这个问题讨论到现在,我们不但没搞清此事到底是否非常紧急,更没搞清这个女孩为什么非要早恋,又为什么非要选择这个男生做早恋对象,而不是选择别人。所以,您的谈话和对策,都停留在最一般的管理层面,说的都是对哪个早恋生都适用的一般性话语。这确实是目前很多教师的思维状况,我希望您通过此事能有所反思,也希望见到这个帖子的老师能够对自己的思维进行一番思考,看看自己究竟是怎么想事情的。仅供您参考。

王晓春

2011 年 12 月 23 日

"微凉安然"的回复:

首先,感谢王晓春老师的批评指正,让我意识到自身的缺点。这也是一直以来,我遇到事情总手足无措的原因所在。

对于事情的紧急性、危险性,有可能是我误导了自己。如果本子的证据算孤证,或者不足以成为证据的话,那什么才是真正的证据?怎么调查出来?从同学、父母处调查吗?本子上是小茜和大李的交流,其中提到他们已经独处过,并有过亲密接触,甚至谈到了"避孕措施",这也是我当时觉得情况十分危急,紧急求助大家的原因。小茜选择大李,是因为小茜在班里确实被孤立,在她生日那天,大李送了一只大熊(她当天唯一收到的礼物)给她庆生。这能不能说明她在孤单中体验到了大李的关怀和在乎,就是大李这貌似"雪中送炭"的行为让她坠入情网?或许这些还不能作为证据。

我深感困惑的是：办事没有逻辑会导致事倍功半，但每个人、每个老师都有自己的处理方式；过程不够完美，但事情处理完善了，目的达到了，也许也不是问题。是不是一定要按照严格的逻辑办事呢？（2011年12月23日）

学生早恋有出轨的征兆，教师面对的问题是：管不管？怎么管？管到什么程度？

我觉得还是要管，因为学生毕竟是未成年人，认知能力和行为能力都不足，需要大人为他们把把关。可是怎么管呢？我想，一种是浅管，一种是深管。所谓浅管，就是想办法提醒当事人，或者通过其他关系提醒当事人，让他们不要莽撞，同时尽量少给他们单独接触的机会，避免"偷尝禁果"一类的事情发生。所谓深管，就是深入孩子的内心，了解他们早恋的原因，了解他们的恋爱观、幸福观等，进行人格教育。我处理过一些类似的案例，据我的经验，一般情况下，教师最好浅管，不要进入深水区。像上面这个案例，找学生谈一谈，侦察一下，提醒一下，然后再通过其他关系做一些工作，也就可以了。进入深水区，不但有危险，而且对教师的诊疗能力要求比较高，不是谁都做得到的。

我常常想，遇到早恋，很多教师还不如只做表面管理的工作，非要"教育"学生，反而会遇到很多尴尬。比如说认定小茜要"偷尝禁果"是因为"缺乏爱"，这样一"深入"，反而麻烦了，因为缺乏爱的孩子现在很多，为什么别人没有这种打算？再说，既然"缺乏爱"，你用什么办法把爱"补上"？老师怎么"爱"她？找她谈谈话，表示关心和担忧就算是"爱"了？说实话，这类爱护，相比男孩、女孩之间的爱慕，强度和吸引力差得太远了，很难起什么作用。所以，这样的"深入分析"，没有多大用处，还不如只在浅层次上尽量控制他们的行动，防止就行了。从小茜和老师的谈话来看，她懂得的事情不少，而且不像是一时冲动。事实上，要搞清她的内心想法是相当困难的。她和那个男孩到底现在怎么样了,其实我们也并不清楚。可能有计划尚无行动,可能"有贼心无贼胆",但也可能木已成舟,拿话来敷衍老师,这些都是可能的。教师卷进这种事,吃力不讨好。千万不要以为教师一定能控制学生的行为,有些事你明知道不好,尽力阻止,但可能它还是会发生(该年级不是已经有两个女孩堕胎了吗),我们尽职尽责就行了。管到这个程度,比较合适。我在 2011 年 12 月 23 日的帖子中建议"微凉安然"老师对小茜的早恋进行诊断,这个主意出得并不好,没必要非进入深水区。

这个案例告诉我们,不要以为工作越深入就越好,诊疗总比一般性管理好,这不是绝对的。有时候,有些老师对有些事情,还是不深入为好。(2013 年 1 月 2 日)

这两个学生,管还是不管?

以下是我和网友"Fanpeijun"在 k12 班风小论坛的讨论:

王老师:

我是去年调到我现在所在的学校的,这是一所县城学校,班里学生大多是农民子弟。我今年接了一个初二班,听说不好管。本以为自己辛苦一些,认真一点,班级风气就会转好的。经过两个星期的了解,我犯愁了!班里有两个学生,习惯非常不好!不交作业,不听课,上课要么睡觉要么看课外书,顶撞老师,给老师起外号,留奇形怪状的发型……各种坏毛病他俩都有。我还发现班级值日表中没有他俩,可是也没有学生向我反映。班里也有好多学生勤奋好学,成绩优秀。可是在他俩的影响下,班风已经很坏了,导致优秀学生的成绩每况愈下。科任老师对他俩没办法,睁一只眼闭一只眼。现在,我还没有采取什么措施,处于观察阶段,只是紧盯着。请王老师指点一下,我该从哪抓起?要注意些什

么？如何应对这两个学生？（2012年2月27日）

"Fanpeijun"老师：

我建议您先把主要力量放在"稳住基本盘"上。至于这两个学生，您提供的材料太少（都是现象，解决问题要了解背后的原因），我无法搞清他们是怎么回事，您先做一般性管理就是了。

王晓春

2012年2月28日

"Fanpeijun"的回复：

听取您的建议，我先做了一般性管理。上周搞了一次卫生大扫除，效果还是不错的。那两个学生也象征性地干了一些活。上周二，我找了其中一个学生谈了一次话，他态度还行，表示以后要认真听课，遵守纪律。可是当天晚上我就发现他在英语自习课上玩手机（我是通过教室门的小窗口发现的）。正在思考该怎么处置时，校长来了。校长推门进去没收了他的手机。事后校长专门找他谈了话，并通知了他的家长。可是第二天上课时我又发现他在玩手机。我了解到，除非逮到他犯错，否则他绝不承认。逮到了，他就马上承认错误。他说过的一句话令我很震惊："幸亏你没碰我，你要是碰了我一下，看我爸怎么……"（和科任老师顶撞后，他在政教主任面前对科任老师说的）我现在很疑惑：他在科任老师的课上玩手机我该不该管？（科任老师可能认为他不影响学生上课就烧高香了）在这种情形下我如何去要求其他学生？怎么应对这类学生？（2012年3月3日）

"Fanpeijun"老师：

校长已经介入了，这个学生仍然我行我素，您想没想过为什么会这样？我想，至少有两种可能：一是这个孩子已经无法控制自己了，这是病态，需要个案诊疗；二是他有恃无恐，所谓"承认错误"，不过是给班主任一个面子而已。这事情涉及成人的社会关系，不是简单的您和这个学生的关系了。如果是这两种情况之一，建议您问问自己是否有能力解决这个问题。如果没有，或者一时不具备条件，恐怕您就不能轻举妄动，否则后果可能更坏。校长都跟他谈过了，罚过了，除非您有更高的专业水平，不然很难做得更好。我上次建议您只做一般性管理，就是这个想法，我已经隐隐约约感到，您一时解决不了。当然您很怕"一粒老鼠屎坏了一锅汤"，这我理解，但若您没有能力应对这粒老鼠屎，只好先保住那锅汤，这就是我上次建议您"稳住基本盘"（做多数学生的工作）的缘故。经验证明，工作做得好，可以把这种学生的负面影响降到最低限度，绝大部分学生是不会跟他学的。

我告诉您一个原则：这种学生，管到他不至于"爆炸"，又大致能向班里同学"交账"（别让同学说您有意偏袒他）就行了。这是艺术，需要智慧。您想进一步帮助他也可以，但是您要学习诊疗技术，光靠您现在的"管"法，估计没戏。还有一种可能，您就这样对付着来，不知什么时候，他竟然变好了。这种情况我也见过，说明学生有"自我治疗"的能力。总之，您不要急于求成。仅供您参考。

王晓春
2012年3月4日

歌曰："该出手时就出手。"反过来呢，那就是"不该出手别出手"。这是一件事情的两个方面，不可偏废。有些问题生并非等闲之辈，教师要想解决他们的问题，至少要考虑以下几个因素：（1）教师自己的能力。这是最主要的。如果你曾经对付过很多类型的问题生，成功多于失败，而且面前的问题生你似曾相识，应对他，胜算较大，你可以出手，否则要慎重。（2）问题生的问题性质和程度。行为习惯型问题生干预不难，达到效果难。厌学型问题生也是如此。心理型问题生，如果是中度以上，教师若没有一定的心理学知识，最好别轻易干预，因为有危险。品德型问题生，如果是中度以上，教师干预时就一定要谨慎，因为他们"坏水"较多，弄不好你会制造一个难缠的"敌人"。(3)学生的背景。有些学生家长有权有势，有的和校领导关系密切，或者学校有求于该生家长。如果是这种情况，干预要慎重，弄不好，不但解决不了问题，还会搞得自己处境尴尬。

总而言之，一定要知己知彼，不要急于求成。有人可能会说："我知道我管不了，可是难道我就看着这个'病灶'不断扩大吗？我总得做点什么呀！"是的。遇到这种情况，我就劝教师把主要精力放在班里多数同学的身上，也就是所谓"稳住基本盘"。经验告诉我们，这么做一般会有成效，而且你不主动出击，问题生也不会专门冲着你来捣乱。他无非有一些坏毛病，这些东西未必有多大影响。在教师培训班上，常有教师问我教育有没有诀窍，我告诉他们四个字"对付着来"。对待那些你确实"管不了"的问题生，这种办法更合适。有些老师总有一种不切实际的幻想，希望本班学生整整齐齐，大家都中规中矩，有人不守规矩他就担心"千里之堤，溃于蚁穴"。其实，真实的生活不是这样的，最正常的情况是多数人还好，少数人有问题，个别学生问题较大，这是正常的"人文生态"，一般不必太担心"一粒老鼠屎坏了一锅汤"。学生各有各的价值观，不是随便就受别人影响的，再说，教师的影响一般会大于问题生的影响。作为教育者，这点信心还是应该有的。"Fanpeijun"老师班上的这两个学生到底怎么回事，材料不够，我搞不清楚，但我看该老师似乎尚不具备"出手"的条件，因此提了以上建议。

科任老师课上出的问题，原则上应该由科任老师自主处理，除非科任老师请求支援，班主任不必太主动。据我所知，很多科任老师并不希望班主任插足他的课堂管理工作。(2013年1月3日)

丢手机事件

以下是网友"教育杂谈6111"在我搜狐博客的留言：

王老师，今年我担任高一年级的班主任。今天早自修，一名女生忧心忡忡地跑过来问我："老师，女生寝室的监控拍得清不清楚？"一听是要查监控，我想一定是发生了什么大事情，果不其然，该女生支支吾吾地告诉我她的手机被偷了。我叫她把情况说一下，她告诉我，最后一次使用手机是在昨天早上，用完之后放在枕头下面，中午回寝室也没使用手机，到晚上发现手机不见了。接着，我问她："你在寝室的时候，有没有其他寝室的同学来过你们寝室？"她说没有。根据这些情况，我初步判断可能是她们自己寝室的人拿的。于是，我先稳定该女生的情绪，让她安心上课。然后，我去查监控，想知道昨天早上、中午和晚上分别是谁第一个进寝室，谁最后一个离开寝室，以便确定几个对象。结果一查才知道摄像头拍到的只是楼梯口的部分，走廊上的情况没有拍摄到，所以基本上找不到线索。于是，我想了一个办法先探探虚实，我把她们寝室的女生都叫到了办公室，然后对她们说："我想，找你们到办公室来，你们应该知道是什么事情。我呢，刚才去查了监控，基本上知道了是谁拿的手机，但是我想给这位同学一个机会，我希望这位同学在今天放学之前能把手机放回原处，或者放到这位学生的抽屉里，这样我就不再追究了。"可是到放学的时候手机还是没有出现，其实，在和她们谈话的时候，我发现有一个学生的表情不是很自然，但是没有证据。接下来，我想，一方面是等待，一方面是暗中观察。王老师，您觉得我应该找那个怀疑对象谈谈吗？

在学生放学之后，我回顾了整个事件的处理过程，我发现，其实我的工作没有做到位。（1）我没有充分收集资料。没有了解一下她们寝室以前有没有发生过这类事件；没有和学生单独交流，听听寝室里每位学生对这件事的看法；没有问当事人的看法，如谁知道她的手机放在枕头下面等。(2) 整件事情的处理，我主要用吓唬的方法，这对惯犯根本起不了作用，所以这样的处理像是在碰运气。(3) 我可以采取一种把握较大的方法，那就是放学之后让寝室全体成员留下来，相互搜查各自的包包和口袋，求取证据。不过我没有这样做，因为我觉得这样做对学生来说是一种不尊重，而且我也担心当场搜出来的话，该学生会没有台阶下，甚至很可能因此伤了自尊心。王老师，现在刚好元旦放假，我想再去做做工作，和她们单独聊一聊，您觉得还能弥补吗？(2011年12月30日)

"教育杂谈6111"老师：

如您所说，您把事情弄砸了。您的方法太简单了，甭说高中生，就是初中生，这办法也很难见效，还会把自己的底露出去，结果您在明处，人家在暗处了。其实，如果您比较了解学生的情况，仅根据她们的平日表现、经济情况、消费情况、人际关系、对手机的实际需要等，就可以大致圈出怀疑对象，然后到学生中去调查，这样破案就比较容易了。现在您打草惊蛇，把自己搞得被动了。我劝您暂停，做出一副忙其他事情顾不得此事的样子，然后找机会暗中调查。有可靠又聪明的学生，可以让他协助调查（这并不是培养"间谍"和"汉奸"）。建议您先别轻易找您主观怀疑的对象谈。不是她，冤枉人家了；真是她，您未必斗得过人家。要找嫌疑人谈，前提是拿到证据，或者虽无直接证据，但掌握了对方无法解释的事实，逼得她不得不承认。还有，要是我，对报案者也会留一个心眼。丢手机者平日表现如何？为什么她一说，您就全信了？

王晓春

2011年12月30日

这个事件中,我们无法确定偷拿手机的是否为问题生,我们甚至无法确定这个手机是否真的丢了,但有一点我们可以确定,这位老师的工作方法太简单了。高中的学生快成大人了,这时候如果偷东西,一般都不是初犯,其盗窃经验和反侦察能力都不可小觑,没有点狄仁杰的本领是应付不了的。现在老师这么一来,破案更困难了,老师自己的威信也肯定会降低。这是一个教训,对于高中的失窃案件,绝不可以用小学那套哄孩子的办法来处理。但是高中生毕竟还不是大人,他们没有长劲,所以,如果教师暂时隐忍,做长线观察和跟踪,总会找到这个作案者的。(2013年2月13日)

我说不过学生,怎么办?

以下是我和网友"Yyll"在k12教育评论的交流:

王老师:

您好!

我是高二的一名语文教师。有一名男生是副班长,学生的领军人物。开始我想收服他,肯定他的情商和组织能力,想让他帮助我管理纪律。但他不喜欢老师插手班上的纪律问题,希望老师最好听他的。我确实想听他的,可惜他又不能起模范作用,我基本上就是尽量放手,只要不闹太大的动静。和我熟悉之后,他在课堂上不故意捣乱了,只是喜欢和我辩论,偏偏我的逻辑思维又不好。比方说,同学做书上的默写和课文翻译题时,我会让他们尽量自己做,但个别学生忍不住把书拿出来抄,对此我也就睁只眼闭只眼,偏偏他很大声地告状:"老师,×××抄作业。"我说:"我也允许你抄。"他说:"我就算不会写,也不愿抄,不和他们同流合污。"我说:"这就好像你要吃饭,又不想通过正当劳动赚钱,那你怎么办?我相信你是不会去做违法的事情的。"他说:"老师,你这逻辑有问题,我又没说要吃饭,我可以不吃饭,饿死事小,失节事大。而且,就算我想吃饭,我也没说不愿意通过正当劳动赚钱。"我还举了好几个例子,但是都被他轻而易举地驳倒。后来我只好认输,私下跟他说:"我很佩服你的逻辑推理能力,你可以帮我一个忙吗?帮我补补逻辑课,我大学的逻辑课可是得零分的(我是故意这么说的)。"他说:"老师,您学的是大学逻辑,我学的是中学逻辑,您虽然大学逻辑得的是零分,可是我还没得分呢!"后来其他学生告诉我,他是想考一考我,我要是能给他个下马威,把他驳倒,他就服气了。

这个学生的早期记忆不全,只提到总是被老师罚站。他平时不太遵守规则,但是会很主动地帮老师、同学做事(每次有听课的老师来班上,他都会主动去搬椅子,每次大扫除他都承包打水任务),并且和同学关系非常好。

我想,即使您教我一招两招也没用啊,提升自己的逻辑水平才是根本。可是,当务之急,我该怎么办呢?

"Yyll"老师:

我从您提供的材料里没看出这个学生有多大的恶意,但是向您挑战和显示自己的成分可能是有的,而您的论辩能力和应急反应能力确实不够。您当然需要提高自己,但这不是一日之功,眼前您可以试试"以夷制夷"的策略。在班上组织辩论会,索性放开,让同学辩论,估计会有水平和他相当的学生跟他辩论,就有可能杀杀他的锐气。再说,学生之间说话较少顾忌,他也许能尝到语塞的滋味。如果他在论辩中总是取胜,那起码也能释放他的心理能量,或许以后他会减少对您的挑战。在这种辩论中,您做主持人,坐山观虎斗就行了,不要表现出倾向性。如果这个孩子取胜以后益发狂妄,您只好在语言上采取退让办法,尽量避免与他语言上交锋,然后在其他方面(如行动方面、纪律方面)抓住机会教训他。他是孩子,您是大人,您"避实击虚",总能想出对付他的办法。仅供参考。

王晓春

2012 年 12 月 5 日

高中教师要面对两个问题:第一,高中生已经是"准成年人"了,他们的思维能力和行为能力都比较强,个别学生某些方面的能力有可能超过教师,教师必须承认这个事实,然后采取对策。第二,高中生的言行,有的已经具备成年人的色彩,因此单纯用校园里"哄小孩"的教育手段是不够的,有时需要用点心计,来点兵法。这是没有办法的事情。

我要特别指出的是,中学(包括初中)教师必须提高自己的论辩能力,因为有些中学生的狡辩能力和诡辩能力已经比较强了,教师如果明知自己有理而说不过学生,那会很难堪,会降低威信,影响今后的工作。所以,我曾经主张对教师进行论辩能力的专题培训,就是拿出很多学生诡辩的案例,研究如何回应。这是教师的基本功。若这是教师的弱项,那教师就只能干挨学生的欺负。

"Yll"老师遇到的这种情况,除了我在回复中出的"以夷制夷"的办法之外,其实当场也不难处理。这个副班长告状说有人抄作业,当时可以问他:"是谁?"如果他指出人来,教师提醒该同学一下就行了。明知道自己辩论是弱项,还非要跟学生斗嘴,就正好中了埋伏了。打得赢就打,打不赢就走嘛!另找他的弱项来进攻。他一定有言行不一致的地方(也可能会抄作业、作弊),抓他一个现行,再用他自己的行动来对照他"饿死事小,失节事大"的高调,他就无话可说了,而且以后也就会收敛。(2013 年 1 月 14 日)

真相大白

这是《班主任之友》杂志约我点评的一个案例。原文较长，我做了精简，并把第一人称改成了第三人称，姓名我都隐去了。

教师节前夕，熊老师又如期收到了小轩寄来的礼物，高中毕业以后，连续四年如此，而且礼物一次比一次贵重。这次寄的是一部手机，价值三千多元。随寄的一封信上写道："老师，我受不了无休止的自责，你的守候彻底地击垮了我的防线，是我错了，请你原谅我吧。请向刘老师转达我的歉意，我实在无颜面对他，请将手机转交给刘老师……"熊老师松了一口气，四年了，总算真相大白了。

高中时，小轩一直是班里的文体委员，人缘很好，成绩较差，师生相处和睦，他唯一的缺点是虚荣心较强，考试有时作弊。按学校的规定，禁止学生在校期间使用手机，一旦发现，予以收缴，待期末才能由父母取回；若利用手机作弊，该科考试成绩记零分，并予以警告及以上处分。期中考试期间的一天中午，熊老师接到刘老师的电话，刘老师很气愤也很激动地说，考数学时，小轩利用手机作弊，他把手机收上来后放入讲桌上的空白试卷袋内。考试结束，他便催着大家离开考场，等他将收好的试卷放入试卷袋时，却发现手机不翼而飞了，此时小轩却纠缠不休地讨要手机，两人便争了起来。熊老师急忙回到办公室，小轩已守候在门口，一见面，没等熊老师开口，他便说开了。

"老师，我真的没拿手机！"小轩显得一脸委屈。

熊老师说："你知道今天你错在哪里吗？"

"知道，我不该带手机入校，更不该带手机入考场。"

"知道有什么后果吗？"

"可能受处分，考试记零分……"

"不是可能，而是一定。"

"可是，刘老师把我的手机弄丢了，怎么处分我？"

熊老师没想到小轩会有这种逻辑，一下子情绪有些激动："你以为找不到你的手机就没有证据处分你了？想得蛮周到嘛！考场内还有几十双眼睛呢！"

小轩急忙辩解："老师，我的意思是，刘老师把我的手机弄丢了，学校还要处分我，是不是太过了？"

"那你希望怎样的结果？"

"现在快毕业了，能不能不处分？我再也不作弊了。"

"那手机丢了怎么办？"

"不用赔了！反正爸妈又不知道，这是我用零花钱买的。"

"老实说，现在手机在哪儿？"

"我不知道。"

"你不知道？你真的不知道？"

"不知道。"小轩说得很坚决，看来是要顽抗到底了。

熊老师递给他一杯水，说："小轩，你是班干部，一向表现不错，还是不要把事情闹大了，找到手机后交给我吧，我替你送上去。"小轩刚开始沉默不语，过了一会儿，说："快毕业了，能不处分吗？我丢不起这个脸！"

"这恐怕不行，不过没关系，你可以争取早日撤销嘛！"

刘老师将此事上报了教务处和学生处，学校的态度很明确，小轩必须受处分。刘老师依旧很激动："教了几十年的书还没见过这样的学生，大不了我赔他手机！"熊老师想，事情不会那么糟，于是对同考场的学生进行调查，但一无所获。小轩期中考试数学成绩记零分，并受到警告处分，当天便贴出了布告。第三天，小轩的父母便找到了学校，为儿子丢了手机反而受处分愤愤不平，在校长室和教务处的老师大吵大闹，最后达成协议，赔偿小轩2000元，刘老师和熊老师分别因对手机保管不当、对学生考前教育不力而受到领导批评。二人商量，刘老师出1000

元，另 1000 元从班费中支出，其实这 1000 元是熊老师个人承担的。

受此事件的影响，小轩几乎不与熊老师正面接触，情绪也很消沉，熊老师每每安慰他，他总是一言不发。尽管心里有诸多疑问，但熊老师转念一想，纵使了解事情真相也于事无补，倒不如让他良心发现，以便留下深刻印象。因此，熊老师绝口不提此事，也不再向他求证。半年后小轩毕业了，学生自发组织的一年一度的同学会上，也没见他的身影，只是他每年会给熊老师寄礼物，这让熊老师心中不是滋味。熊老师坚信，总有一天，他会说出真相，果不其然，终于等到了这一天！小轩在信中诚恳地向熊老师道歉的同时，一再请求，千万不要告诉他父母真相，也不要告诉刘老师。熊老师很犹豫，到底答不答应呢？应该一直保守这个秘密吗？

案例点评：

这个案例中的小轩算不算问题生，我不敢下结论，但我倾向于不把他看成问题生。

这件事的关键是小轩害怕临毕业受处分，他是一个很爱面子的人。他作弊被抓到之后，急中生智，趁乱拿回手机，让人觉得教师有过失，以此增加自己和教师谈判的筹码，希望教师顾及教师自己的面子（他自己面子第一，就以己度人，以为教师也这样），把这件事搪塞过去，让自己逃过一劫。这是一种类似围魏救赵的策略。他没想到教师很有师德，宁可丢面子、赔钱，也要坚持原则，"实报实销"。结果他错上加错，两罪并罚，不但处分照受不误，而且害了自己的老师，受到良心的惩罚。他本来只想要个花招利己，并不想害人，他品德并不坏。沉重的负罪感压得他喘不过气来，事后，他想用赠送教师礼物的办法缓解压力，无奈越压越重，最后只好彻底认罪以求解脱。这是一个很精彩的案例，用流行语言来说，属于"一个人的救赎"，小轩勇敢地拯救了自己的灵魂，也还了老师一个清白。

现在我想问的是：此事有没有可能早点解决而不必拖过四年呢？当初小轩为什么咬紧牙关不承认自己拿了手机呢？我想，他心里的小算盘可能是这样的。他的唯一目的是避免处分,所以,他一开始就试探性地说自己"可能"会受处分。熊老师斩钉截铁地告诉他"不是可能,而是一定",逼得他只好亮出主牌:"刘老师把我的手机弄丢了,怎么处分我?"班主任熊老师感觉他的话不合逻辑,是因为没搞清楚他的心态和计策,其实,他的说法很合乎他的心理逻辑。话说到这个份上,小轩就很难回头了。你想,考试作弊一个错误,拿走手机又一个错误,犯第二个错误的目的就是减轻第一个错误,现在反正是受处分,与其承认两个错误,不如只承认一个错误。设身处地替小轩想一想,作为一个孩子,他有这样的想法也是可以理解的。教师如果能洞悉小轩的心理,反而有希望使这件事变成另一个样子。教师知道他害怕的就是处分,可以暂时不说"非处分不可"。如果教师不等他说破,主动发起攻势:"你是不是觉得,手机丢了,老师有责任,就可能不再处分你了?"他就有可能败下阵来,全盘承认自己的过失,因为你打中了要害。还有一种办法是攻心。可以这样说:"现在,你因为作弊而受处分,看来是难免的。可是手机又丢了,作为教师,我们不会为掩盖自己工作的失误而放你一马,我们必须实事求是。手机也许是你拿走的,也许不是。这事如果查不清楚,我们两位老师不但要赔偿损失,而且要挨批评。但是我们愿意接受这个结果,因为我们问心无愧。我希望你过些年回首往事的时候,也能做到问心无愧。"教师如果这样做工作,学生的心理防线也可能被打破。

但这都是事后诸葛亮。我为什么要说这些呢?两位老师的工作不是已经很好了吗?是的,很好,但基本上还是属于"管理型",而不是"研究型"的。你得承认,教师对学生的心理把握得还不够。人们总是希望老师们"百尺竿头,更进一步"吧!

这个案例也告诉我们,做一名高中教师,心眼得多一点,因为孩子已经长大了。我主张熊老师永远为小轩保守这个秘密。(2012年3月27日)

"我就不喜欢你!"

这也是《班主任之友》杂志约我点评的一个案例。原文较长,还有不少议论,我做了精简,并把第一人称改成了第三人称,姓名我都隐去了。

高一新生报到时,男生小王迟迟不来报到,家长把他拽来,他竟然在走廊上指着王老师公开叫嚣:"你管班太精细、太严格,我要调班!"

王老师第一次遇到这种情况,一开学,就有新生公开表示不喜欢自己。这样的事在这所学校里面也很新奇,校长都被惊动了,出面干预,调班就没有调成,因为当时学校有一个规定:不是极为特殊的情况不能调班。

这是一个相当有个性的孩子。不让调班,他就天天背着空书包来上学,上课趴在桌子上睡觉,谁跟他说话他都一言不发。王老师相当恼火,却又束手无策。

大约两周后,王老师试着跟他沟通,他歪着头,无动于衷,最后说了一句令王老师难忘的话:"不要以为学生都喜欢你,我就不喜欢你。但是我喜欢学习,尤其喜欢学物理,怎么会让你教物理呢?"

王老师当时就掉眼泪了,觉得自己多年努力打造的教师形象完全坍塌。办公室的其他老师把他轰走了,临走时他满脸的倔强。

王老师请教了学校的特级教师,反思了自己的工作。王老师在学校以勤奋、严格、负责任、出成绩而闻名,由于他的执著,他所管理的班级总是全校最好、最出分的。家长感激他,挤破脑袋把孩子送到他的班,领导对他更是赏识有加,于是他就更加亢奋地挥动手中的"斧子",努力为学校、为社会打造"标准件"。

经过激烈的心理斗争,王老师心态平和了,看学生的眼神不再挑别，变得柔和了；说话的语调不再盛气凌人，变得温和了。班级呈现出一派朝气蓬勃的景象。而对小王，王老师表面上冷处理，私下里仔细分析了他上小学以来的经历，发现他是一个非常聪明、要强的学生，但很自卑、很内向，渴望交流又羞于表达。于是王老师满足了他当物理课代表的愿望，虽然他的物理成绩并不是前几名；王老师还告诉他，如果小王真的不喜欢他这个老师，想转班，可以答应，甚至王老师还可以跟校长去争取。他吃惊地看着王老师，似乎认为王老师在忽悠他。王老师说："听说你最喜欢的电影是《肖申克的救赎》，恰好我也很喜欢那部电影，电影里有一句话：有些鸟是关不住的，因为它的羽翼太有锋芒。所以，我要为你'放生'，也为我自己'放生'。"

小王听了，笑了起来。此后，他经常找王老师问问题，没事就到王老师办公室转转。经过大约两个月，王老师终于说通了校长让他转班，他却跟家长说："我不走了，我很喜欢这个班。"

三年的时光一晃而过，王老师的苦心没白费，高考他考了将近670分，去了上海一所非常好的大学，学了他自己喜欢的专业。临走前他送了王老师一大束花，说："我这样的学生你都能教育好，放心，以后不会有比我难缠的了。你最打动我的是热情，对工作的热情。"后来他因为各方面表现优异，大三就被学校派去德国一所著名大学深造。

案例点评：

学生声称不喜欢老师，大概有几种情况：第一种是教师的教育教学确有缺点，招致学生不满；第二种是教师做了正确的事情（比如批评和惩罚学生），得罪了学生，招致学生不满；第三种是学生不喜欢教师的个性或某些方面，即所谓"没有缘分"。

王老师遇到的情况看来属于第一种，那当然应该从反思自我、改变自我做起，而不要埋怨学生，也不必寒心。王老师做得很好，效果也不错。"如果真的不喜欢我，想转班，我可以答应，甚至还可以跟校长去争取。"我觉得这话说得最有水平。

但是不见得其他老师遇到的都是第一种情况。如果确实是第二种情况，我主张就不要理他，没必要非讨好学生。教师不应该有那种"我必须让每个学生都喜欢我"的思想，这未免太理想主义了。事实上，学生不喜欢教师是很常见的事情，只不过多数人没说出来而已。教师如果确实没有什么错误，就不必内疚。我若遇到这种情况，会直爽地告诉学生："喜欢不喜欢我，那是你的事；尽职尽责，是我的事。"这种学生如果执意要离开，应该欢送；如果走不成，教师也应一视同仁。

第三种情况更不必着急了，因为这几乎是没有办法的事情。我们可能都有这种经验，和某个同事很熟，对他也没有什么意见，但就是无法喜欢他。那怎么办？例行公事地和他保持最一般的工作关系就行了。师生之间出现这种情况也是难免的，教师不要多愁善感，像个林黛玉似的。只要你自己行得正、工作做得好，即使有的学生不喜欢你，他也照样可以佩服你。

教师是专业人员，师生关系要避免过度情绪化。具体到每个学生，师生关系的温度可能有些差别，这是很正常的，社会上的人际关系不也如此吗？只要我们不辱没教师的称号就行了。（2012年2月28日）

我感觉这是个心理问题生，属于轻度。他有心理问题，不等于学习不好；他后来考上了名牌大学，也不等于他未来不会再出现心理问题，有不少科学奇才都是心理病人。但是无论如何，他在高中阶段遇到了这样热情且有反思精神的班主任，这是他的幸运，可以算是遇到"贵人"了。

读者可能会发现，高中的问题生与小学、初中的很不相同。高中也有行为习惯型问题生，但他们较少犯小朋友那种"低级错误"；高中也有厌学生，他们的厌学很公开，且往往"理不直而气壮"；高中也有心理问题生，他们的心理问题已经比较顽固，一般不是教师所能解决的；高中也有品德型问题生，但他们干坏事的兴趣已经不在校内了，校内的捣乱，对于他们来说，已经属于小打小闹；高中也有"好学生"型问题生，这种学生一旦发病就是灾难性的，至少要赶快休学，否则可能出大事。总而言之，应对高中的问题生，要求教师不但要很敬业，而且要有相当的专业素养、社会经验和人格魅力。可是据我所知，高中的教师有很多未必能达到这个水平，所以，遇到真的问题生，我倾向于采取下策——维持。这样至少可以不激化矛盾，不恶化问题生的病情。高中学生与小学、初中学生的一个重要区别是，如果他不佩服你这个老师，你的工作就很难有实效。这些孩子已经有了一点社会经验，会敷衍老师了。所以，高中的老师摆出一副师道尊严的样子是最不明智的，打官腔更可笑，学生表面上让你过得去，背后却有一大堆微词，一点意思也没有。做高中教师，最好放下架子，不卑不亢，用类似对待成年人的态度和学生打交道。而遇到问题生，千万不要以为一定能改变他，只能试试，尽力而为。（2013年2月14日）

上面我们分析了11个案例。我觉得案例分析应该是教育工作者的基本功。尤其是搞教育科研和师范教育的人，还有那些被人们称为"教育专家"的人，不会分析案例说不过去。我早就说过，在教师培训和师范院校的教学中，案例教学应该是重要一环，甚至是核心环节。近年有些教育行政部门和教科研部门已经注意到了案例分析的重要性，在教师基本功大赛中，开始有案例分析的内容了，有些部门还向教师布置案例分析的任务，这当然是一种进步。不过据我观察，他们中的多数好像都缺乏科学态度，与其说他们是在培养教师的案例分析能力，不如说他们是在征求学生问题的"标准答案"，这会把案例分析引向"一刀切"的歧途，而不是具体问题具体分析的正路。

在网上（k12班风小论坛），"Liman"老师告诉我，假期他们的上级领导给所有的一线教师留了作业，征求20个疑难案例的解决方案。据这位老师说，这些所谓的案例其实都是一线教学的真实的问题。其中有一个是这样的：

某班学生小A很讨厌英语课和数学课，上课总是睡觉，如果把他叫醒，他就在课上玩手机、说话，甚至打扰老师。科任老师很生气，反复做工作,最终,小A干脆声称自己基础不好,自控能力又不强,继续睡觉,但尽量做到不影响别人。科任老师无可奈何。作为班主任,该怎么做?

对此我回帖说:

"Liman"老师:

我以为,这种提问方式和一个病人问医生"我头疼,怎么办"处于同样的水平,属于外行的提问。简单摆一摆现象就问怎么办和说完症状就问吃什么药是一样的,这中间省略了一个最重要的环节——诊断。要诊断,仅提供这么一点材料是绝对不够的。像上面这个例子,类似情况很多,原因却不一样,对策也应不同。可能有的学生是可以改变态度的,但是成绩未必能提高多少;有的人不但能改变态度,成绩也能提高;有的人则无法改变态度,因此不得不让他继续睡下去,叫醒他反而有害。遇到案例,我会做各种假设,然后要求你提供很多材料来验证我的假设。现在有人三言两语说个现象,就问我要对策,对不起,我不能在诊断之前乱开药方。身为上级领导,如此提问,还作为专业活动,实在不敢恭维,不像教育专业人员。这么搞就等于假定这类问题有共同的标准答案,这种思路本身就是反科学的。若非回答不可,只好罗列多种可能。比如你说头疼,我告诉你可能是感冒,也可能是神经疼,也可能是鼻窦炎,甚至可能是脑袋里长了什么东西,等等。不做进一步检查,谁也不知道该怎么治。您参考。

王晓春

2013年1月30日

"海蓝蓝2895"老师跟帖道:

有一次,一位专家来讲案例,说到一个孩子不肯来学校,老师询问什么原因,家长说,这个孩子读幼儿园的时候被老师关在一间黑屋子里,因此很不喜欢上学,然后老师对孩子表示关心,这个孩子终于喜上了上学——这就是专家所谓的案例。

我发言的时候问:"已经过去了五六年,为什么孩子以前没有厌恶上学,现在却厌恶了?另外,你怎么证明孩子厌恶上学和小时候的经历有关?一个孩子五六年里经历了那么多的事情,为什么偏偏这件事与他讨厌上学有内在联系?"

专家讪讪地说:"因为这件事情是孩子的母亲说的。"

我说:"孩子的母亲不是专业人士,可你是……你刚才说,你们做了一个课题,得出的结论是,学生英语成绩不好是因为对学习不感兴趣,因此要激发学生的兴趣。你还说,这个结论是英语老师讨论出来的,但问题是英语老师都没调查,就想当然得出结论,而你的课堂就建立在这种揣测之上。实际上,学生英语成绩不好,原因可列出多种,你怎么就认准是这个原因?你还提到有各种各样的学校来参与这个课题,这些学校的差异可能相当大,你是怎样推广所谓的经验的?"

老师们鼓掌,这个专家很不好意思地待在那儿。

这样想当然的思考模式实在是太普遍了。(2013年1月31日)

我认为"海蓝蓝2895"老师的质疑非常好。这绝对不是故意给人难堪,而是一种老老实实的科学态度。我给教师讲课,如果遇到这样的质疑,一定感激不尽,这才有点探究的味道。事实上,一名真正的科研人员,他根本不用别人这样来质疑,他自己每天就在做这件事情。他不停地怀疑自己的已有结论,从各个角度敲打它、验证它,和既有结论过不去,老想推翻它。经过这样的考验,如果结论还能屹立不倒,那才可能有点科学性。根据片面事实和简单联想就得出结论,然后到处宣扬,这种人其实不是科研人员,只是广告商。按照这样的标准衡量,如今的所谓专家和科研人员,其中究竟有多少人及格,就很难说了。有大批的"专家"连最起码的科学态度都没有,匪夷所思,但这就是现状。很需要"海蓝蓝2895"老师这样善意的质疑者来警醒他们。

图书在版编目(CIP)数据

问题学生诊疗手册/王晓春著. —2 版. —上海:华东师范大学出版社,2013.4
ISBN 978 - 7 - 5675 - 0662 - 6

Ⅰ.①问… Ⅱ.①王… Ⅲ.①后进生—教育心理学—中小学 Ⅳ.①G444

中国版本图书馆 CIP 数据核字(2013)第 089060 号

大夏书系·教师专业发展

问题学生诊疗手册(第二版)

著　　者	王晓春
策划编辑	李永梅
审读编辑	李热爱
封面设计	奇文云海
责任印制	殷艳红
出版发行	华东师范大学出版社
社　　址	上海市中山北路 3663 号　邮编 200062
网　　址	www.ecnupress.com.cn
电　　话	021 - 60821666　行政传真 021 - 62572105
客服电话	021 - 62865537
邮购电话	021 - 62869887　地址　上海市中山北路 3663 号华东师范大学校内先锋路口
网　　店	http://ecnup.taobao.com/
印 刷 者	北京密兴印刷有限公司
开　　本	700×1000　16 开
印　　张	15.5
字　　数	220 千字
版　　次	2013 年 6 月第二版
印　　次	2025 年 3 月第三十八次
印　　数	147 001-149 000
书　　号	ISBN 978 - 7 - 5675 - 0662 - 6/G·6443
定　　价	55.00 元
出 版 人	朱杰人

(如发现本版图书有印订质量问题,请寄回本社市场部调换或电话 021 - 62865537 联系)